新时代特色小镇发展指南丛书

特色小镇典型案例及成功经验

吴立群　陈学东　孙　杰　编　著

中国建筑工业出版社

图书在版编目（CIP）数据

特色小镇典型案例及成功经验 / 吴立群，陈学东，孙杰
编著 .— 北京：中国建筑工业出版社，2019.7
（新时代特色小镇发展指南丛书）
ISBN 978-7-112-23713-5

Ⅰ.①特⋯ Ⅱ.①吴⋯ ②陈⋯ ③孙⋯ Ⅲ.①小城镇—
城市建设—研究—中国 Ⅳ.① F299.21

中国版本图书馆 CIP 数据核字（2019）第 087228 号

　　本书将作者参与过的特色小镇项目一一还原，从特色小镇的标准评定到项目实施的全过程，都讲述得很详细。基于特色小镇的现实影响力，笔者力图通过分析当下正在创建、或转型升级、或正在不断完善的特色小镇，梳理特色小镇发展的过程，总结成功特色小镇的经验，为特色小镇的建设者、管理者提供可参考性的典型案例，并预测特色小镇的发展趋势。

责任编辑：毕凤鸣
版式设计：京点制版
责任校对：赵　颖

新时代特色小镇发展指南丛书
特色小镇典型案例及成功经验
吴立群　陈学东　孙　杰　编　著

＊

中国建筑工业出版社出版、发行（北京海淀三里河路 9 号）
各地新华书店、建筑书店经销
北京点击世代文化传媒有限公司制版
北京建筑工业印刷厂印刷

＊

开本：787×1092 毫米　1/16　印张：21¼　字数：343 千字
2020 年 4 月第一版　2020 年 4 月第一次印刷
定价：68.00 元
ISBN 978-7-112-23713-5
（34007）

前 言

特色小镇之"镇"

翻开《新华字典》，对"镇"的解释有许多，其中关于地理的说法主要有两种：一是中国县以下的行政区单位；二是较大的集市。

而在英语中，有两个单词（city 与 town）可以对应，"city"多用在前者，"town"则用在后者较为贴切。

"town"主要指市集、小村庄、商业中心等，是人口相对集中而有工商业活动的居民聚集区，多则数万人，少则数千人。

如今讲的特色小镇更偏向于"town"的概念，既不是行政区的一个单位，也不是一个单纯的产业园区，而是一个既有文化积淀，又有产业内容，也有创新创业机会，更有居民居住和社区功能健全的区域。

对于特色小镇之特色，政府、业界、社会各有各的理解，不尽相同。

有指产业发展之特色，是"产城融合"之特色，归元到一点是符合本地特殊资源优势的细分产业才是最核心的特色。

也有指功能上实现"生产"+"生活"+"生态"，是"三生融合"之特色，是产城乡一体化功能聚集区，能够对区域发展产生重要的辐射力与影响力。

还有指"小而美""小而强"，是"产、城、人、文"高度融合发展之特色，是形态上的独特风格、风貌、风尚与风情的统一，是城市与乡村的诗意联结。

特色小镇的概念，在国外，最早起源于欧洲小镇，有瑞士达沃斯世界经济论坛小镇、法国普罗旺斯薰衣草小镇、德国高斯海姆高端制造业小镇、英国温莎王室小镇、剑桥小镇等。

在国内，最早兴起于浙江，有杭州大数据、云计算的云栖小镇，互联网创业＋风险投资的梦想小镇，私募基金＋4A 旅游的玉皇山南基金小镇等。后逐步扩散到长三角地区，继而在全国迅速蔓延。

国内外这些特色小镇，空间规模不大，但经济体量大，有创新业态，有人才集群，景观精致独特，文化独具韵味，生态充满魅力。

世界各地的实践证明，一个具有强大的产业创新引领的特色小镇，其影响力可以超越所在的大城市，甚至辐射到全国、全世界。

基于特色小镇的现实影响力，笔者力图通过分析当下正在创建、或转型升级、或正在不断完善的特色小镇，梳理特色小镇发展的过程，总结成功特色小镇的经验，为特色小镇的建设者、管理者、研究者提供可参考性的典型案例，并预测特色小镇的发展新方向。

为使得整本书更为综合性、立体化、典型性，笔者按照三条线索串联整本书的内容，有时间的纵向发展，也有横向的视角，以及国内国外的典型。

一是以特色小镇的发展顺序为线索，即特色小镇的前身——源起——当下进行时，以十多个典型特色小镇作为分析探究的案例串联整本书的编著。

二是立足于多样的视角：专家视角——社会视角——政府视角，结合相关的案例以及地方和国家特色小镇的政策，全方位探究特色小镇的发展，并在案例之中总结经验，展望未来，为未来的发展提供可借鉴性。

三是重点分析国内特色小镇的创建，总结经验，展望未来特色小镇的发展趋势。同时介绍国外一些成功的特色小镇的特点和经验，以利读者在更广泛的视角下进行分析、思考。

目 录 C O N T E N T S

1.0　特色小镇之前传

1.1　引言

珠江三角洲地区（以下简称珠三角）是改革开放的始源之处，也是全国城镇化的发轫之地，广东更得改革东风之先。

回顾 20 世纪 80 年代，在珠三角最早出现了一批城镇化意识觉醒的专业镇，尤其以佛山市北滘镇、中山市古镇镇等为代表，在农田上发展家电、灯饰、有色金属等传统产业，发挥产品的专门化生产优势，以及产业空间的集聚优势，推动乡镇经济的快速发展。

这批专业镇留给我们最大的经验是先有产业发展，有了产业以后，人口开始集聚形成城镇，这是正常的经济逻辑——不同于内地一些地区先盖新城区，再引进产业。

另一个经验是，城镇化过程完全的民营化和市场化。在珠三角，企业家不会为迎合而做所谓的政绩工程，也就避免了那些形象工程、鬼城、空城的后果。

所以，市场化的资源配置和民营机制，是珠三角一个最重要的城镇化特点。

这类经验不单单在珠三角存在，同样在沿海地区（如浙江温州、福建泉州）也存在。这都是中国正儿八经的城镇化标本。

作为过去依托产业实现快速城镇化的重要形态，专业镇发展到今天，也出现了诸如资源利用效率较低、产业集成度不高、环境污染、发展空间隔离等弊病，破解专业镇到特色小镇的新型城镇化命题，珠三角有自己的路要走。

虽然专业镇已经日渐衰落，但是它为后来的特色小镇的探索积累了丰富的经验。从某种角度讲，专业镇是特色小镇的前身也不为过。

如今，新型城镇化提出新的要求，那种以牺牲环境、割裂空间、浪费资源来实现城镇化的传统专业镇模式逐步被摒弃，代之以多元素空间聚合、生产与生活紧密结合、业态与生态相互融合的全新平台模式逐渐兴起。

作为改革领头羊的广东自不甘落后，正疾步走上了要素集聚、产业升级、文化传承的特色小镇创建之路。

1.2 在摸索中前行——以广东的专业镇转型为例

在经济新常态下，曾经创造过辉煌的传统专业镇日益备受各种"旧常态"困扰，诸如资源缺乏、产业低端、结构分散、创新弱小、产业协作性差等。

传统专业镇下一步的产业集聚、转型升级和创新驱动之路怎么走，这对广东每一个专业镇来说，都是一个不可回避的问题。

广东佛山北滘、中山古镇原来都是没有任何国有经济成分，但那里的农民纷纷创业，然后创出了一个个特色产业。特色产业创业成功后，涌现出了像美的、碧桂园等数十家企业集团。

佛山、中山当初发展的是专业镇经济，现在不可避免地面临转折和挑战，产业和城镇本身都面临转型升级。

和以前不一样的是，前 30 年是产业推动城镇化，现在开始是新型城镇化作为新平台来推动产业转型升级。

如今，特色小镇毫无疑义地肩负起新平台职责。从专业镇到特色小镇，广东正在走自己的路。

1.2.1 摸到"石头"，垒起一座"魅力小城"——以顺德北滘镇为例

发展到今天，珠三角的大多数城市还没有走出专业镇"一镇一品"的发展模式，从专业镇到特色小镇，珠三角城市如何找准自身定位？在特色小镇的概念下，产业链如何实现真正意义上的升级重构？

顺德北滘镇在探索中算是摸到了"石头"（见图 1-1）。

图1-1 广东顺德北滘镇

【标志性事件】

习近平到访北滘夸赞不已。

2012年12月9日，对于顺德北滘镇来说，是一个值得纪念的大日子。

中共中央总书记、中共中央军委主席习近平前往顺德参观访问，第一站目的地就是北滘镇内的广东工业设计城（见图1-2）。

图1-2 广东工业设计城

习近平总书记一行抵达广东工业设计城后，在设计城负责人邵继民的带领下，首先参观了广东工业设计城博物馆，展厅内既陈列着我国第一代中小家电产品，也展示了设计城自主发明的最新家电产品。

随后习总书记又参观了旁边的"幸福生活体验馆（长者馆）"。习总书记看到一款为老人设计的浴缸时，对其赞不绝口，称这款开门式浴缸很实用，老人使用时不会滑倒。

在离开之前，习近平总书记寄语广东工业设计城，"希望我下次再来的时候，这里的设计师有 8000 名。"

"当时设计城的设计师有 800 人，如果要有 8000 名设计师的话，设计师人数就是增加 10 倍。这也意味着设计城将真正发展成为设计城，而且是覆盖全北滘镇、甚至全顺德区的设计城，更意味着顺德区将由小家电制造业转型成为小家电设计业，把'顺德制造'发展为'顺德设计'。"设计城的运营负责人韩风琴介绍。

经过 6 年发展，广东工业设计城实现了习总书记的要求，已发展成为国内工业设计产业最具有影响力的产业园区，成功吸引了超过 164 家中外优秀设计企业和 2500 多名设计师落户，与国内外 51 所高校联合培养 871 名研究生，让设计成果加速接轨市场，园区产值达 5.5 亿元，它对经济拉动达 600 亿元。

【发展历程】

北滘，古称"百滘"，意为"百河交错、水网密集"，位于顺德东北部，地理位置优越。是广东省省级中心镇之一。

一个面积仅为 92 平方公里的广东顺德北滘镇，却以其智慧型城镇特质蜚声中外，把家电产业的优势和"智慧家居智能制造"融合，以此形成独具特色的产业集群（见图 1–3）。

北滘镇是全国唯一一个拥有美的、碧桂园两家世界 500 强企业的镇街，还有惠而浦、蚬华、浦项、上海宝钢、日清食品、星浦、锡安（山）等一大批中外知名的企业。值得一提的是，顺德区 30% 的上市公司都在北滘，珠三角很难找到如此雄厚的产业强镇。同时北滘镇也是全国首批特色小镇。

说到北滘镇智造小镇的兴起，就必须提到美的集团的创始人何享健（见图 1-4）。

图 1-3 北滘镇是全国首批特色小镇

图 1-4 美的集团创始人何享健

这位仅小学毕业学历的街道干部，1968 年 5 月联合 23 个居民，筹集 5000 元创办了生产塑料瓶盖的"北滘街办塑料生产组"。1980 年，美的开始生产风扇进入家电领域，并在 1981 年正式注册"美的"商标。2016 年，美的集团进入福布斯全球企业 500 强，排名 481 位。同年，财富中国 500 强榜单中，美的排名第 39 位，位居中国家电行业第一。而何享健家族财富也达到惊人的

170 亿元，也成为 330 亿元产值的民营家电企业巨头的实际控股人。

由于美的的存在，带动了北滘一大批家电模块和零件的下游企业发展。在北滘镇，有人曾戏称，只要在这里打工就肯定要和"美的"沾边。美的集团的不断发展，也带动了北滘区域的总体经济发展（见图 1-5）。

图 1-5　美的集团总部

目前，北滘的家电和配套企业已经有近 900 家，产业年产值也近千亿元，占北滘全镇年总产值的 70%，约占全国家电产业总值的 10%。

北滘镇另一家值得炫耀的企业就是碧桂园，粤系房企的典型代表。2017 年 7 月，碧桂园首次进入美国《财富》杂志发布的世界 500 强排行榜。

当时的碧桂园和美的一样，都是北滘镇政府办起来的乡镇集体企业。碧桂园创始人杨国强和何享健一样有着惊人的胆识和魄力，兼具不甘人后、勇于创新的精神（见图 1-7）。

"17 岁前未穿过鞋"的苦出身杨国强曾放牛种田，做过泥水匠和建筑包工头。杨国强的碧桂园事业开始于 1992 年，他低价买下顺德碧江及桂山交界的大片荒地，兴建 4000 套别墅和洋房，并以"碧桂园"命名，开始进军房地产，大展宏图。

碧桂园 2007 年在香港上市，今日的碧桂园相较上市之初已然发生根本改变。昔日雄踞广东一隅的区域巨头，早已华丽转身跃居全球地产军团第一阵营，其多项经营指标实现十倍乃至数十倍的跨越式增长。截至 2017 年 5 月 31 日五个月，碧桂园共实现合同销售金额约 2442.2 亿元，合同销售建筑面积约 2727 万平方米，领跑行业发展。

碧桂园总部"绿巨人"也是这座小镇的地标之一（见图 1-6，图 1-7）。在碧桂园总部旁还有一处顺德碧桂园，这是碧桂园早期的代表作品之一。随着不断拿地扩张，这片居住区逐渐蔓延，成了一座"超级大社区"。

图 1-6　碧桂园总部

图 1-7　碧桂园创始人杨国强

　　近年来，北滘力推产业转型升级，在提升现有产业的同时，积极拓宽产业"微笑曲线"两端，总部经济、工业设计、家电全产业链、电子商务为引领的新经济取得突破性进展，核心竞争力大大增强，得到各界的关注。

　　早在2006年，北滘就提出发展"总部经济"，在镇内新城区105国道边规划占地40万平方米，建筑面积达到150万平方米的总部经济商务区。区内10万平方米的美的集团总部于2009年底投入使用，怡和中心成为创业孵化器，盈峰、丰明总部大楼落成，北滘国际财富中心（八大总部）相继建成，具有都市化雏形的总部商务区逐渐成型（见图1-8）。

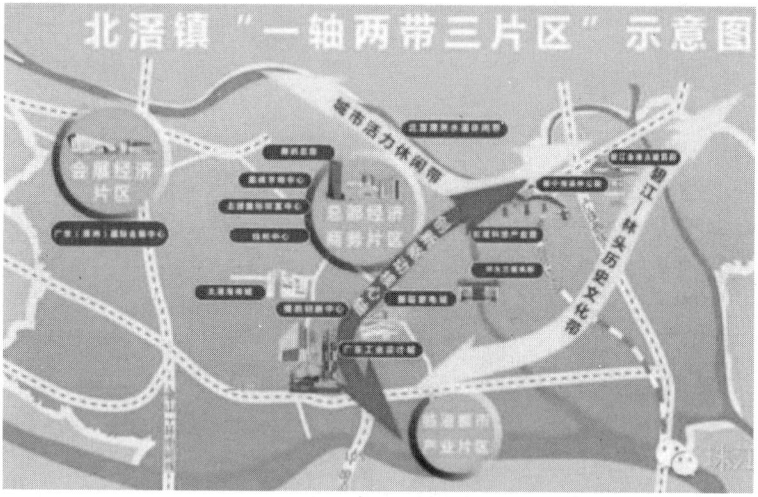

图1-8　北滘镇规划图

　　北滘全力打造家电全产业链项目，成功吸引美的全球创新中心、慧聪中国家电城、广东（潭洲）国际会展中心落户，为补强产业链研发、销售、会展服务等环节提供了前所未有的机遇。投资30亿元的美的创新中心，定位全球家电高端研发中心，引领未来家电产业发展。慧聪家电城2016年3月对外营业，以打造全球最大的家电展会、全国最大B2B电子交易平台为目标，年交易额可达到1000亿元。以广东（潭洲）国际会展中心为依托，引领休闲旅游、创新创业互相促进（见图1-9）。

图1-9 广东（潭洲）国际会展中心

在产业龙头项目的带动下，电子商务产业获得飞跃发展。现在，电子商务创业中心成为年轻人创业平台，镇内企业推出的产品受到广大网购一族热捧，"双十一"刷新单日销售额超17亿元的记录。可以看到，集工业设计、会展、制造、电子商务为一体的家电全产业链逐步成型。

2017年，北滘地区生产总值达到559亿元，同比增长8.6%；规模以上工业总产值2381亿元，同比增长9.3%；实际利用外资50817.5万美元，合同利用外资48953.8万美元，内外源经济的不断巩固和提升，得益于北滘从传统制造迈向高端智造的产业创新转型。

从存量来看，过去一年，北滘高新技术企业达151家，同比翻一番，专利申请和授权数量均居于全区首位。从增量来看，大疆、库卡机器人等一批全球领先的巨头项目先后落户北滘。智能科技园、顺德区军民融合创新产业园等一批优质载体相继崛起，新兴产业正以集群式加速发展。

从产业上看，美的和碧桂园这两个世界五百强的千亿企业，带动了全镇相关产业的发展，同时影响了千万家庭的生活方式。

【特色分析】

如今的"特色小镇"遍地开花，但支撑城镇最重要的是产业基础，而不是空洞的规划和概念。在这一点上，北滘镇可谓是一个产业基础扎实的典范（见图1-10）。

图1-10　北滘镇远眺

2016年，北滘入选第一批中国特色小镇；2017年，名列全国综合实力千强镇第八位，被广东省发展改革委认定为"广东特色小镇创建工作示范点"。其特色小镇的"特"主要表现在以下几点：

（一）特色鲜明的产业形态

特色小镇要突出一个"特"字，首先在于产业有特色。北滘拥有链条最齐全、竞争力强的白色家电全产业链。镇内以传统家电制造业和高端装备制造业为基础，家电产值占全国家电业总产值的10%，美的集团的空调、微波炉、电饭煲、电磁炉等产品连续多年稳居全国同类产品销量、销售额、市场占有率首位。这就是串珠成链，构建家电全产业链。

（二）和谐宜居的美丽环境

坚持规划引领，尊重自然禀赋、历史文化、环境生态等要素，科学统筹城市与农村建设。重视城镇建设规划编制。从2000年开始编制全镇建设总体规划、土地总体规划和片区控制性详细规划，目前全镇控规覆盖率已接近60%。采用"一区域一策略"的方式，空间布局与自然环境协调发展，新、旧城区和农村协调发展。

（三）彰显特色的传统文化

立足岭南特色水乡文化和现代城市文明，结合产业文化、创意创业文化，倡导多元共融、开放包容的文化体系，形成"望得见山、看得见水、记得住乡愁"的岭南水乡风貌。

（四）便捷完善的设施服务

以统一规划、合理布局、适度超前的理念，提升交通、信息、环保等基础设施的建设水平，外通内畅的交通格局基本成型，公用基础设施建设加快完善，公共服务设施均衡化发展，小城镇内既有国际化都市的效率和便利，又有小城镇的亲切和舒适（见图1-11）。

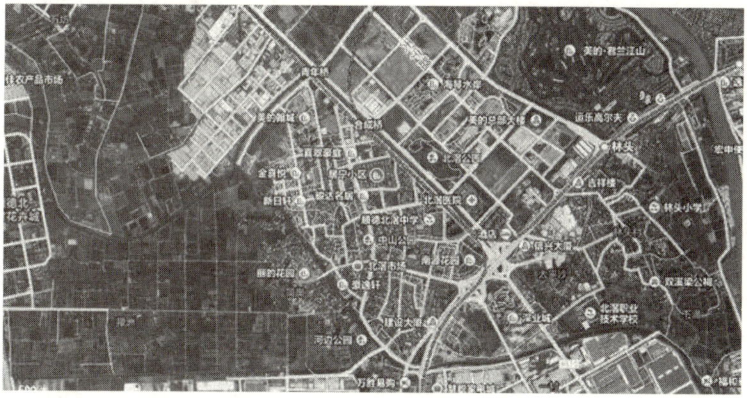

图1-11 北滘镇卫星图

【经验分享】

（一）提供了从农村到城市蜕变发展的独特经验

在20世纪80年代，广东乘改革之东风，以工业化为基础支撑，快速完成从农村到城市蜕变发展的城镇化过程，尤其以佛山、中山、东莞地区为先，位于佛山的北滘镇更是典型一例。从起初的在农田上生产塑料件，到生产电风扇，后发展到生产系列白色家电，进而执工业设计之牛耳，立于"微笑曲线"的两端。广东佛山和浙江温州、福建泉州都称得上是中国正儿八经的城镇化标本，先有产业发展，再是人口集聚形成城镇，完成城镇化过程，这是正常的经济逻辑。

（二）在城镇化进程中，市场主体是一股极其重要的力量

充分运用市场化的资源配置和民营机制，在佛山等珠三角地区是一个最重要的城镇化特点。那些空城、鬼城、形象工程都是政绩工程的后果，作为市场主体的民营企业家是不会做这种事的。在北滘生根发芽终成大树的美的与碧桂园是很好的例证。早在1980、1990年代，在佛山等地的城市基础设施就已实现市场化了。那时，在内地乡镇以下的公共基础设施没有固定投入，而顺德北滘为了发展，道路、供水等基础设施建设的一部分资金来自财政，但60%属当地社区和企业投资。这是政府与市场主体合营的PPP模式雏形了。

（三）从专业镇到特色小镇的转型为新型城镇化探路

前30年的传统城镇化是产业推动城镇化，而现在开始应该是新型城镇化作为新平台来推动产业转型升级。在这个过程中，特色小镇或者说新型城镇化建设是一个非常重要的抓手。佛山、中山之前发展的都是专业镇经济，但现在产业和城市本身都面临转型升级。

从专业镇到特色小镇，北滘正在探索中：一是对外交通实现镇域之间的高度互联互通，水路、高速公路、轨道交通、网络、通用航空等都在规划建设中；二是着力发展工业设计城之类的研发、创意、科技、人才培养、产权和技术交易等，使之成为传统实体经济服务的生产性服务业，因为实体经济没有这一块无法转型升级；三是随着吸纳的人口结构发生根本变化，小镇的设施配置转向小桥流水、咖啡厅、图书馆等，成为白领人群服务的生活性服务设施；四是产业转型升级充分兼顾传统产业的转型，在老产业上添加新体制、新技术、新的融资模式和商业模式（见图1-12）。

（四）具有持续发展能力的小镇往往因势而为

无论是彼时的专业镇还是当下的特色小镇，或者纵观国外的小镇，都有一个共同特征：紧随大环境的变化而调整产业，以产业发展来带动城镇化。有"香水之都"美誉的法国格拉斯小镇，经历了由单一的皮革业到香水制造，再到以绿色农业为基础（鲜花）、新型工业为主导（香水）、现代服务业为支撑（旅游）的产业转型过程，实现了三次产业间的联动融合发展，小镇也从无名到知名的香水小镇。佛山的北滘镇在形成初期，也以工业生产制造（塑料件）为主，随着市场大环境的发展，亟需寻找符合自身发展的"产业生态位"。由于"产业生态位"决定了资源要素甚至产业性质的差异，是产业间共生互补或竞争关系的基础和前提。因此北滘镇的企业不断调整发展理念、拓展产业链（白色家电），进而推动当地的城镇化。由此可以发现，构建"特而强""小而精"的产业生态系统，因势而为，找准"产业生态位"是特色小镇核心竞争力得以发挥的关键。

图 1-12　北滘碧江

【各界评述】

一份来自高力国际的研究报告指出，特色小镇当前处于初期发展阶段，商业和盈利模式仍待探索，在"去房地产化"和"产业立镇"的政策导向之下，特色小镇对投资密度和产业要素的聚集能力要求更高。特色小镇正成为中国城镇化新风口，产业导入与产居融合是重中之重。

中山大学《人口发展与公服配套专题》课题组曾对当前珠三角地区人口现状和趋势研究做出精要阐述，2000 年至 2012 年，珠三角常住人口主要分布于珠三角内圈，占总人口的 57.6%。各城市内部的人口密度也呈现中心高度集聚现象，广州和深圳的人口密度最高，达到 2 万人每平方公里。与此对应，要破解珠三角中心城市的公共服务负担问题，必须引导外来人口向大城市外围新城和潜力地区转移，适当提高珠三角中小城市和小城镇、外围节点地区解决人口市民化的相对比重。这给珠江西岸的特色小镇发展带来了新的机遇。

可以说，珠江西岸正在借由北滘等国字号特色小镇的落地，打响一场对珠江东岸的城镇化逆袭之战。

——《南方都市报》

围绕特色小镇还有很多命题值得讨论。但对于佛山来说，很重要的就是要认清特色小镇与专业镇的真正不同点：专业镇历史上是通过粗放的模式发展起来的，其特点是"以地为本"，把土地卖出去、租出去，工作就完成了。但特色小镇作为专业镇经济的升级版，必须十分重视以人为本。这说起来简单，但其实有非常高的要求，也是专业镇提升的必然道路。

——广东社科院区域与企业竞争力研究中心主任　丁力

特色小镇的成型带动模式主要有两种。一种是大企业辐射形成的上下游产业生态圈，另一种是中小企业抱团形成的集聚。就这两种模式来看，长三角和珠三角都具备不错的发展条件。长三角区域内，浙江的温州、宁波等地拥有大量中小企业，杭州则孕育了阿里巴巴这样的龙头企业，并善于发挥阿里的带头效应。

而在珠三角地区，佛山等地至今仍生长着大量的制造业草根民企，但也有美的、碧桂园这样的大企业开始形成一定的圈层效应。因此就产业基础来说，长三角和珠三角都具备了一定优势。

——浙江大学经济学院副院长　杨柳勇

专门负责浙江特色小镇建设的浙江省发展改革委员会城乡体改处处长史先虎在经过对广东的一轮实地考察后认为，北滘非常具有创建特色小镇的条件。

在笔者看来，这主要得益于北滘一直以来对特色化发展的坚守。就产业发展而言，北滘围绕着家电制造聚集大量生产要素，依托美的、碧桂园两个千亿巨头催生出相对完整的产业链，最终形成上千亿工业总产值的规模。

从城市建设来看，北滘亦是可圈可点。从新城区的规整划一到旧村居的改造有序，从文化中心、市民活动中心现代化配套到林头"一河两岸"、碧江金楼的古村修葺。常住居民感叹于北滘生活的舒适，而外国人则惊讶于能在广佛大都市圈周边找到与欧美小镇相似的魅力。之所以有此成效，得益于北滘一直坚持以规划引领产业和城市的发展。

正如北滘镇委书记周旭所言，如果说北滘在"魅力小城"的建设中，有什么工作的经验可以推广或复制的话，就是"一张蓝图绘到底"。不会因人事的调整而改变，而且历届班子都在接力这种理念，现已获得市场、社会和当地政府的认可。

——南方日报记者 罗湛贤

【同类链接】

北滘镇既是粤港澳大湾区小镇，又是总部经济的代表小镇，在国内外都有许多类似的、有代表性的小镇可以类比。

在 20 世纪 60 年代开始，发达国家逐渐出现了逆城市化现象，大量总部企业纷纷从市中心向郊区小镇转移。在美国，排名前 500 位的大公司中，大约已经有 80% 的企业将总部迁移到了郊区，这些小镇都成了总部经济小镇的代表。例如 IBM 总部迁移到了纽约州的小城怀特普莱恩斯，沃尔玛也搬到了小镇，雀巢公司的总部、奥迪的总部、劳斯莱斯总部都设在了小城镇，像美国的旧金山和硅谷，许多小镇就是依托一个或者几个企业总部发展起来的，基本都实现了企业因落户小镇而强，小镇而承接总部而兴的双赢效果。

在德国巴伐利亚州的古城——赫尔佐根赫若拉赫，是阿迪达斯、彪马、舍弗勒的总部（见图 1-13）。其中阿迪达斯每年营业额为 145 亿欧元；在法国，影城戛纳不仅吸引了全球最好看的年轻人，也是地中海绝佳休闲地区，5 千米长的沙滩，四时有不谢之花，写满特色小镇的传奇。

瑞士达沃斯小镇，是全球知名的温泉度假、会议、运动度假胜地。欧洲最大的天然溜冰场，全球顶尖的呼吸系统疾病的治疗所，世界经济论坛等大型会议，更使这里举世闻名。

在国内，打造总部经济小镇也有不少，北京就将打造一批总部经济特色小镇，承接首都中心城区功能，北京总部经济功能区将进一步实现合理布局。比如，顺义区后沙峪镇就是建设总部经济特色小镇的首选地，这里风景优美如画，远离城市喧嚣。小镇交通极其便捷，距离北京国际机场仅 10 分钟车程。历史悠久的后沙峪镇已经逐步形成了一个文化多样、和谐包容的新城镇，小镇同时拥有教育、医疗、商业配套，时尚宜居，符合国家建设特色。

比如山东的寒亭总部经济创新小镇，2015年开工建设，2016年进入运营阶段，现在已有金融、电信、化工、电力、新能源、环保、生物科技等十多个行业的260余家企业进驻（见图1–14）。

图1–13 德国巴伐利亚州古城：赫尔佐根赫若拉赫

图1–14 寒亭总部经济创新小镇

潍坊国际贸易中心、浪潮大数据双创中心、产业金融谷、"好品潍坊"品牌中心、鸢都企业家创新营是小镇五大产业引擎。寒亭总部经济创新小镇，规划总占地面积约 3 平方公里，核心区域占地面积约 0.73 平方公里。小镇核心区域计划总投资约 51 亿元，截至 2017 年已投入 12 亿元。小镇各子项目全部建成后，可吸纳 820 余家企业进驻，增加就业岗位 40000 个，实现年税收近 97 亿元。

1.2.2 迎风破浪，开出一艘"中国灯饰之都"的大船——以中山古镇为例

当下，珠三角正面临转折和挑战，产业和城市本身都面临转型升级。

和以前不一样的是，前 30 年是产业推动城镇化，现在开始应该是新型城镇化作为新平台来推动产业转型升级。

在这个过程中，特色小镇或者说新型城镇化建设是一个非常重要的抓手。

中山古镇早先发展专业镇经济，现如今，发展特色小镇经济，成功转型。

【标志性事件】

"我的家在中山，这个名字的由来跟孙中山先生还有些渊源。家乡人民很淳朴，每次回到家乡我依然能够感受到一种难以言表的温暖。"雅加达亚运会上，苏炳添一路领先，以流畅的节奏率先冲过终点，圆梦亚运。"亚洲飞人"的成功，不仅仅让国人的眼光聚焦在田径这项曾经并不受瞩目的体育项目上，更是将他的故乡——广东中山古镇镇推到了台前。

这个曾被央媒报道为"偏僻农村"的地方，如今已然蜕变（见图 1-15）。古镇不古，火树银花的"灯都"早已搭上"互联网+"的快车，飞驰在智能的新道路上。

"灯饰原产地，服务全球 60 亿人。"2014 年起，灯博会首开"一年两展、春秋两季、展店联动"的办展模式。如今，展会主会场拥有超 150 万平方米、超 2000 家优质企业的巨大展览规模，成为供应商、采购商、经销商构建采购直接、贸易方便、超高性价比的一站式灯饰商贸平台。展会凭借"灯饰原产地"特有的优势，开启"前展后厂"的采购模式，集中展示企业新品和热销品，

买家看中产品后可随时到企业参观工厂，为广大采购商、零售商缩短从制造到销售终端的距离，提供一站式服务。

图1-15　广东中山古镇

同时，古镇灯博会借力全球"互联网+"资源，深化"展网融合"模式，线上线下合力打造永不落幕的国际灯饰展览会（见图1-16）。牵手阿里巴巴，为线上线下数十万专业买家带来一场直播盛宴。开幕式上，更是举办了"天猫中心工业电商共享服务中心签约仪式"，确定天猫中山工业电商共享服务中心落地分会场古镇镇华裕广场。该服务中心由天猫和广东省电子商务协会联合设立，旨在打造"互联网+"新型孵化器，形成"互联网+"创新体系，汇聚天猫商城优质资源，扶持中山传统优势产业，带动中山产业转型提质。

此外，发展多届的"展网融合"型专业B2B贸易平台（DENGGLE.COM），继续为国内外买家和卖家提供产品推广、资讯分享、行业交流三位一体服务，定向提供灯饰成品、生产机械设备、商贸物流等，实现在线服务，线下支持一体化。

这样不仅加快了传统灯饰产业转型升级步伐，也促进了LED战略性新兴产业的发展。这个特色灯饰小镇已不再满足于买灯赏灯的产业小镇，打造出将产、城、人、文深度结合的城镇品质。

图1-16 古镇灯博会

图1-17 古镇镇是三市水陆交通交汇点

【发展历程】

　　古镇镇位于广东省中山市西北面，毗邻港澳，是珠江三角洲经济区的重要腹地。北邻佛山市；西邻西江下游与江门市隔江相望；南与中山市横栏镇接壤；东与中山市小榄镇相邻，是三市的水陆交通交汇点，也是中山市通往粤西地区及海南岛的主要门户。全镇总面积47.8平方公里，由古镇、曹步、海州三个自然村组成。下辖 12 个行政建制村、1 个居委会,常住人口数为 6.7 万人,外来人口数近 10 万人(见图 1-17)。

虽然古镇镇是闻名国内外的"中国灯饰之都",但灯饰产业在这里并没有传统根源。它在古镇的出现起源于 20 世纪 70 年代末期。当时有两家镇办企业生产环形灯管、吸顶灯、台灯、应急灯等产品,由于效益很好,镇上的一些农民便开始仿效。

当时,以生产电热杯为主要产品的古镇家用电器厂(现南光电饭煲厂前身)和以生产小光管和台灯为主要产品的古镇异型灯具厂通过对市场的反复调查,率先以一根电线、一条弯管、一个灯泡和灯座制作成一盏简易台灯。产品投放市场后,反响超乎预期;小批量生产的环形光管、吸顶灯、台灯、应急灯等产品相当畅销,效益极好。经商意识强和头脑灵活的古镇人马上掌握了这门新技术,灯饰业成了古镇人致富发展的道路(见图 1-18)。

图 1-18 灯饰业成了古镇人致富发展的道路

从 1992 年起,由于受全国房地产热、基础设施建设热和家庭装修热的影响，古镇灯饰业进入了更大规模的发展热潮，300多家灯饰企业在镇中心新兴大道设立了销售门市部，形成古镇第一条灯饰街。同时，许多灯饰厂根据市场需要，及时改革生产方式和调整产品结构，不少企业还组建了集团公司、有限责任公司，购进了先进的生产和检测设备，招聘各类专业技术人才和管理人才，采用电脑设计产品外形和利用电脑进行企业管理，建立国内定点销售网，形成了产、供、销"一条龙"格局。到20世纪90年代中期，古镇灯饰的花式品种已经变幻万千、层出不穷，基本上每隔三个月便呈现一次新的灯饰潮流。

灯饰业有了名气，就要想方设法地扩展它，提升产品档次和提高企业质量管理水平，参与国际市场竞争，实现质的飞跃。20世纪90年代末，许多厂家已确立了"以质量求生存，以管理取效益"的战略思想，灯饰企业管理和质量都已逐步与国际市场接轨，古镇灯饰已遍及世界各地，基本上与海外生产的"洋灯"四分天下。

当20世纪90年代迎来尾声时，古镇镇亦开始了它的"四个品牌"建设，而这四个层面的品牌，也为它带来了焕然一新的全新局面：一是代表古镇整体形象的"中国灯饰之都"；二是代表古镇灯饰产业整体水平的"古镇灯饰"品牌；三代表古镇灯博会这个国际会展品牌；四是建设各企业的品牌。

从1999年开始，古镇镇就着手研究建造一个既形象又美观的标志性建筑，来展现灯饰之都的精神和魅力。经过反复酝酿和推敲，决定采用古典欧式油灯外形作为该标志性建筑——"灯王"的造型（见图1-19）。

灯王建筑面积约为40000平方米，其中可使用面积约为22000平方米，是古镇有史以来投资最大的单项建设工程，投资额超过3亿元人民币，从立项设计到初步定案建设历时六年。分为灯罩、灯身、灯座三部分。共计48层，其中地下2层，地上部分46层。

灯王的建设是古镇从经营城市到城市经济发展之路上的重要一环，它带来的巨大社会效应将促进古镇各项建设事业的飞跃发展。一方面，它正好与古镇的历史意义、文化底蕴融合在一起，成为灯都的一张名片。不仅是古镇镇的标志性建筑，也是中山市乃至珠江三角洲地区的标志性建筑。同时，结合灯王的建设配套，中心城区进一步形成，周围一带将会形成新的商业开发区，吸引大量的人流、物流聚集，形成浓郁现代化商业氛围的商业圈，促进中心

图1-19 灯王

城区的进一步成形及古镇的城镇化进程。

内在，建设地标性建筑；外在，古镇镇依然有一张过硬的金名片。1999年，古镇灯饰已在国内占一席之地。据中国照明电器协会发布的数据表明，古镇装饰灯当年已占全国60%以上的销售额，但国外的影响力却远远不够，多数灯饰企业从来没有涉足过国外市场领域。如何使古镇灯饰在打响国内品牌后再走向世界，成了古镇镇党委、政府非常关心的一个问题。

能否以展会为载体，把外商的目光吸引到古镇，从而打开古镇灯饰走向世界的"瓶颈"？经过详尽的论证，古镇决定举办属于自己的展会，并确立了"让世界认识古镇，让古镇灯饰走向世界"为展会主题。

事实证明，这一主题的提出在当时是非常及时的，首届古镇灯博会不仅吸引了来自国内的几十万名客商，还吸引了来自世界各地 40 多个国家的客人，真正打开了古镇灯饰的外销之门。展会期间，古镇灯饰成交额达 11 亿元，引进外资 200 多万美元，均超过了预定的目标，为古镇取得了巨大的经济效益和社会效益。

2001 年底古镇灯饰出口额由 1999 年的 4027 万美元上升到 2.5 亿美元，灯饰企业由 1999 年的 975 家发展到 1432 家。

2002 年古镇被中国轻工业联合会、中国照明电器协会联合授予"中国灯饰之都"荣誉称号，形成了闻名世界的区域性特色经济和较具竞争力的产业集群（见图 1–23）。

2005 年，荣获"国家文明镇"荣誉称号，进一步促进"灯都"人文素养和品位的提升。

2011 年，六坊云龙被列入"国家级非物质文化遗产保护"扩展名录，魏家祠堂、苏家祠堂、曹步观音庙等列入市文物保护范围。

2014 年开始，古镇灯博会由一年一届（秋季展）改为一年春秋两届，春季展以灯饰内销为主，秋季展以灯饰外销为主，覆盖全产业链，以古镇为产业依托，立足产业源头，采用展店联动的创新模式，打造超百万平米超大规模，为照明生产企业及采购商、经销商构筑采购直接、贸易方便、超高性价比的灯饰一站式商贸平台。

2016 年全镇灯饰业总产值达 190.3 亿元人民币，占中国市场份额的 70% 以上；出口总额 3.7 亿美元，产品出口东南亚、日本、美国及欧洲等 130 多个国家和地区。

2018 年，更是以"灯饰原产地，服务全球 60 亿人"为主题，打造超高性价比的一站式灯饰照明展。展会以内销为主，兼顾外销，联手 7 大分会场，深化"展店联动"实现总展览面积超 150 万平方米，参展企业近 2000 家，同时结合古镇灯博会"展网融合"型 B2B 网站"灯饰在线"打造开春采购盛季。为完善灯饰生产行业的上下游配套产业链，同期举办 2018 古镇制造展，展品与灯博会互补，实现两展联动（见图 1–20）。

如今在古镇镇，每五个古镇人中，就有一人从事灯饰业。经济结构、产业结构十分突出，个体、私营经济十分活跃，占经济总量的 95% 以上（见

图 1-21）。古镇镇更是形成全民创业的社会氛围，全镇已登记注册的个体工商牌照超两万家，超过六成的家庭成为大大小小的企业主。其中灯饰业是古镇的龙头行业，也是古镇的经济支柱，占古镇全镇经济总量的70%，被盛赞为"一业带来几业兴，一盏灯照亮了全古镇。"

图 1-20　2018 年中国灯都（古镇）国际灯光文化节

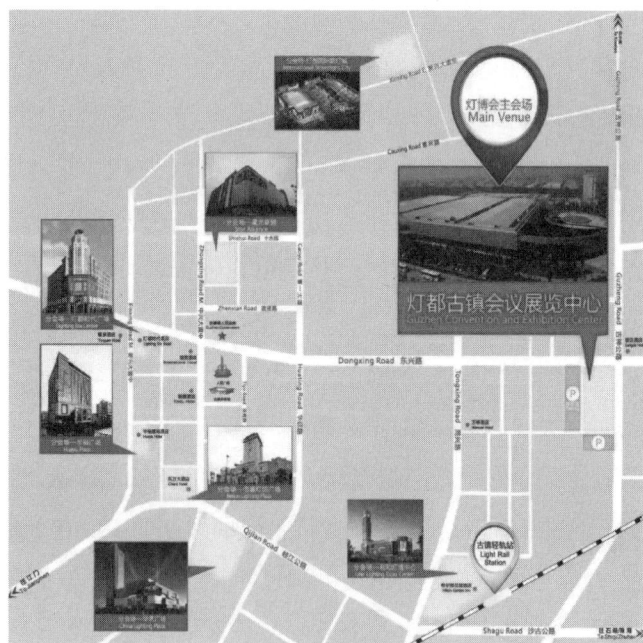

图 1-21　古镇镇地图

【特色分析】

产业"特而强"

古镇镇是全球灯饰原产地，灯饰销量占据国内灯饰市场 70% 以上份额，产品出口到 130 多个国家和地区。产业链完善，聚集度高，已形成以古镇镇为中心，覆盖周边三市 11 个镇区，年销售超千亿元的灯饰产业集群。实施创新驱动战略，产业升级为灯饰创意经济，实现由"工业化制造"向"艺术化创造"跨越发展。

文化"活而新"

古镇镇有世界各地的灯，也是灯的世界。古镇灯文化博物馆收藏展品 2000 多件，展示了灯饰文化历史进程，全镇各卖场汇聚全球数万款灯饰作品，共融全球各国各民族灯饰文化；国家级非物质文化遗产"六坊云龙"融入现代灯光科技升级为"夜光龙"，既传统又现代；一年一度灯光文化节打造万人空巷的狂欢盛宴，尽显灯饰文化新内涵。

旅游"优而美"

古镇镇既有着现代工商城镇的独特魅力，又有着岭南水乡的优雅韵味。利和广场、华艺广场、星光联盟等大型灯饰 MALL，打造超 300 万平方米展销卖场，超大型 LED 高清大幕和各类主题灯光 SHOW 设计，为游客呈现科技、前卫、时尚的视觉体验。另一方面，古镇镇又是"中国花木之乡"，有着多年的花卉苗木产业基础，古镇镇生态绿肺——南方绿博园和海绵城市的典范——灯都生态湿地公园等都是非常有特色的休闲旅游景点。

社会功能"精而实"

古镇镇，是一座以人为本、共建共享的善治特色之镇。创新实施了普惠型公共服务，学前至高中 15 年免费教育，属广东省首创；实现"兜底民生"，建立了"门诊有保障、住院有统筹、重大疾病有补充"的医疗保障体系；链接国家级智库，实施社会网格化服务管理，全镇分"大、中、小"三级，13 个村（居）划分为 80 个网格，以信息化市场管理服务动态社会；建立善治灯都特色管理，创新搭建"全民、自治、防控、基层、民生、协管"等六大平台，形成社会协管、全民参与的善治格局（见图 1-22）。

图 1-22　建立善治灯都特色管理

【各界评述】

首批 38 个"广东省森林小镇"名单公布，古镇镇名列其中。继入围首批中国特色小镇后，生态文明成为了中国灯都的又一张靓丽名片。事实上，创建森林小镇是古镇立足经济社会发展战略全局，改善城镇生态环境、提升城镇品位作出的一项重要决策。

——《南方日报》

通过打造系统化科技创新服务平台，有效促进了古镇灯饰产业从外延式增长逐步转向内涵式增长，从制造环节向研发、营销两端拓展，使古镇创业创新生生不息。

——《广州日报》

古镇镇作为特色小镇最大的特色是灯饰产业，但令人印象更深刻的是现代化治理体系的构建。古镇的探索为全国特色小镇提供了社会治理的范例，不仅用产业留人，而且从治理源头转变，社会治理的主体多元化，政府做好该做的、能做好的，同时该释放的要释放，与市场和社会要协同治理。

——北京大学城市治理研究院副院长、研究员　周红云

古镇镇人口多、发展快、较发达、有特色、在中国特色小镇中名列前茅。现特色小镇多以保护为主，越是落后的地方保护得越好，而特色小镇离经济

发达的地区较近。在特色小镇的发展中需解决差异化的发展和了解费孝通先生的探索和理论。

——中国人民大学社会与人口学院、国家发展与战略研究院研究员　李丁

【相关链接】

上海高桥蚂蚁创客小镇

从产业集聚，转向特色小镇，这需要一个过程。但是要做特色小镇，必须现有产业集聚，只有产业才能留住人，只有产业才能给人发展的空间，特色小镇才有发展的空间。所以，所有的一切，都指向了基于当地主导产业的教育培训，是解决当地经济发展、特色小镇持续发展的最佳方式，"教育+产业特色小镇"势在必行。

位于上海市浦东新区高桥镇荷兰风情小镇中的上海高桥蚂蚁创客小镇，是十年前上海"一城九镇"规划中的其中一镇。由于高桥镇北毗吴淞口，西隔黄浦江，与宝山、杨浦相邻，东与自贸区相接，镇域总面积 38.73 平方公里，总人口达 18.1 万人。所以近年来，高桥一直在思考和探索如何借助互联网+，促成产业的新一轮升级，进而吸引更多创新企业及创业者扎根高桥（见图 1-23）。

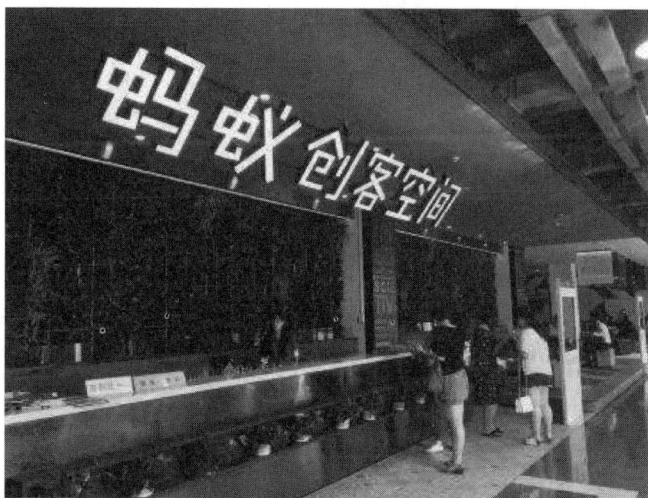

图 1-23　蚂蚁创客小镇

蚂蚁创客小镇的目标是在荷兰风情小镇打造一个占地 12 万平方米的"创客小镇",覆盖从创客空间、孵化器到加速器的全生命周期成长。日前开幕的蚂蚁创客大楼共 7 层,建筑面积为 18000 平方米,目前已有 30 家企业入驻,未来还能容纳 60 ~ 70 家企业。项目聚焦互联网 + 教育的产业生态圈,形成有影响力的"开创性大学"。

上海蚂蚁筑巢投资管理有限公司与高桥镇政府共同成立合资平台公司,平台公司通过市场化方式给入驻项目(企业)快速高效的决策和服务,并以资源换股权,年底以租金成本回购股权的方式,既让入驻项目(企业)以最低的成本开展经营,又让平台公司分享项目(公司)股权增值收益,是目前切实可行的孵化 + 投资模式。

同时,平台公司还为蚂蚁创客小镇规划和改造了适合创业者居住生活的配套设施,包括 150 套创始人公寓、2000 套白领公寓、10000 套青年公寓,为来上海打拼的年轻人提供一个低成本的家。

蚂蚁创客小镇项目有机融合了教育、创业、投资孵化和城市发展,以解决年轻人的居住生活成本为切入口,聚集年轻人,赋以教育培训帮助他们提升能力寻求发展,使得小镇有活力、个人有发展、项目(企业)有生意、盘活当地资产,打造了一个可参观、可复制的特色小镇模式。

蚂蚁创客小镇的实施和成功,给了各地一个很好的样板。结合当地主导产业,开创了一个年轻人集聚、产业蓬勃、社会繁荣的"教育 + 产业特色小镇"样板和蓝图。

2.0 特色小镇之源起

2.1 引言

特色小镇的概念，国内最早兴起于浙江，后逐步扩散到长三角地区，继而在全国迅速蔓延。

浙江创建的特色小镇是"非镇非区"，是一个融合产业、文化、人文、旅游与社区功能的特色鲜明的创新创业发展载体。

这种发展载体，即特色小镇，在国外，有瑞士达沃斯世界经济论坛小镇、法国普罗旺斯薰衣草小镇、德国高斯海姆高端制造业小镇、英国温莎王室小镇、剑桥小镇等。

在国内，浙江基本成熟的特色小镇有杭州大数据、云计算的云栖小镇，互联网创业＋风险投资的梦想小镇，私募基金＋4A旅游的玉皇山南基金小镇等。

国内外这些特色小镇，空间规模不大，但经济体量大，有创新业态，有人才集群，景观精致独特，文化独具韵味，生态充满魅力。

世界各地的实践证明，一个具有强大的产业创新引领的特色小镇，其影响力可以超越所在的大城市，甚至辐射到全国、全世界。

不过，浙江的特色小镇也不是一蹴而就的。

时针转至2011年，该年是"十二五"开局之年，民营经济一直比较活跃的浙江迎来了几个重大利好消息：

一是浙江海洋经济发展示范区规划获批升为国家战略；

二是国务院正式批复义乌市国际贸易综合改革试点，将县级城市义乌定位为世界领先的国际小商品贸易中心和宜商宜居宜游的国际商贸名城；

三是国家发展改革委发文《关于鼓励和引导民营企业发展战略性新兴产业的实施意见》，对于民营企业发展战略性新兴产业不设门槛；工信部发布《"十二五"中小企业成长规划》，随后出台国家级的多项扶持中小企业发展的措施。

面对如此政策利好，浙江有部分小城镇"先行先试"，陆续进行了特色产业的探索，如杭州的阿里云创新创业基地、安吉的竹精深加工基地等。

彼时，特色小镇的概念尚在孕育中。

2014年8月余杭梦想小镇的创建是特色小镇的萌芽，也因此成为日后的特色小镇之起源。

同年10月在西湖云栖小镇的一次大会（后称"云栖大会"）上，"特色小镇"一词首次公开在媒体上出现。

2015年1月，浙江省《政府工作报告》中的特色小镇成为关键词之一，将特色小镇概括为一个聚焦特色产业，融合产业、文化、旅游、社区功能的创新创业发展平台。不久，三位国家领导人习近平、李克强、张高丽先后对特色小镇的建设作出重要批示，要求各地学习浙江经验。

2016年7月，住房城乡建设部、国家发展改革委、财政部联合发文《关于开展特色小镇培育工作的通知》，明确特色小镇要具备特色产业、宜居环境、传统文化等五大特征。同年10月，住房城乡建设部公布了第一批特色小镇建设名单。

2017年8月，浙江省政府正式命名首批两家为省级特色小镇，即玉皇山南基金小镇、梦想小镇。

同年底，国家四部委印发《关于规范推进特色小镇和特色小城镇建设的若干意见》明确指出，特色小镇是不同于行政建制镇和产业园区的创新创业平台。

这一定论，终于让浙江"非镇非区"的非主流的特色小镇得以正名。

2018年8月国家发展改革委联合印发《关于建立特色小镇和特色小城镇高质量发展机制的通知》，进一步提出了特色小镇发展对标对表以及规范性管理要求，旨在推进特色小镇内涵正本清源。

在特色小镇建设如火如荼的当下，找回特色小镇建设的初心，特色小镇之路才能走得更稳更远。

2.2 先行先试的特色小镇——以浙江首批正式命名小镇为例

2.2.1 无中生有，让创业梦想变成财富——以余杭梦想小镇为例

多样性是自然界的天性，也是人性的一种展示。两千年前的先师孔子就曾说过："君子合而不同"，每一个人思维模式、认识世界的方式都不一样。结合到产业也都需要多样性的支持。

创业者说，虽然你创业场所是免费的，但是年轻人需要24小时超市服务，需要星巴克，需要就近可以让子女入托的幼儿园或者入学的学校，需要创业者公寓，需要各种各样的技术员来支持，需要融资的渠道……

你需要什么，我们就融入什么，这些机构都进来了，这里就变成了最好的"双创"基地。梦想小镇就是运用了多样性的服务来促使这个地方变成创业者的创新创业之地。

一个地方如果没有多样化可以支撑它，那它就无法形成核心竞争力。

图 2-1　余杭梦想小镇

【标志性事件】

梦想小镇位于杭州余杭区仓前街道，梦想小镇的核心区块东至杭州师范大学，西至东西大道，南至余杭塘河，北至宣杭铁路，规划范围约3平方公里（图2-1）。

梦想小镇核心区块以章太炎故居、"四无粮仓"深厚的历史底蕴和"在出世与入世之间自由徜徉"的自然生态系统为载体，以未来科技城开放、包容、创新、服务的政务生态系统为支撑，以阿里巴巴总部所在地和金融资源集聚发展的产业生态系统为驱动，通过建设"众创空间"、O2O服务体系，"苗圃＋孵化器＋加速器"孵化链条，打造更富激情的创业生态系统，帮助"有梦想、有激情、有知识、有创意"，但"无资本、无经验、无市场、无支撑"的大学生"无中生有"，使他们创业的"梦想变成财富"。核心区由互联网村、天使村、创业集市和创业大街组成，属信息经济产业小镇。

2015年列入首批省级特色小镇创建对象，经过两年多的超速建设，2017年成功通过省级特色小镇验收，成为浙江省政府首批命名的两个特色小镇之一，在全国极具影响力。

2015年3月，李强省长为杭州梦想小镇揭牌（见图2-2）。梦想小镇是浙江省省长李强亲自命名建设的新型"众创空间"。在短短半年时间里，李强4次去梦想小镇调研。以梦想小镇为代表的系列特色小镇，承载的是浙江新一轮创新创业的梦想。

图2-2　时任浙江省省长李强为杭州梦想小镇揭牌

李强希望浙江在打造成为全国人才创业创新高地过程中，梦想小镇要下好先手棋、做出新表率。浙江已进入必须依靠创新驱动推动经济转型升级的关键阶段，对人才创业有了新要求。梦想小镇要打造更有活力的创业创新生态系统，以有限的地理空间提供无限的创业服务，汇聚天下创客，立志成为全球创业高地。

李强希望广大创客用互联网对接生活服务、金融、健康等各行各业，保持特色、差异竞争；对接"新硬件时代"，积极开拓基于互联网的新硬件这片新蓝海；对接"两化"深度融合，助推浙江打造制造业强省。

李强还希望政府部门加快打造创业创新生态系统，以制度供给之"鞋"对接人才创业、互联网创业之"脚"。梦想小镇要在改革创新、做好服务上持续发力，把创业成本降得更低，让创业资金对接更充分、创业氛围更加浓厚，引爆浙江新一轮创业创新。

2015 年 12 月，梦想小镇光荣亮相新闻联播！以下为新闻联播文字版消息：

【直通乌镇】浙江：当好"店小二"成就"大掌柜"

央视网消息（新闻联播）：习近平总书记指出，建设网络强国，要把人才资源汇聚起来。面对一批怀揣梦想的互联网创新创业者，浙江省的定位是，当好"店小二"，成就"大掌柜"。

杭州市未来科技城的梦想小镇，一个互联网创新创业人才的聚集地。在这里，会场、办公室、咖啡馆任何一个地方，创业者都能和投资人零距离交流项目。眼下，梦想小镇举行的"中国微天使节"，就有 100 多个创业团队参加融资路演，面对 100 多家创投机构、300 多名天使投资人，"让梦想照进现实"的机会，每位创业者都不愿错过。

90 后的黄佳佳在美国读大学时就开始创业，提供赴美留学在线信息指南。而这次让她回国创业的一个重要原因，就是梦想小镇带给她的全方位服务。而就在半年多前，当时在美国的黄佳佳，每天还在为办公场所发愁。

现今要想当个称职的"店小二"，政府考虑的已不光仅仅是替创业者省钱这么一件事。而梦想小镇也一直在琢磨着创业者需要什么，并且如何迅速跟进。比如创客希望拎包办公，小镇就把装修和办公家具都备好；创客想到政府部门便捷地办手续，小镇就打造服务平台，把政务服务搬到线上；创客需要中介机构的服务，小镇就专门引进一批中介机构，并向创客发创新券，支持创客向中介机构购买服务等。

和黄佳佳一样，现在不光是创新创业者冲着梦想小镇而来，不少投资人也对梦想小镇的未来充满了期待。

由于项目有新意，黄佳佳幸运地拿到了自己的第一笔上百万元的天使投资，目前她正带领团队对项目上线做最后的测试准备。

如今，梦想小镇里聚集了国内外创新创业人才近4300多人。据不完全统计，已有50个项目获得了百万元以上的投资，融资总额超过13亿元。

现在，互联网正成为浙江经济新的基因。2015年1至10月，浙江规模以上信息经济核心产业实现主营业务收入7650多亿元，同比增长13.1%，已成为浙江经济发展中增速最快的行业之一。

2016年5月，习近平主席在考察浙江时，对特色小镇给予充分肯定。在中央经济工作会议上，他大段讲述特色小镇，其中梦想小镇、云栖小镇、黄酒小镇等都被点到。

2016年9月，中财办主任刘鹤到浙江调研时指出，对特色小镇印象最深的是处理好了政府与市场的关系，政府为企业创业提供条件，大胆"放水养鱼"，让企业家才能充分发挥，这对中国经济结构升级都具有重要借鉴意义。刘鹤表示，中财办将继续探索、调研，深入总结特色小镇发展的情况以及取得的业绩，并积极推广。后来，他撰写了关于浙江特色小镇的调研报告，得到习近平、李克强、张高丽的批示。

2018年9月，浙江省省长李强一行陪同中财办刘主任来到梦想小镇进行考察调研。在考察过程中，领导们大致参观了小镇的环境及其基础设施，并就浙江省给予科技创新企业与高新技术人才的优惠政策进行了深入探讨。同时，考察团还前往了青团社等企业了解其工作开展进度。

考察调研工作接近尾声时，领导们表示，小镇浓厚的创业氛围有利于激发创业者的干劲，小镇的集聚效应能有效地凝聚创新思维。各位领导对梦想小镇的高速发展及科技创新成果表示肯定与赞誉，并激励小镇各企业及各位创客要不断乘风破浪，排除万难，做行业中的先行者。

继前浙江省委书记夏宝龙两次到访梦想小镇后，李强省长与刘主任的察访再次给予小镇创客们无限的信心与鼓舞。在政府扶持创业、社会关注创业的大背景下，高新技术产业创业进入了黄金时代。梦想小镇作为众多创业者与初创企业的"起飞地"，势必会陪伴大家走过风雨与晴天，看着创客们梦想成真。

【发展历程】

2014 年 8 月，在省市区谋篇布局特色小镇、大力培育信息经济的大背景下，梦想小镇扬帆起航。梦想小镇位于余杭区未来科技城（海创园）腹地，采用"有核心、无边界"的空间布局，其中核心区规划 3 平方公里（见图 2-3）。

图 2-3 梦想小镇位于未来科技城腹地

2014 年 9 月，杭州梦想小镇启动建设，明确了互联网创业小镇和天使投资小镇双镇联合的发展思路。核心区块选址在杭州余杭区未来科技城的仓前区域，占地面积约 3 平方公里。梦想小镇旨在吸纳范大学生群体（毕业 10 年内）以及国内外知名股权投资机构创业。互联网创业小镇重点鼓励和支持"大学生"群体创办电子商务、软件设计、大数据、云计算、动漫设计等相关领域企业。梦想小镇则重点培育和发展科技金融、互联网金融，集聚天使投资基金、股权投资机构、财富管理机构，着力构建覆盖企业发展初创期、成长期、成熟期等各个不同发展阶段的金融服务体系。

图2-4　梦想小镇一期投入使用

2015年3月28日，梦想小镇一期17万平方米投入使用，规划在三年内集聚大学生创业者10000名，创业项目2000个；集聚基金(管理)及相关机构300家以上，实际资产管理规模达到1000亿元，金融资产总额超过3000亿元（见图2-4）。

梦想小镇发展理念：产、城、人文融合的探索单纯的从产业上理解，梦想小镇是一座创业园区。实际上，它的营造理念，已然突破了传统产业园区的框架——它具备一个完整的生态系统，在宜居与宜业之间，找到平衡。

在梦想小镇开发之初，主管部门便围绕人的需求，确立了先生态、再生活、后生产，宜居、宜业、宜文、宜游的开发理念。"人生的最高意境是在山水间自由徜徉，在出世入世间自由徘徊，所以我们提出产、城、人文融合发展。由此可以探索走出一条新的不仅是创新创业的路子，而且也是新型城镇化的模式。"杭州市委常委、余杭区委书记徐文光，曾如此诗意地解释梦想小镇的理念。

如今，浙江的特色小镇模式获得媒体乃至国家决策层的点赞，并在全国推广。梦想小镇，是当下如火如荼的特色小镇实践的一个注脚。

前浙江省委书记夏宝龙在与记者座谈时强调，特色小镇"非镇非区"，不是行政区划单元上的一个镇，也不是产业园区的一个区，而是按照创新、协调、绿色、开放、共享发展理念，聚焦浙江信息经济、环保、健康、旅游、时尚、金融、高端装备等七大新兴产业，融合产业、文化、旅游、社区功能的创新创业发展平台。这些小镇的形态"小而美"，是城乡之间的诗意联结，是"产城人文"一体的复合载体。

梦想小镇的规划，采取了嵌入式的理念，充分利用仓前镇原有的自然风貌。展开荷兰 NITA 设计集团梦想小镇规划设计图，你就会发现，整个小镇被一个基本呈环形的稻田地带围绕，和既有的湿地味道的天然池塘、水面一起成为一条真正的田园生态带。极具日本田舍馆村的"稻田画"风格。远眺梦想小镇的建筑，呈现的是"种"在金黄稻黍中的视觉效应。

历史的老瓶，要装入互联网创业的新酒。平台思维与生态体系的营造，是梦想小镇的关键词。在国家大力倡导"大众创业、万众创新"的背景之下，梦想小镇的目标是建成国内具有核心竞争力和重要影响力的"创客社区"、宜居宜业的小城镇。

2015 年，杭州入选首批国家"小微企业创业创新基地城市示范"，梦想小镇功不可没。

"上有天堂，下有苏杭"。杭州素有"人间天堂"的美誉。随着杭州信息经济的强势崛起和大众创业、万众创新的蓬勃发展，杭州更多地又被形容为"天堂硅谷""天使之城"，更是美名远播的"创新活力之城"。从西子湖畔到钱塘江边，杭州每一寸土地都涌动着创新的因子，创新创业在这里蔚然成风。

因创新而生，更因创新而兴。杭州自 2015 年 6 月入围国家首批小微企业创业创新基地城市示范以来，以梦想小镇的"创客社区"为典型，积极探索小微企业"双创示范"的新思路、新理念、新机制、新模式，在"资金、服务、空间、成本"四方面集中发力，以改革的智慧、创新的制度、务实的举措，打造小微企业"创新创业新天堂"，得到了各方的普遍认可。

数字是枯燥的，但无疑又最具说服力。2016 年，杭州小微企业营业收入达到 24298 亿元，同比增长 13.74%；小微企业技术合同成交额 68.90 亿元，同比增长 85.71%；小微企业拥有有效授权专利 76367 件，同比增长 37.79%，已分别达到国家"双创示范"考核目标的 98.6%、176.67% 和 151.69%。

一个个数字的跳跃变化，印证着杭州小微企业创新创业的活跃度。毋庸置疑，一座成长中的"双创之城"正在杭州崛起，而这座城市双创的崛起无法脱离这幕后的大功臣——梦想小镇。

"我负责雨露阳光，你负责茁壮成长。"这是梦想小镇发出的最强音。小镇不仅有原汁原味的生态之美，更是创业者实现梦想的跳板。

在杭州余杭区未来科技城的梦想小镇，一条河流如绸缎般徜徉其中，一排排错落有致却极富时尚感的小楼依河而建。小镇由旧时粮仓改造而成的"种子仓"，不仅提供办公条件，还提供种子、孵化、加速、产业化等一条龙式的创业孵化服务，打造成为众创空间的新榜样、特色小镇的新范式。目前集聚了 30 多家知名孵化器，良仓、湾西等一批众创空间布局其中。

良仓加速器是梦想小镇的优秀众创空间的代表。良仓为创客提供办公空间、投融资对接、创业导师资源服务。截至目前，良仓已累计孵化项目超过 160 个，其中 80 个项目获得总投资额超过 2.5 亿元，获批成为国家级众创空间。"'良禽择木而栖，筑天下良仓'。这里是优秀创客和创业团队的大粮仓。"良仓加速器 CEO 郑迅达表示，这里帮助创业团队找钱、找人、打磨产品，为入驻企业解决创业的各种问题，让创业更简单。

2016 年 1 月，浙江省公布第二批 42 个省级特色小镇创建名单。梦想小镇作为特色小镇入围。

2016 年 8 月，住房和城乡建设部下发《关于做好 2016 年特色小镇推荐工作的通知》，将 159 个特色小镇的指标下发给各省区。两个月后，住房和城乡建设部公布第一批中国特色小镇名单，进入这份名单的小镇共有 127 个。

几乎与此同时，国家发展改革委发布《关于加快特色小（城）镇建设的指导意见》，再次推动特色小镇的建设。

2018 年 7 月，梦想小镇首次举办梦想小镇法国日（见图 2-5）。

每年的 7 月 14 日是法国的国庆日，而今天在距离法国国庆日还有一个月

图 2-5 梦想小镇法国日

的时间里，梦想小镇被红白蓝三色装点一新，迎来了一群远道而来的法国朋友。法国巴黎大区主席佩克雷斯女士、巴黎大区竞争力产业集群主席贝拉先生等客人来到梦想小镇创业大街，出席梦想小镇法国日活动。余杭区委副书记、区政法委书记王进，区政协副主席、未来科技城管委会常务副主任赵喜凯等参加了活动。

巴黎大区是欧洲区域 GDP、研发创新能力第一的大区。据悉，此次法国巴黎大区主席佩克雷斯女士专程来到中国探讨中法双方未来在旅游业、智慧城市、区域吸引力等领域的合作。在多方见证及中法双方共同努力下的"法国城市大脑"科创合作平台项目在小镇揭幕。

"法国城市大脑科创平台"是中法双方经过长期调研协助的成果，15 家法国科技创新公司加入，共同创造并开发了众多新型的科技模块。该项目面向新能源和智能城市转型领域，通过传感器、Wi-mesh、Green Blockchain 和人工智能技术联合协作，第一次实现了对原始数据独特的实时互动及操作的深度管理。其中物联网、人工智能、云计算的互动合作是此次中法科创协作的创新示范。

活动期间，还展示了中法合作项目——法国梦想小镇科创加速器成立以来的多个孵化成果。法国梦想小镇科创加速器是未来科技城于 2016 年 9 月引进，通过加强法国巴黎大区与余杭的战略合作，探索浙江与欧洲间的跨境创新技术研究新模式。两年来，众多法国创新科技企业到访杭州梦想小镇。

值得一提的是，法国梦想小镇科创加速器的联合创始人苏贝，同时也是杭州梦想小镇的荣誉镇长。

随后，金苏贝（杭州）建设工程有限公司董事长苏贝，浙江核新同花顺信息科技有限公司董事长易峥，法国欧珀达纳董事总经理朱勇，法国DotVision科技公司总经理熊猫签署中法科创战略合作备忘录。

除此之外，作为中法新能源协作示范项目，5家法国企业的创始人进行了项目路演。区委副书记、区政法委书记王进表示："通过今天的梦想小镇法国日活动，我们可以看到很多实质成果和对未来发展的畅想。法国梦想小镇科创加速器已成为促进中法双向合作、互利双赢的全新国际合作试点。期待更多法国创新创业团队、创投机构、科技企业和人才能够在余杭、在梦想小镇追梦、造梦、圆梦。"随后，在梦想小镇创业大街金色长廊，主办方为到场的各位嘉宾呈现了一场兼具视觉和味觉的饕餮盛宴。通过利用虚拟现实、影音视频、3D打印、生态建筑展示等方式，在米其林三星厨师的精心准备下，法国美食与科技在这里得到了充分的融合。正如苏贝所说："我们认为科技只能用来服务人类，因此我们便将它融入到更加艺术的生活中。"

区政协副主席、未来科技城管委会常务副主任赵喜凯说："接下来，将进一步加强中法之间的合作和交流，创造更好的平台，让优质法国企业落户中国，让中国优质企业到法国去。接下来，还将在未来科技城建设法国村，按照智慧城市的建设理念来设计，让更多优质的法国、欧洲的科技型企业在这里生根发芽、开花结果。"

在活动过程中，佩克雷斯女士频频对小镇的创业氛围和创业环境点赞。在未来，小镇将通过营造更加优越的创业环境，大力支持法国等外籍创新项目落地小镇，把小镇打造成为国际化的创新创业高地！

【发展情况】

1. 梦想小镇稳步推进

互联网村、天使村和创业集市三个先导区块17万平方米建筑、创业大街

图 2-6　梦想小镇互联网村

（仓前老街提升改造工程）4.3 万平方米建筑相继建成投用。小镇三期 1.9 万平
方米建筑，以及毗邻的湖畔大学项目先后开工建设（见图 2-6）。

2. 创新创业势头良好

累计引进上海苏河汇、北京 36 氪、深圳紫金港创客等知名孵化器及
500Startups、Plug&Play 等 2 家美国硅谷平台落户；集聚创业项目 1110 余个、
创业人才 10600 名，形成了一支以"阿里系、浙大系、海归系、浙商系"为
代表的创业"新四军"队伍；有 120 余人个项目获得百万元以上融资、融资总
额达 40 亿元。

3. 金融机构快速集聚

浙商成长基金、物产基金、新昌投资、龙旗科技、草根投资、海邦基金、
暾澜基金等一大批金融项目相继落户，集聚金融机构 770 余家，管理资本
1750 亿元，形成了比较完备的金融业态。

4. 创业氛围日益浓厚

相继举办中国（杭州）财富管理论坛等活动 800 余场、参与人数 13.5 万

人次,吸引了中央电视台媒体密集报道,小镇的创业氛围和品牌形象不断提升,小镇内部及周边公共配套不断完善。

5. 带动效应逐步显现

一些孵化成功的项目已迁出梦想小镇,进入附近的"加速器"进行产业化。在更大的范围内,小镇里涌现的创业项目和投资机构正在用互联网思维渗透传统产业、改造传统企业,互联网+农业、+商贸、+制造、+生活服务、+智能硬件等新产品、新业态、新模式层出不穷,为区域经济发展注入了全新动力。

【特色分析】

1. 区位交通优势

梦想小镇所在的未来科技城位于杭州主城区西侧,处于绕城高速和二绕之间,北抵杭长高速,南达杭徽高速。梦想小镇则位于未来科技城的中心位置,重点建设区的西北角,具有重要的战略地位。梦想小镇东临绕城高速与西溪国家湿地公园,有着得天独厚的自然及道路资源。地铁5号线的建成将大大拉近余杭组团与杭州市中心区的时空距离。

2. 人才优势

梦想小镇紧邻杭州师范大学,与阿里巴巴、海创园、未来科技城、规划中的金融城的距离均在4公里以内。可以说,梦想小镇位于科创走廊的核心区。马云曾自己统计过,近15年来,离开阿里的"校友"约有4万多人。其中极大一部分留在杭州继续创业。目前,梦想小镇的创业公司中,有极大比例来自于阿里的离职员工。一座灰黑色的办公楼外,阿里校友创业基地的招牌很显眼。这个现象颇堪玩味。有人在分析硅谷的成功时指出,创业的核心问题是人才,除了斯坦福大学之外,惠普和英特尔等互联网巨头,同样是硅谷的人才摇篮。大量的独角兽公司创始人,均来自于这些巨头公司。据统计,滴滴打车、同程网、蘑菇街、音悦台、虾米网等耳熟能详的互联网产品创始人,均来自于阿里巴巴。如此看来,在众多的双创平台中,在聚集优秀的创业人才方面,梦想小镇有其得天独厚的优势。从规划上看,梦想小镇涵盖了互联网创业小镇和天使小镇两块内容。通过建设、完善创业生态系统、人才服务体系、金融服务体系，形成开放、共享且具备内生力的创业社区和平台。

3.历史人文优势

图 2-7　位于余杭塘河畔的章太炎故居

梦想小镇有着章太炎故居（见图 2-7）、"四无粮仓"等深厚的历史文化底蕴。章太炎是我国近代民主主义革命家、思想家和国学大师，其故居位于浙江省杭州市余杭仓前老街。四无（无虫蛀、无霉变、无鼠害、无雀扰）粮仓是新中国第一代粮食人于 1954 年创建，它的创建开启了我国粮食仓储事业发展的新时代，其发源地位于浙江杭州余杭。

图 2-8　梦想小镇之水景

　　梦想小镇所在的余杭仓前位于古运河畔，其历史文化与大运河文化一脉相传。运河余杭段全长 31 公里，两岸的旅游资源单位数达 82 个，主要以人文旅游资源为主，是活着的、流动着的重要人类遗产（见图 2-8）。

　　4. 商业氛围条件

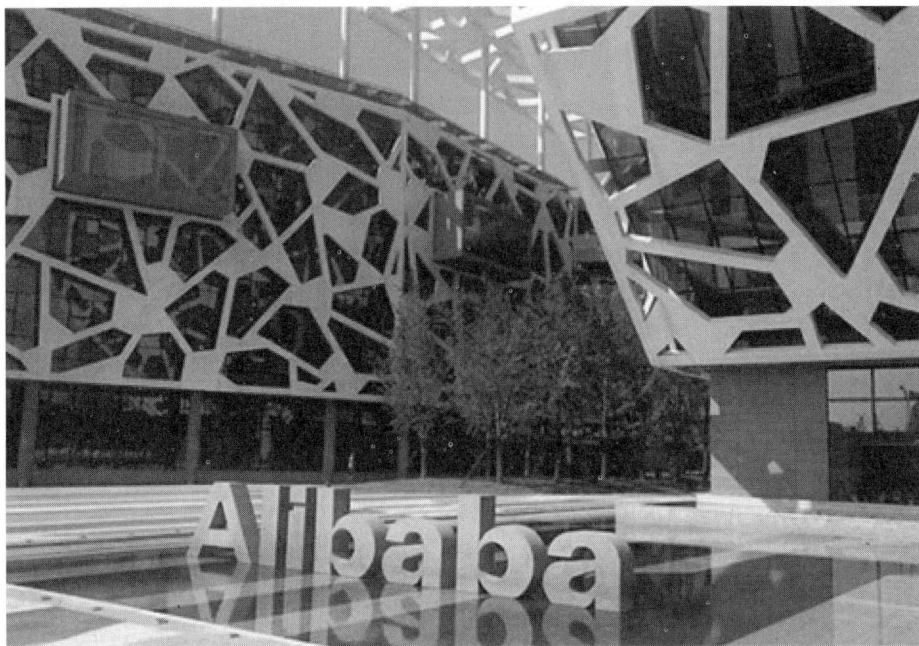

图 2-9　阿里巴巴集团总部

　　梦想小镇临近阿里巴巴西溪园区，西溪园区又名淘宝城，是知名互联网公司阿里巴巴集团的总部所在地（见图 2-9），坐落于杭州市余杭区未来科技城核心区域五常街道，这为梦想小镇的发展提供了良好的商业机遇和氛围。

　　5. 科研教育条件

　　梦想小镇位于杭州未来科技城，未来科技城是中组部、国资委确定的全国 4 个未来科技城之一，是第三批国家级海外高层次人才创新创业基地。杭州未来科技城毗邻杭州西溪国家湿地公园和浙江大学，区位优越、环境优美、资源丰富、空间广阔，是浙江省十二五期间重点打造的杭州城西科创产业集聚区的创新极核（见图 2-10）。

图 2-10 梦想小镇夜景

【各界评述】

　　梦想小镇，或许不能代表所有的特色小镇，但它在引领未来浙江特色小镇发展上，肯定能够创造出可以复制的典型示范模式。新型城镇化，是浙江走向美好未来的最大平台。梦想小镇开辟了新型城镇化一个充满活力和美好未来的成功典型。梦想小镇，期待这刚刚诞生只有一个月的"新生儿"茁壮成长，期待更多特色小镇能够吸纳它的先进基因。浙江 100 个特色小镇发展大幕即将启动，它将会为浙江新常态下整个经济发展实现中高速和迈向中高端，起到至关重要的作用。那时，梦想小镇的最大价值才能真正体现出来。

——《浙江日报》记者　徐峻

　　立足于创业创新、承载着发展息息经济、产业转型升级的重任的小镇，在浙江大地正雨后春笋般涌现出来。而在杭州，以云栖小镇、梦想小镇、基金小镇和云谷、西溪谷、传感谷为代表的"三镇三谷"已吸引了越来越多人的目光。

　　梦想小镇的起航，只是浙江"特色小镇"建设的冰山一角。

——《钱江晚报》记者　徐建国

浓厚的创业氛围、人才高地，再加上政府高效的配套服务，梦想小镇将形成很强的磁场，吸引资本和各类资源到此集聚、成长。

——新生代温州商人代表 吴宗方

【相关链接】

艺尚小镇：

转型为本嫁接"传统"与梦想小镇比邻发展

区域经济的未来之路，决定于新经济的培育壮大，也关系到传统经济的转型升级。在余杭，通过特色小镇模式，与区内传统产业转型升级相融合，同步激发产业与小镇的发展活力，无疑也是其当下走出的重要经验。

以特色小镇之新形式焕传统产业新颜，在余杭区艺尚小镇推动服装产业转型的故事中，有着充分体现。

改革开放以来，余杭凭借产业底蕴与历史积累，在家纺、服装等产业领域呈现出了迅猛的发展势头。以女装为例，行业鼎盛时期，余杭区一度占据了杭州女装品牌服装 80% 产量。而伴随着品牌建设缓慢、知识产权保护不力等短板愈发凸显，加之供给侧结构性改革大幕拉开，其纺织服装产业发展也遇到极大挑战。

2015 年，浙江将时尚产业列为该省着重发展的万亿产业。认识到纺织服装亦可与时尚产业无缝对接的余杭，也寻到了属于自己的转型升级路径——借助特色小镇模式，依托纺织服装产业基础，大力发展时尚产业。

一座志在通过时尚崛起的小镇，由此而来。余杭区临平新城管委会副主任陈联宏说："艺尚小镇是杭州唯一聚焦时尚产业的小镇。在三平方公里的土地上，小镇创新性地将空间格局划分为'一中心三街区'，即文化艺术中心、时尚文化街区、时尚历史街区和时尚艺术街区。"

据悉，小镇文化艺术中心以大剧院和艺术中心建筑群为主体，涵盖市民广场、展览中心、文化馆及各类商业配套。时尚文化街区则汇聚中国最具原创意识的时尚设计师，通过加强产业链上下游，逐步打造中国时尚设计力量第一街区。时尚历史街区主要是时尚产业服务平台，为企业提供品牌战略、专利战略、创意技术等全方位的可持续运营解决方案。时尚艺术街区则致力于打造国际化时尚社区和世界级时尚品牌互联网发布中心，吸引世界时尚力量汇聚。

正是这样一座小镇，当下吸引着越来越多时尚大咖闻"香"而来，令其逐渐变身为传统企业转型的启示之地，和时尚产业的活力迸发之地。

人工智能小镇：

主打人工智能技术创新 与梦想小镇形成错位发展

余杭再添一个小镇——人工智能小镇。甫一亮相，便刷爆了大家的朋友圈。

余杭人工智能小镇，与梦想小镇仅相距2公里多，与阿里巴巴、浙江大学等比邻而居。其先导区块已于2017年5月3日先行启动，主要利用钱江科创园70万平方米建成空间建设，其中30万平方米建筑已经建成投用。截至目前，小镇已吸引了浙大——阿里前沿技术研究中心、浙江省智能诊疗设备制造业创新中心、百度（杭州）创新中心、北航VR/AR创新研究院、中乌人工智能产业中心等15个平台及90余个创新项目入驻。

众所周知，未来科技城有一座梦想小镇，2015年3月启动以来逐渐被打造成为浙江乃至全国特色小镇的标杆。那么，作为梦想小镇的"兄弟小镇"，人工智能小镇的发展路径也成为人们心中的疑问。杭州未来科技城党工委书记、管委会主任陈夏林对此做出解答。

陈夏林说，梦想小镇主要定位于"互联网+"创业，而人工智能小镇主要定位于人工智能技术创新，与梦想小镇形成互补，错位发展。"基于大数据、云计算、物联网等业态进行重点布局，集中力量招引机器人、智能可穿戴设备、无人机、虚拟/增强现实、新一代芯片设计研发等领域的单打冠军企业，形成具备较强的国际及区域产业合作和竞争能力的高端人工智能产业集群。"

在小镇发展的路径中，人才是人工智能小镇建设的第一资源、关键一招。小镇的竞争力，关键在于人才的竞争力。人工智能小镇将通过打造优质生态链，出台相关政策，为顶尖人才以及项目提供优越的创业环境，同时引进大量投资机构，形成全产业链，助力小镇"起飞"。

2.2.2 凤凰涅槃，"仓库"嬗变成"金库"——以玉皇山南基金小镇为例

共生是一种自然界的共同现象。如犀牛与犀牛鸟，海洋中的小丑鱼与海葵。

换成经济现象多指集群内众多企业在产业上有关联性，能共享诸多产业要素，包括专业人才、市场、技术和信息等，尤其是有互补关系的产业可以产生共生效应。通俗的理解就是"你好我也好"。

具有共生性的特色小镇之所以能够进入城市，就是因为它的入驻对周边地区能产生正面影响，能补"主城"缺陷，能发挥"城市修补、产业修缮、生态修复"的作用。例如，杭州玉皇山南基金小镇（见图2-11）。

图2-11　八卦田片区鸟瞰图

【标志性事件】

大咖齐聚风云起　基金小镇始挂牌

2015年5月16日，来自海内外的100余位国际对冲基金业界领袖，200余位国内一流私募行业精英，全球300余家私募对冲及投行机构，1000余位参会嘉宾，汇聚钱塘江北岸的玉皇山南，出席了一场中国最专业化、最精英化、最国际化的私募证券及对冲基金盛会——西湖峰会。

在这场精英齐聚的论坛会议中，美国桥水基金中国区总裁王沿，美国全国期货业协会（NFA）主席、HTG创始人ChristopherK·Hehmeyer，朴盛资本创始人、高盛集团前董事总经理王铁飞等6位国内外金融业界领袖先后做了主旨演讲。在论坛对话环节，诸如聚焦对冲基金业的发展历史及趋势、中国私募基金的发展及展望、金融危机后美国金融业的复苏历程及教训、格林威治成为对冲基金之都的成因和结果等主题纷呈。如此专业的会议，现场爆棚到连千人会议厅的台阶都站满,一直到下午1点,几乎无人提前退场。峰会第二天的晚场酒会,居然有很多操盘几十亿的基金大咖难以寻到这场饕餮盛宴的入场券,真是一票难求。

会议的重大成果:全球对冲基金西湖峰会永久落户玉皇山南。

玉皇山南基金小镇也在此盛会期间正式挂牌。

韬光养晦仅两年　声名鹊起亮新貌

2017年8月2日,浙江省委省政府在嘉兴嘉善县召开全省特色小镇规划建设工作现场推进会。会上,杭州上城玉皇山南基金小镇以考评总分第一与余杭梦想小镇一起被省政府正式命名为首批省级特色小镇,省委书记、省长亲自为两个小镇授牌。玉皇山南基金小镇磨砺两年,严格按照《浙江省特色小镇验收命名办法》,与全省79家特色小镇创建单位PK,经省特色小镇规划建设公众联席会议组织验收而产生,成为先行先试、非镇非区的浙江特色小镇的标杆和典型。

是什么让原本宁静的山南小镇得到如此眷顾?是什么让美国、英国、中国各省的众多金融大咖们拿出珍贵的时间,风云聚山南小镇?是什么让山南小镇在仅仅的两年之内,成为浙江的标杆?一切还得追本溯源探究竟。

【发展历程】

一、追根溯源　脏乱差旧陷窘境

玉皇山南基金小镇位于浙江省杭州市上城区,西湖风景区南端,钱塘江北岸,总占地面积约3平方公里。这里以前是名叫"玉皇村"的城中村。那时,玉皇山南沿江的土地,是一片凌乱的旧厂房、旧仓库、旧站房、旧民居,以及老码头和废弃的长长火车轨道,还有就是破败的违法建筑,虽说紧靠杭州城最繁华的地段,却被冷落了几十年。改革开放后,村民在这里盖房子,建仓库,逐渐演变成了一个陶瓷品专业市场,周边集聚了旧仓库、低端餐饮、物流,以及设施陈旧、环境简陋的居住区。即使今天在杭州城里,如果问路去山南基金小镇,很多人仍不知道在哪里。但说到陶瓷品市场,本地人皆知。

玉皇山南除了百姓熟知的陶瓷品市场外,其实还有一个高大上的位置指向,就是八卦田。据说那是南宋皇帝亲耕之处。八百年前,官方纸币"便钱会子"

就在玉皇山南麓印刷，南宋官窑博物馆近在咫尺。这里既是国家级风景名胜区，在地下又有南宋皇宫的遗存。虽然这片区域周边环境非常漂亮，由于玉皇山南地处世界遗产地——西湖风景区内，属于建筑严控区域，不能大兴土木。对于今天的地方政府而言，要释放这方土地新的潜力，摆在桌面上的，有历史的积淀，文化的因子和旅游的资源，唯独看不出和私募基金的直接关联。一个新的小镇如何又能兴起？

二、无中生有　准确定位谋发展

面对如此窘境，如何才能让玉皇山南重新焕发生命力，成功转型？这就需要对玉皇山南有着清醒的思考、清晰的定位，玉皇山南本身发展的瓶颈，抑或换个角度来看就是一种优势，就是一次逆袭的契机。

2012年国家层面的"阳光私募"政策落地，隔年杭州市也趁势提出了《杭州财富管理中心2014—2018年实施纲要》，提出大力推进金融改革与创新，积极打造以私募金融服务为龙头的财富管理"金三角"目标。杭州上城区敏锐地捕捉到金融业发展新趋向，迅速挖掘出玉皇山南的三个独特的优势（见图2-12）。

图2-12　玉皇山南基金小镇路牌

（一）区位条件优越

1. 玉皇山南所在的杭州市位于中国经济最发达的长三角核心区（见图2-13），以杭州出行的90分钟交通圈为主要空间关系，可搭建连通上海、杭州、南京、宁波及长三角洲翼的大金融空间。杭州与中国最重要的国际金融中心上海的距离仅175公里，高铁行驶时间为45分钟，与上海具有同城效应。

具备按"曼哈顿——格林尼治"模式（28.1 英里，行车时间 40 分钟）与上海进行金融产业分工和协同的条件。由此类比，玉皇山南与上海陆家嘴的金融区位关系，类似于格林尼治与纽约曼哈顿的关系。借力和对接上海国际金融中心，按照"曼哈顿——格林尼治"模式进行金融产业分工和协同，与上海重点发展的公募基金错位，引入私募金融产业。

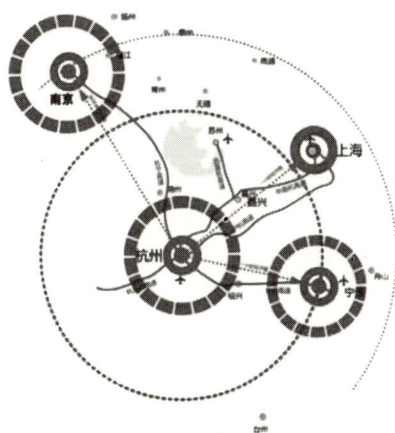

长三角金融城市区位图

图 2-13　长三角金融城市区位图

2. 玉皇山南地处杭州主城区——上城区，离西湖不过 3 公里，离杭州新CBD 钱江新城不过 6 公里，占有得天独厚的区位优势；小镇对外交通十分便利，距杭州萧山国际机场 30 分钟车程，距火车站 10 分钟车程，2018 年 1 月 9 日新开通的杭州地铁 4 号线水澄桥站正位于小镇中心，可方便地通往钱江新城、城东新城、火车东站、城北商务区等办公和商业区（见图 2-13）。

（二）产业资源丰富

杭州的金融业发展水平一直处于国内前列，仅次于"上北深"。而上城区金融发展态势良好，产业基础扎实，投资、证券、银行等机构集聚度高，金融业增加值又居全市前列，区域人均 GDP 占全市第一。尤其是上城区股权投资行业起步较早，此前已集聚了多家股权投资企业，走在全省的前列。产业升级，更能吸引私募机构、银行及券商等机构入驻，具有形成完整金融产业生态圈的基础。

（三）自然人文融合

玉皇山南位于西湖景区这一世界遗产核心地带南缘，拥有逾千年的人文底蕴积淀，具有"三个融合"——历史与人文、环境与文化、金融与文创融合的特征，这是国内任何私募金融集聚区所无法比拟的，对高端金融人士具有很强吸引力。玉皇山南自然人文环境十分优美。区域内汇集了四大公园：八卦田遗址公园、白塔公园、江洋畈生态公园、将台山南宋佛教文化生态公园，七处国家级文物遗址环绕，绿化植被、水系的比例达到了 70%，拥有国内一流的山水人文环境。自 2008 年起，遵循浙江省委省政府"三改一拆"的部署，玉皇山南拆出了新天地、改出了新气象，整个区域环境面貌发生了巨大变化。走在其中，一步一路皆是风景：苍翠欲滴的树丛、粉墙黛瓦的建筑与宛转悠扬的鸟鸣相得益彰，让人仿佛置身于画中。

正是有了这样得天独厚的优势，玉皇山南的发展才有规划定位为金融服务业的可能。

三、抢占先机 点石成金换新貌

特色小镇，既不是行政规划，亦不同于产业园区。以基金小镇为例，金融投资者因何聚集于此？相比北上广深，"小镇生态"的吸引力何在？在改革创新的大坐标中，一座小镇的生长曲线，为一个省会城市谋求经济转型升级的一种可能性求解。

（一）私募风口展雄心 资本随政策而动

1. 产业更新准，创意定位新

山南基金小镇一期所在的位置，已经历了两次产业的升级换代。这里原本是陶瓷品专业市场，粗放的仓储、物流，落后的交易模式，面临何去何从的抉择。2009 年起，缩小市场规模，将腾挪出的破旧仓库改建成文化产业园区。在政府的引导下，一些轻资产的文化创意企业进驻园区，实现了产业的第一次更新。

文化创意产业以创意取胜，但起步阶段，资金的短缺问题凸显。2010 年，浙江赛伯乐基金顺势进驻，成为首家进驻小镇的金融企业，缓解文产企业的融资困难。彼时，产业园名称为"杭州山南国际创意金融产业园"，一些私募机构、银行及券商闻讯陆续跟进。

时至 2012 年，全国人大通过新修订《证券投资基金法》，增加"非公开募集基金"章节，对私募基金做出相关规定，意味着私募基金的法律地位得以确立，纳入监管成为正规军。这就是被业界称为"阳光私募"的金融体制改革。

而上城区借势发轫，并不是谁凭借想象、定个目标就可以创新的。上城区敢于在金融上进行大胆创新，超前发展私募市场，自有强力支撑：人均GDP 达到 3.2 万美元，每平方公里经济密度达 42 亿元，在全国 150 余个省会城市主城区中列第二位，可以说是全省的"资金洼地"和"资本高地"。

如今，站在这片神奇的土地上，这个发轫之初的"山南国际金融产业园"，现在的基金小镇，以格林尼治小镇为标板，通过不断引进国际先进的理念和运作模式，充分运用"看得见的手"和"看不见的手"，以社会化、市场化、专业化的发展机制来运作基金小镇的招商引资，集约化引进和培育各类私募（对冲）基金、私募证券期货基金、量化投资基金及相关财富管理中介等机构，"聚啸"大小资本，一步一步建起了这个热得发烫的私募市场集聚地（见图 2-14）。

图 2-14　入驻企业

2. 私募金融成主力 小镇 + 投资寻双赢

（1）私募大咖齐聚谋高利

私募金融是金融领域的高端产业，是连接产业资本和金融资本的高效配置方式。私募行业著名法律专家刘乃进解读了私募基金的运作模式和发展轨迹。

私募基金管理人的工作逻辑，以一个简要的框架循环，可分为募、投、管、退。以基金为中心，从资金供应者那里募集资金，然后将其投放给资金需求者。基金管理人负责投资决策，中介机构参与咨询。投资结束后，基金管理人继续管理基金，直至实现基金退出，把现金连本带利还给资金供应者。

这一新兴的资本运作方式，直接打通资本和企业的连接，为投资者实现收益，为企业实现融资，在管理基金的过程中，投资人与企业共同成长。

进驻基金小镇的链动（杭州）投资有限公司总裁黄峥嵘透露，他们所致力的投资方向是互联网数字服务领域。"互联网 +"对他们而言，早就不是新词，从 2011 年开始投资数字营销，"就一直在互联网上没下来过"。

"我们基金规模比较小，也就 13 亿元左右。但是在资金的退出通道和管理模式上都有创新，在募投管退的循环中，有自己的一套完整体系。我称其为投资模式的 3.0。"黄峥嵘说，目前他们投资的项目中，有 26 家企业在退出通道上，其中一家 IPO 上市企业已完成退出，在五年时间里为投资者实现 30 倍的回报。

在基金小镇，日常的财富观念被刷新。大多基金管理人口中吐出的数字多以亿起算，30 倍的回报率并未引起过多的惊讶。如果说钱长着"翅膀"，按照资本市场的逻辑，天生会向着有利于其繁衍增值的方向飞去。随着金融市场的发育，资金对政府政策的敏感性只会越来越强。

在玉皇山南基金小镇的微信平台上，有行业领头人的观点碰撞。其中，赛伯乐基金是最早进驻杭州基金小镇的成员之一，目前管理基金规模超 100 亿元人民币。创始合伙人兼总裁陈斌提到，中国的经济结构与美国有很大不同，政府的力量在中国市场经济转型过程中不容小视。基金管理人一般都会研究政府的一些产业政策，配合政府来推动产业发展。

大咖们将自己的总部安在玉皇山南小镇，因为这里环境优美，交通方便，政策优惠（见图 2-15）。相比北上广深等一线城市，除了拥堵的交通占去昂贵的时间成本不论，找到一个像小镇这样的低密度公园环境，难上加难。基金管理人的敏感，不仅仅体现在指挥资本的千军万马，他们同样计算脚下办公用地每天每平方米的租金。

图 2-15 基金公司内景

（2）私募风口下的小镇野心

反观浙江本土环境，秦诗立道出了本省产业转型升级中的困惑：浙江省以轻工产业经济起家，传统产业面临转型升级，但土地成本和用工成本只增不减，产业内实现升级困难重重。想要破题，必须关注新的经济增长点的培育。据玉皇山南基金小镇 2015 年设想的发展规划，三年后，建设成为全国第一的私募（对冲）基金集聚区，引进和培育 100 家以上、辐射带动周边 1000家以上的各类私募（对冲）基金、私募证券期货基金、量化投资基金及相关财富管理中介机构，管理资产超过 10000 亿元。现实的增长超过了当年的预期。截止到 2017 年底，小镇入驻企业达 2361 家，管理资产规模达 10455 亿元。而小镇 2018 年前 11 个月的各项指标又超过上年全年水平，小镇入驻企业数2798 家，管理资产规模也超 11200 亿元。

把小镇这块拼图，放入大的金融市场背景，私募行业法律专家刘乃进提供了一组数据，足以看出"私募"这一风口的风势强劲。

2013年6月，私募基金正式划归证监会管理。2014年2月7日，证监会开始私募管理人登记、私募基金备案，统计私募基金行业数据。截至2015年1月末，已完成登记的私募基金管理机构6974家，管理规模2.11万亿元。截至2017年11月底，基金业协会已登记私募基金管理人21836家，管理规模10.9万亿元，近三年时间增长约8万亿元。

"私募基金秉承'专家理财'的特点，吸引民间资金的参与。"刘乃进分析，浙江民间资本活跃，投资需求旺盛，债权市场、二级股票市场风险加大，这无疑为私募基金公司在浙江的聚集提供了土壤。私募管理人具备产业格局与企业的价值判断能力：优质的、代表未来发展方向的企业受资本青睐，借助资本的力量，快速发展；落后的、夕阳产业，不被资本关注，将被快速淘汰。

他同时指出，私募基金将是"双创"的良性推手。创新、创业目前主要依赖股权资金的注入，传统的银行、信托等金融机构提供的多数为债权资金，需要抵押物，对创业者要求较高；私募基金提供的是股权资金，只要项目足够好、团队足够优秀，就可能获得私募基金的支持。

高风险、高收益是私募基金的天然基因。在借力资本推手的同时，需要警惕实体经济和资本的脱钩。

玉皇山南基金小镇管委会负责人特别提到，基金小镇始终明确的功能定位是，要为整个实体经济的转型升级、创新创业服务。金融归根结底要回归实业，没有实业支持，资本市场无法实现健康、良性的发展。

新近出炉的一份规划这样描述基金小镇的未来：国内第一流的私募（对冲）基金小镇……在政策的配合下，上城区完全有条件将对冲基金规模做到1.5万亿元，综合税收50亿元……在未来10年，推动杭州市私募（对冲）基金机构数和管理资产额占据全国省会城市榜首，争取占据全国30%的份额，达到2.3万亿元左右的规模；推动浙江省私募（对冲）基金机构数和管理资产额居于全国省域经济前列。

3. 政策软实力强 倾情支持引力大

事实上，引得基金公司纷纷而至的，绝不仅仅是这样的硬环境，更主要的是，这里，能向基金人提供最好的政策软环境。

与国内已建成的金融产业园区相比，基金小镇的税收等政策没有明显的优势。"作为区级政府，倾全区之力，所得税返还也只能到兄弟金融产业园区的一半，对吸引省外龙头企业没有竞争优势。但是，我们'活用'现有政策资源，积极探索科学的扶持机制。"基金小镇负责人这样说。他所说的"科学机制"，包括实现省市区扶持政策的叠加，专门成立区私募（对冲）基金小镇领导小组，对基金小镇的政策优惠等进行研究、创新，先行先试，有所突破。

现在的基金小镇，已被列入杭州市深化金融体制改革的试点，浙江省金融发展促进会下大力气帮助，省金融管理部门则对基金小镇进行挂牌并对基金小镇给予更大力度支持……

倾情之下，小镇崛起。2008 年税收仅为 40 万元，2015 年税收则为 4.1 亿元，2017 年税收 21.6 亿元，截止到 2018 年底税收达 22.8 亿元（见图 2-16）。一个比较靠谱的说法是，思科中国所以落户杭州上城区，很大原因就是基金小镇对其打造上下游产业链，形成智慧产业基地，具有促进作用。

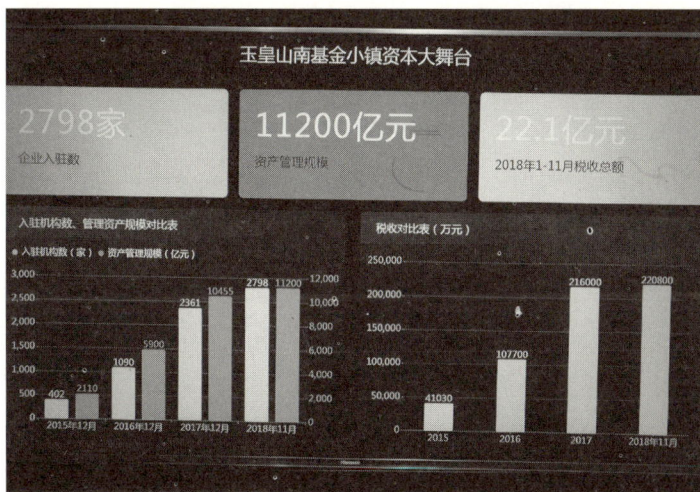

图 2-16 玉皇山南基金小镇资本大舞台

浙江省发展规划研究院研究员秦诗立说，杭州是全国第五大金融中心，在浙江金融业的发展规划中，定位是"中小企业金融服务中心"和"民间财富管理中心"。上城区眼看着金融机构自己找上门来，调整发展思路，目标打造一个以私募金融产业为核心的中国版格林尼治小镇。

4. 臻善的私募服务 来而不走机会多

臻善臻美的"服务牌"，也是众多基金留下来、做得好、更集聚的主要原因之一。这个"服务牌"，事实上包括了政策服务、环境服务、功能服务等诸多方面。在上城区，在基金小镇，这种种服务，外延不断外延，内涵不断细化。

对于基金公司来说，"金融生态圈"很重要，"私募金融产业链"很重要。上城区认为，这方面"都已建立起来、服务起来了。"目前，小镇内外，上城区内，超过 2000 家金融类企业散落其间，平均每平方公里有 100 余家，其中，银行、保险、期货、证券四大行业的省市以上区域总部已达 27 家，有 25 家各类银行（包括 13 家省市分行）机构入驻。

成立私募（对冲）基金研究院，将是这个"生态圈"的一个亮点，也是基金小镇打"服务牌"的一个高招。这个研究院为入驻企业提供专业配套服务，将通过组织私募（对冲）基金论坛、开展私募基金领域研究，建立私募基金管理人的评价和监测系统，发布国内最权威的私募基金行业研究报告，举办金融人才交流活动等。为了这个研究院，上城区本级财政和市级财政，每年拨巨额经费支持。与此相呼应的是，上城区与国务院研究中心合作的新金融研究中心，也已成功落户。

服务无止境。要提升基金小镇的档次，要让基金小镇站上全国私募基金的高地，基金小镇通过组织亚太私募基金峰会，举办金融人才交流活动等方式，举办国内顶级的全球化私募基金论坛，从而提升基金小镇的竞争力和影响力，营造出全球私募基金业精英人士和机构都集结于山南小镇的产业氛围。基金小镇最新的计划是：建立浙江省金融博物馆（见图 2-17）。

（二）螺狮壳里做道场 软环境留住人才

基金小镇本质上是一个人的小镇，核心是人，浙江正在打造 100 个特色小镇。基金小镇的最显著特色是，聚集的人群是专业化、高水准的人才。对这个小镇的设想，既不是独立的行政区划，也有别于过去的产业园区。以往建立一个工业园区或城市新区，着眼于硬件系统、空间平台的搭建，高强度土地开发背后有种认识上的短视，认为只要把企业招进来，其他问题就可以解决了。实际并非那么简单。国内不乏建成的工业园区、城市新区,却人气惨淡成了"鬼城"。人们不愿意搬过去,究其原因是生活不便,配套设施跟不上,实质并不宜人宜居。

图 2-17 金融博物馆效果图

1.绿水青山宜居地

如果你把基金小镇的规划总图嵌套在地图上,会发现小镇一期、二期、三期和四期位置并不相连,不在一个完整的地块中,连线形状如北斗星。南临钱塘江,背靠玉皇山,莫言曾称赞此地风水上佳。杭州人多地少,只能"螺蛳壳里做道场"。一、二期的建筑群原是旧仓库、旧厂房、农居以及历史建筑。这类土地的性质为村存量建设用地,地方政府将其中符合低效用地再开发政策的土地整理出来,没有大拆大建,而是重新规划设计景观,建筑全部翻新改造。

玉皇山南基金小镇,定位为一个基金金融中心,环境不能依旧是脏、乱、差,经过重建、翻修,如今,这里是四合庭院式房屋,走廊、间隔、窗户等,写满了中国元素。总经理的办公室,有点像收藏室,案头摆放着木制工艺品,装裱过的书法立轴,挂在木窗栅上。三张藤椅,围着低矮的一张木茶桌,漫不经心地散落在地板上。落地窗外,菜地上种满了青菜大蒜,边上是青砖瓦片的农居……

　　山南小镇在青山绿水之间，每个办公室的窗户外面，都能看到风景（见图 2-18）。"一窗一景"不仅外面是景区，小镇里面也是景区。这样的环境自然会吸引基金公司进驻，适合管理人们洽谈，进行头脑风暴。

图 2-18　小镇内景

2. 衣食无忧配套好

　　小镇极为重视构建生活圈。这几年，上城区出台了一个又一个服务金融业从业人员生活的政策文件。在购房、租房、信息化应用、经营用房装修、人才引进等方面给予高额、细致的资助、补贴。可以说，通过建造人才公寓，引入超市、娱乐中心、特色餐饮、配套酒吧、茶楼、美容健身等生活娱乐设施，及其他多种旅游休闲设施，园区形成了完整的生活配套服务体系。

　　小镇空间平台的搭建，进入了一个与以往不同的阶段：过去以吸引企业为主，现在转向吸引人才为主。要吸引人才落户，把这里视为家园，不仅要着眼于物质载体，更要关注他自身的需求，还包括他的团队，他的朋友圈以及他的家人，各方面服务的功能都要跟上。

基金小镇周边，有不远的传统餐饮汇聚地高银街、中山南路美食街，有创意餐饮集聚地满觉陇、小镇里的杭帮菜博物馆等。小镇周边为杭州市高端生活区，特别是钱塘江北岸沿江大片的高档住宅区，可以为高收入金融界人士提供理想的居住环境。与此相配套的医疗、教育等资源，更是令人顿生羡慕——上城区拥有全省最好的医疗资源，浙一、浙二、省妇保、省中医院等三甲医院密度全省最高，全省知名的中小学也遍布小镇周边，正大力打造的国际化学校，就在不远处……

3. "店小二"服务无忧虑

玉皇山南基金小镇管委会的角色定位是"店小二"。这一比喻颇具地方特色，却并不是一句玩笑话。杭州人才新政27条要求，推行"店小二"式服务人才制度，使人才有用武之地、无后顾之忧。

基金小镇定位国际化，不乏外籍专业人士及海归创业人员。2016年6月，"邵逸夫医院杭州玉皇山南基金小镇国际医疗中心"落成，面积约800平方米的医疗中心可为园区人员提供国际医保结算，并开通就医绿色通道。

孩子的教育问题同样被考虑其中。为了保持进驻人员子女教育的连续性，小镇周边新增从幼儿园到初中的国际化双语学校。小镇宽带提速工作同时启动，工程投资1000万元，构建国际一流的高速宽带网络。

同年7月，上城区市场监管局出台《关于发挥市场监管的职能作用支持玉皇山南基金小镇加快建设的实施意见》，从加快登记改革、落实简政放权等四个方面制定了12条新政，全力助推特色小镇发展驶入"快车道"。

基金小镇率先试点，提供涵盖网上申请、网上受理、网上审核等功能的一条龙在线服务；对进驻企业全面实行"五证合一"登记制度；在基金小镇工商事务服务室设立外资企业、股份有限公司等登记初审受理工作；简化私募基金核名、股东变更等手续，本人签名传真申报、基金小镇管委会出具证明担保意见、股东本人补签，哪怕身在异地也能办理。

四、突飞猛进发展快 硕果累累前景佳

经过10年的产业升级与小镇建设，如今这里已经发展成为环境静谧闲适、聚集企业逾2000家、总资产规模突破万亿元的基金小镇，2018年1月还成功引进"一带一路"亚太基金项目。由于基金小镇的存在，使得上城区每平方公里经济密度高达 40 亿元，在浙江省排名第一位，实实在在是全省的"资本高地"。也因此，在第四届全球私募基金西湖峰会上，杭州市主管市长自豪地说：杭州市的金融发展指数在长三角 16 个城市当中排名仅次于上海，杭州市已经成为继上海、深圳、北京之后的中国第四大私募之城（见图 2-19）。

图 2-19 由非遗传承人朱炳仁制作的《五牛图》铜雕立于山南小镇（二期）区块内

作为以总分第一的身份获得正式命名的山南基金小镇，在这片 3 平方公里的土地上，金融企业集聚，精英大佬扎堆，成为上海、北京和深圳之外中国最大的对冲基金聚集地。截至 2017 年底，基金小镇也交出了一份满意的答卷，累计入驻企业 2361 家，其中包括大批国企背景的基金以及一批私募龙头等，总资产管理规模 10455 亿元，实现税收 21.6 亿元。连续三年每年实现入驻企业数量、资产规模、税收三个 100% 以上增长，成为全国特色小镇发展的名片和样板。

小镇不仅"无中生有"，还一"生"就火，一"生"辉煌，每天天量资金的流动，真有点横空出世的味道。浙江人的特质，注定会有很多的"无中生有"财富故事和金钱事实。"基金小镇"出现、成功、辉煌的意义，绝不仅仅是为杭州上城区增加了多少利税，而是一个象征，象征着"创新大旗"正在浙江省乃至全国高高扬起，规模气势前所未有的创新大潮，正奔涌而来。"基金小镇"的成长奇迹,如今的规模和以后可见的灿烂,更因为,"基金小镇"的创新,触及的是经济改革中最难的、最根本的、最前沿的金融改革。所以,我们可以说,"基金小镇"是"一枚创新大旗下的蛋"。

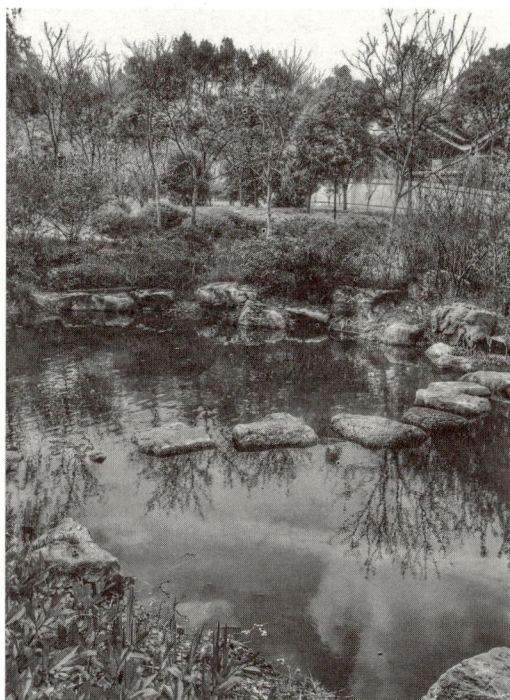

图 2-20 山南小镇环境静谧闲适

【经验分享】

一、小镇形态力求"秀而美"

一件光鲜的作品背后,必然是倾情付出。为了打响如今已光芒万丈的基金小镇,从省里到杭州市再到上城区,都付出了巨大的努力,特别是上城区。

一份基金小镇提供的材料说,基金小镇的整体布局恰如北斗七星之形,天枢、天璇、天玑、天权构成的北斗之"魁",恰好是小镇的二期和四期位置,玉衡、开阳、摇光构成北斗七星的"杓",串联起了小镇的一期、三期。北斗七星在中国儒道两教文化中具有很高的地位,寓意财富集聚、吉祥尊贵。这也将大大提升基金小镇的整体品位,以及对机构的吸引力和公众识别度。为了这个北斗七星，上城区投入了大量的心血，大量的人力物力。

这里以前主要是以杭州陶瓷品市场为核心的石材初加工和仓储业，辖区内有铁路机务段、维修厂等大型国营单位，还有大量民居。建筑陈旧，布局散乱，基础设施残破。如何改造这一切，使之成为现代服务业集聚区？上城区敏锐发现了变废为宝的新创意，找到了旧貌换新的新手段——"三改一拆"，改造旧厂房、旧仓库、旧民居，拆除违法建筑。

旧厂房改造，"修旧如旧"，保持原有的结构体系不变，室内加建小型会务、展示体块及周边回廊，形成丰富多变的室内空间。按照花园式办公的理念，改善厂房周边的庭院环境，尽可能做到"一窗一景"。旧仓库改造，修改建筑外立面，调整建筑内部功能，使得建筑、庭院、空间等具有中式传统建筑的特点，用现代设计从内到外演绎诠释"中式韵味"。

旧民居改造，对历史地段进行保护性修缮。经此修缮后的安家塘历史地段已成为杭州仅存的都市里的古村落，甘水巷成为杭州新中国成立以来的典型代表性民居群。考虑到私募（对冲）基金的用房有不一样的需求，相关部门还对办公用房及配套设施功能不断优化。同时，规划一定数量的公共配套空间，通过借鉴中关村车库咖啡等模式，为创业者提供开放式的办公环境，以满足私募基金生态圈建设的需要。大量的违法建筑，就在挖掘机的轰鸣声中消失，一个充满现代化艺术气息的基金小镇露出雏形。

我们在基金小镇看到的是散落在绿色中的一幢幢中式小楼、中式庭院（见图 2-20）。串起这些小楼的是不宽但异常整洁的小道。静悄悄的景区一般的氛围，清新的空气，寒冷中依然满眼的绿色，在冬日余晖中，你突然觉得，杭州都市中有这样一处仙境，基金公司怎能不飞奔而来！一个让基金小镇人自得的细节是，诺贝尔文学奖得主莫言，就在边上开了个工作室。

二、产业定位突出"特而强"

（一）产业升级换代确定基金小镇发展方向

玉皇山南基金小镇一期所在的区域已经历了两次产业的升级换代。这里原本是陶瓷品交易市场，粗放的落后产能面临淘汰。2007 年，玉皇山南启动了综合整治工程，将废旧的仓库改建成文化产业园区，在政府的引导下，一些轻资产的文化创意企业进驻园区，实现了产业的第一次更新。文化创意产业在起步阶段资金的短缺问题凸显。2010年，浙江赛伯乐基金顺势进驻，成为首家进驻小镇的金融企业，解决文创企业的融资困难。彼时，产业园名称为"杭州山南国际创意金融产业园"，一些私募机构、银行及券商陆续进驻（见图2-21）。于是上城区调整发展思路，目标打造一个以私募金融产业为核心的中国版格林尼治小镇。

目前玉皇山南基金小镇的产业链和产业生态系统已经日趋完善。在产业内容上瞄准私募基金产业，以股权投资类（创业投资、股权投资、并购投资）、证券期货类（对冲基金、量化基金）、财富管理类投资机构为核心产业，以金融中介服务组织为补充，形成完整的新金融产业生态链，产业链上下游不断充实完善，实现有效互动，形成了金融产业集群效应。

图 2-21 仓库变"金库"

（二）龙头企业、金融名人带动基金小镇产业发展

小镇集聚了一大批国内外顶尖的投资机构和人才团队，如以赛伯乐、凯泰资本为代表的股权投资机构，管理资产规模均突破百亿元；以敦和资管、朗

润资产为代表的证券期货类投资机构，在国内处于龙头地位；以国开行、工商银行、建设银行、浙商银行资管业务为代表的产业基金，以及省市各类产业母基金相继落户小镇。目前，还有王铁飞、王昌南、郭海晖等国际金融界顶尖人士带领的量化投资团队回国在小镇创办投资机构。利用龙头企业带动性大、辐射力强的特点，逐步衍生、吸引更多上下游相关企业的集聚，从而完善了小镇的产业链。

（三）低效用地改造利用打造产业载体

基金小镇原本区域内存在大量旧仓库、旧厂房、农居及历史建筑，上城区政府进行土地整理后，进行景观的重新规划设计，翻新改造建筑，保留原有建筑肌理，将建筑、景观、文化有机融合，打造出仿宋建筑、民国建筑、江南民居、新中式等风格迥异、形态各异的建筑群，为入驻企业提供了良好的工作环境。如今漫步在小镇里，可以看到各具特色的中式办公院落和融入现代元素的历史建筑，山水郁郁葱葱，美景如诗如画，仿佛世外桃源。

（四）以旅游为延伸产业，计划打造国家 4A 级"金融＋旅游"景区

2017 年，玉皇山南基金小镇出台了创建国家 4A 景区旅游总体规划，计划打造全国首个"金融＋旅游"4A 小镇。小镇景区规划总用地面积 1.32 平方公里，重点建设"一心一带五区"，涵盖游客服务中心、文化展览馆、风情街、特色游步道、休闲营地等功能（见图 2-22）。另外还规划建设集教育、收藏、展示、科研、交流等多功能为一体的"金融文化展示馆"，以及运用声、光、电、影、物等手段向大众展示金融业历史的"金融博物馆"。"金融旅游"将成为小镇景区未来特色体验的重头戏。

三、配套服务紧扣"精而优"

基金小镇为服务于入驻企业与金融高端人才，打造了完善的生产生活服务平台，通过各类优惠政策吸引金融机构及国际基金人才。通过完善小镇生产生活服务功能，形成完整服务体系，提升园区吸引力与影响力，营造便捷的企业运营环境。

（一）建立基金小镇生产服务中心，打造"一站式"行政服务平台

小镇建立为园区企业生产配套服务的公共服务平台，围绕企业生产发展需要，积极引进股权交易中心、律师事务所、会计事务所、图文社、咨询企

图 2-22 游客中心

划机构等。小镇一期办公区集中了工商、税务等政务服务机构，成立了国税山南分局、公安部门出入境服务站等，企业和人员不出小镇即可办理国税、地税、工商、人社、出入境等各类行政服务。率先开展"五证合一""一照一码"试点，简化审批流程，使得小镇新注册企业可以实现一个工作日领证。同时，与各大银行、券商、期货等机构建立直通端口，提供私募基金完成从注册、产品设计、发行、销售一条龙服务，并协助对接银行资金池。

（二）完善基金小镇生活服务配套，丰富城市综合功能

基金小镇在现有生活性配套的基础上，逐步新增红酒吧、健康服务中心、小镇图书馆、小镇职工之家、健身中心等，形成完整的生活配套体系（见图 2-23）。2015 年按照国际化学校标准建设完成娃哈哈双语学校，提供高水平国际化小学和初中，目前已有外籍员工子女入学。2016 年与邵逸夫医院签订战略协议，正式投入使用"邵逸夫医院杭州玉皇山南基金小镇国际医疗中心"，为不同需求的员工提供医疗（含中医）和国际医保结算服务，入驻机构的外籍人员直接国际医保结算是最大的特色和便利。2017 年在玉皇山南周边地区，建设一定数量的金融人才公寓，满足机构引进人才的阶段性住宿需求。2018 年在目术塘区块建成 10 万平方米的高端酒店、写字楼配套设施。

（三）搭建小镇交流平台，营造产业氛围，提升小镇影响力

在小镇二期位置建设基金经理人之家，为小镇金融从业人员提供商务交流空间、小型会议平台，通过引进具备行业资源、运营能力的第三方共同打造各类沙龙、论坛、峰会等。通过设立创投社区服务中心，提供资本对接、项目路演、联合调研、人才培训等服务功能。通过组织亚太私募基金峰会、国内顶级的全球化私募基金论坛等，提升基金小镇的竞争力和影响力。

图 2-23　生活性配套完善

四、制度供给谋求"活而新"

玉皇山南基金小镇坚持政府引导、企业主体、市场化运作，由小镇管理委员会成立国有独资公司玉皇山南建设有限公司、玉皇山南基金小镇运营公司，以企业为投资建设主体，主导小镇的"国际化""专业化""市场化"发展。针对小镇发展制定战略规划与相关扶持政策，提升小镇竞争力，促进小镇可持续发展。2017 年，小镇出台了《杭州市玉皇山南基金小镇三年战略发展规划（2017 年—2019 年)》，将小镇发展提升到地区战略发展角度，提出了人才强镇战略、协同发展战略、产业生态化战略、国际化战略、文化引领与品牌建设战略，为小镇发展提供指引。除此之外，为吸引金融企业入驻，引进高端人才，小镇出台了一系列扶持与奖励政策，包括投资优惠政策、企业落户奖励、税收优惠政策、人才购房补贴政策、高级人才落户政策、办公用房补

贴政策等。一系列优惠政策推动小镇加大招商引资力度，拓宽金融企业入驻通道，为小镇人才引进与发展奠定长效基础（图2-24）。

【各界评述】

好的小镇是具有共生性的。它能补主城的缺陷，发挥"三修"的功能。比如坐落在杭州玉皇山南基金小镇，这个新兴的"基金小镇"对城市这个地段"三修"发挥了不可取代的作用。

——国务院参事室参事、住房和城乡建设部原副部长　仇保兴

图2-24　玉皇山南基金小镇（二期）鸟瞰图

玉皇山南的确具备按"曼哈顿——格林尼治"模式打造基金小镇的优越条件，而且其所拥有的区位和资源优势更为突出。……然而，所有的这些资源和环境禀赋条件都只是发展基金小镇的必要条件，并不能从根本上决定一个基金小镇的成功。我们认为，要推动真正的投资基金产业集聚，必须为小镇构架完善的产业链和有机的生态圈。……建立起一整套由核心业态、辅助性业态、相关业态和中介服务业态有机结合的小镇生态系统。只有充分利用行业和市场的力量，营造真正的投资基金生态圈，才有可能成就玉皇山南打造"中国格林尼治"的梦想。

——浙江省金融业发展促进会秘书长　汪炜

杭州（玉皇山南）基金小镇软肋在于野心太大，金融人才不足……一锅烩的基金小镇，说明不清楚在当地市场化自然诞生的主力基金品种到底是什么。杭州基金小镇，天使基金、风险投资基金的成功可能性较大，而对冲基金与二级市场的私募基金等可能性都不大。……对冲基金关键在于风险、政策以及市场的承受能力，如果桥水基金、高频交易这些都进来，看看市场会成什么样吧，要维持市场稳定，我们只能把市场打造成中看不中用的塑料花。实际上，从法律、会计等各个方面的配套产业链，各个城市都没有做好充分的准备，尤其是金融业在京沪深之后的杭州。

——知名财经评论家、财经专栏作家　叶檀

【相关链接】

美国格林尼治：世界最美的世界对冲基金之都

在美国，邻近纽约州的康涅狄格州，有一座小镇跟硅谷一样有名。这座小镇面积有 174 平方公里，距世界金融中心——曼哈顿不过 200 公里。这里环境优美，风景如画，别墅区众多，非常安静。更神奇的是集中了超过 500 家的对冲基金公司，其掌握的财富规模更是惊人，控制着上万亿美元的资金规模。它就是世界对冲基金之都——格林尼治小镇。

格林尼治有今天的成就并非一日之功，而是经过几十年的发展才形成了目前的规模，可以说它是自发形成的，也可以说是几重因素融合形成的。其中一个重要的因素就是政府的税收特别优惠。在几十年前，格林尼治开始发力吸引对冲基金的时候，当地税收比纽约要低很多。大概一千万美元的年收入，在格林尼治比在纽约要省 50 多万美元。这一点切切实实吸引了最早的一批对冲基金企业在那里落户。

另一个原因是基金行业的集聚性特征。一般来说，对冲基金的交易可以远程下单，与交易所的距离不是问题，对冲基金机构似乎对所处地理位置并不重要。事实上，对冲基金行业是对聚集效应要求最高的行业。

美国很多机构投资者在选基金落户时，基本就在纽约和格林尼治，其余地方都很少去。理由很简单，出差是需要成本的。机构投资者选择对冲基金投资首先要对基金进行尽职调查，这就需要一个足够多的走访量。而且，投资者维护投资组合还需要定期跟踪，离远了总归不方便。这也是为什么规模效应一旦建立起来，将很难撼动这个地位。

再一个就是设施配套的完善性。诸如网络的快捷性，在拼毫秒级的时代，网速差个几秒就是很大的劣势。还有要离金融中心近，因为牵涉到银行的兑换，至少要跟一个比较大的分行离得近。再就是要有严格的安保系统。格林尼治小镇都满足这些条件，所以自然而然地聚集了大量的对冲基金公司。

此外，格林尼治还以水道、蜿蜒的乡村路、森林、草地和峡谷著称，来此地落户的基金机构都达成一个共识，建造办公楼不会出现消费主义倾向般的或者谵妄的纽约般的过度自我强调的外形面貌，所有的一切都遵从在了一个与小镇生活融为一体的景象（图2-25）。

这一切造就了世界最美的对冲基金之都。

美国加州沙丘路基金小镇：高科技硅谷的亲密伴侣

图 2-25　格林尼治小镇湖景

沙丘路（Sand Hill Road）位于美国加州的门洛帕克（Menlo Park），长度约为2公里~3公里，是连接斯坦福大学和硅谷的重要路径。其兴起和发展为硅谷注入了源源不断的资金支持，成为高新技术创新和发展的巨大推动力。早期，斯坦福大学的教职人员为创业学生提供资金支持，是沙丘路风险投资的雏形。1972年，第一家风险投资机构（KPCB）在沙丘路落户。1980年，苹果公司成功上市，吸引了更多风险资本来到硅谷。如今，沙丘路已成为风险投资的代名词。

因此，美国硅谷沙丘路小镇与格林尼治对冲基金小镇显著不同，其功能定位是世界重要的科技风险投资产业的集聚地之一（图2-26）。

图2-26　沙丘路小镇

沙丘路小镇的主要运营模式：通过科技融入金融创新来聚拢资源，以硅谷高新技术产业和高端人才的集聚优势为依托，在繁荣硅谷的同时，实现金融和人才在沙丘路的集聚。

在多年的发展过程中，硅谷沙丘路小镇为投资公司打造了完善的支持系统。办公层面，建设有高端的办公、会议场所、安全快速的网络设施以及体面的停车场和游艇泊位等。生活层面，有高端舒适的住宅楼群，比如 Stanford West 公寓、Oak Creek 公寓等；有休闲度假场所，比如 Siebel Varsity 高尔夫俱乐部、Timothy Hopkins Creekside 公园；有顶级学校，比如 Addison 小学、David Starr Jordan 初中、Palo Alto 高中、全球最杰出大学之一的 Stanford 大学；有医疗服务机构以及便利的购物场所；还有会所、酒店、健身运动等全方位的生活配套。企业员工可在这里享受方便、舒适的生活。

沙丘路小镇的建立是一个不断演化发展的过程，区位优势、产业基础、政府引导扶持、市场化运作、完善的配套设施以及人文资源等在这一演化过程中发挥了重要作用。

3.0 特色小镇之进行时

3.1 引言

特色小镇是在新的历史时期、新的发展阶段的创新探索和成功实践。

继浙江特色小镇兴起后，很多地方政府纷纷跟进，为助力当地特色小镇的创建，多维度发力，从财政扶持、机制改善、规划修编、市政建设等方面予以支持，并把特色小镇的建设作为地方发展、传承文化和推进城乡统筹的重要内容。

在国家和地方政府的双重支持下，各省市特色小镇开始了实质性的推进与展开，逐渐形成"全面开花"之势。

截止到2017年底，全国各地特色小镇项目超过2000个，这其中有列入国家队的特色小镇、部委垂直领域的特色小镇、省级特色小镇，以及市县一级培育的特色小镇。

从产业类型看，有文旅小镇、农业小镇、制造业小镇等传统产业小镇，有基金小镇、航空小镇、健康小镇等现代产业小镇，也有云制造小镇、互联网小镇、创客小镇等新兴产业小镇。

再从区域分布来看，据专业调查机构发布的大数据显示，东部占比39%，中部占比32%，西部占比29%；从各省份的排名榜单看，列前三的分别是浙江（140个）、山东、云南。

众多的特色小镇结合区域特色因地制宜，结合当地资源深度融合，类型各不相同，模式灵活多样，成就了一番生机盎然的特色小镇"全景图"。

3.2　全媒体热搜下的特色小镇——各界评价之榜单

【中国搜索】:(中央七大新闻媒体联合主办）

2018 年 1 月，中国搜索在北京新华社大礼堂举行"搜索中国正能量·点赞 2017"大型活动，正式出炉"精彩中国、创新中国、美丽中国、公益中国、品牌中国"五个榜单。

其中,北京怀柔雁栖镇（国际会都小镇）、浙江杭州玉皇山南（基金小镇）、江苏无锡鸿山镇（物联网小镇）、河南焦作赵堡镇（怀药之乡）、海南海口石山镇（互联网农业小镇）等十个小镇入选"美丽中国——特色小镇"。

中国搜索（简称"国搜"）由人民日报、新华社、中央电视台、光明日报社、经济日报社、中国日报社、中国新闻社联合创办，受众已覆盖全球 200 多个国家和地区。

榜单最终结果，通过对互联网、移动互联网海量大数据的采集、梳理和热搜词分析，通过开设网络专题和手机客户端、微博微信等多渠道案例征集，通过网友投票评选和专家投票评审等一系列严格规范的环节而产生。

3.2.1　传承勾吴，开启万物互联之新时代——以无锡鸿山镇为例

翻看历史，无锡传承的历史可以追溯到 3200 年前的春秋战国时期。

翻看地理，今天的无锡地处长江三角洲的腹地，正处于上海、杭州、南京这三座极具中国经济发展代表性的城市之中枢。

独有的历史底蕴,独特的区位优势,让无锡深深"感知"自己的价值与使命。

【标志性事件】

2009 年 8 月，时任国务院总理温家宝在无锡视察时提出"感知中国"，无锡市随即建立了"感知中国"研究中心，中国科学院、运营商、多所大学在无锡建立了物联网研究院。

至此，无锡与物联网结下了缘分。

2016 世界物联网博览会在江苏无锡举行，将大家的关注点带回到物联网这一时代风口，让无锡再次站立在通向创新与变革的时代门口。而中国无锡

鸿山物联网小镇，应运而生了（见图3-1）。

就在那届世界物联网博览会的最后一天，11月1日上午9时，江苏无锡市委副书记、市长汪泉宣布：拥有千年吴文化底蕴的鸿山，将全力打造江苏首个物联网小镇。与此同时，鸿山物联网特色小镇建设规划正式发布（见图3-2）。

图3-1　鸿山物联网小镇

图3-2　鸿山物联网小镇规划发布会现场

在中国鸿山物联网小镇规划发布会上，新吴区副区长胡逸描绘了一幅智慧医疗的场景："鸿山街道鸿泰苑张阿姨家的小孙子一到秋冬季就犯咳嗽。想象一下：物联网技术引入鸿山物联网小镇后，治疗咳嗽的雾化设备直接放在家里，并通过云端连接到医院的管理系统，张阿姨小孙子的治疗情况会综合气象数据和空气污染指数起到智能提醒作用，如果再和智能交通叠加在一起，这台雾化设备还会告诉用户抵达医院的最便捷路径。"

根据规划，鸿山物联网小镇将以"创新、协调、绿色、开放、共享"的发展理念为引领，以物联网创新产业集聚区、物联网技术发展先行区、物联网应用示范先导区为目标，建设以人为本、全域感知、泛在互联、智能融合、内生发展的可持续智慧小镇（见图3-3）。小镇将打造全国第一个虚拟人文体验小镇、第一个千兆网络全覆盖小镇、第一个NB-IoT网/5G小镇、第一个物联网创新基地。一个"生产、生活、生态"高度融合的物联网小镇总体布局精彩呈现。

图3-3　无锡鸿山物联网小镇规划图鸟瞰

在发布会的规划图里，一条漂亮的"微笑曲线"引人注目。"微笑曲线"的左边是国家传感网创新示范区的前端研发，地理位置显示是新吴区新安街道；右边是鸿山小镇，标注"后端创新应用"；中间部分则是中端生产环节。

物联网小镇布局的总体思路是"分层规划、空间共振"，即：产业主导，全域联动；城乡融合，区域互动；智慧生活，核心先动。首期建设内容将涵盖智慧数据系统、智能交通系统、智慧旅游系统、智慧医疗系统、智慧农业系统、智慧社区系统等六个模块。

作为智能应用示范核心高地，鸿山物联网小镇还将建立世界物联网博览会永久会址。

【发展历程】

鸿山位于无锡的东南部，隶属无锡市新吴区，位于无锡市新吴区鸿山街道的中心区域。小镇西起规划道路，东至飞凤路，北起鸿声河，南至董家弄河，长约 2.5 公里，宽约 1.5 公里。

有人质疑，鸿山是无锡的"乡下"，本身没有物联网产业，何以打造物联网小镇？其实，这个问题很好回答。选择鸿山规划建设"物联网小镇"，主要是因为鸿山有优越的区位条件、悠久的历史文化、优美的自然环境和优厚的产业基础。

鸿山街道在地图上并不十分起眼，但是其地理位置的优越性难以被忽视（见图 3-4）。以鸿山为圆心，上海、南京、苏州等重要城市均在两小时内可达，距离无锡市内唯一的机场苏南国际机场和京沪高铁站均不足 8 公里，便利的交通条件为物联网相关要素的集聚提供了便利。

图 3-4　鸿山地理位置优越

选择在此创建物联网小镇，很大程度上是仰仗无锡高新区内雄厚的物联网产业基础和丰厚的人才储备。无锡高新区全称为无锡国家高新技术产业开发区，成立于 1992 年，新吴区的前身无锡新区就是在高新区的基础上成立的（见图 3-5）。

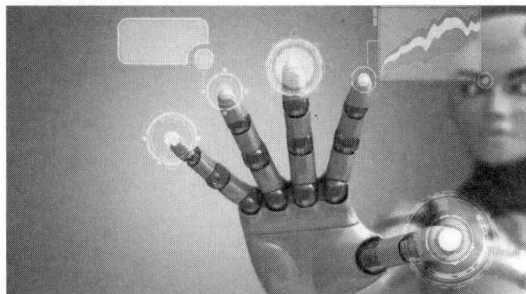

图3-5　国家传感网创新示范区

　　2009年8月7日，时任国务院总理温家宝考察无锡，指出应高度重视物联网的发展，"把传感系统和TD技术结合起来"。2009年11月底，国务院批准同意，支持无锡建设首个"国家传感网创新示范区"。从某种意义上，无锡是吃上了物联网这个战略性新兴产业的"头道汤"（见图3-6）。

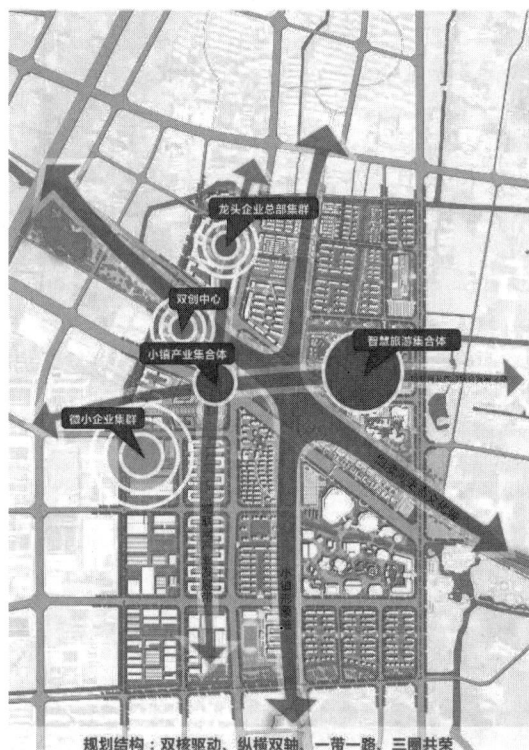

图3-6　鸿山小镇概念规划图

而鸿山所在的无锡高新区，也乘势大力发展物联网产业，已成为无锡国家传感网创新示范区的核心区和主阵地。高新区已建成传感网产业园、创新园、信息服务园、大学科技园和传感网应用展示中心，聚集物联网企业 1100 多家，物联网公共技术平台 15 家，物联网专业人才 5 万多人，实现产业营收超千亿元（见图 3-7）。

图 3-7　无锡高新区大力发展物联网产业

当时，鸿山已汇集了安利（中国）植物研发中心、深南电路、亚太科技、摩拜单车等 50 余家物联网企业、4 家世界 500 强企业和 9 家上市企业，产业发展均衡，特色鲜明。

2015 年，无锡高新区物联网营业收入达 1000 亿元。2016 年，高新区物联网营业收入提升到了 1150 亿元，同比增长了 15%，保持多年高速增长。

2016 年 11 月，中国鸿山"物联网小镇"概念发布（见图 3-8）。据介绍，物联网小镇的建设主要包括 6 大系统模块：

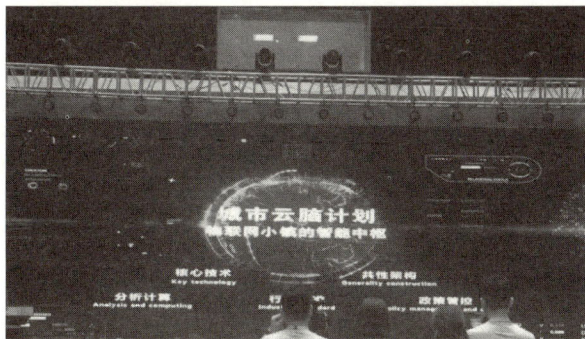

图 3-8　鸿山"物联网小镇"概念发布

一是智慧数据系统，小镇将建设全国第一个千兆网络覆盖小镇、第一个NB-IOT/5G（指基于蜂窝的窄带物联网，用于支持待机时间长、对网络连接要求较高的设备，是5G网络架构的关键助力）小镇。建设下一代高效、清洁和具有弹性的小镇未来数据中心、指挥统筹中心，物联网"功能云"创新中心，通过对智能硬件数据的收集，利用大数据技术优化资源配置，驱动小镇智能设备按照"连接驱动""互通互懂"路线进化。

二是智慧交通系统，小镇将融合通信创新（未来网络）、能源创新（可再生资源）和交通创新（智能汽车），围绕用户的车生活，为居民和游客提供完整而全面的智慧出行服务。

引入车联网、无人驾驶技术，智能化地实施车牌识别、车辆间距感应控制、可变车道、停车场诱导交通流量疏导等新型智能交通控制系统。通过全球眼监控技术，实现对交通流量的全监控，实时汇总、统一处理、即时反馈。同时，引入智能单车等技术，丰富公共交通的选择性。

三是智慧旅游系统，在国家梁鸿湿地公园、中华赏石园、鸿山遗址博物馆等重点旅游区域建立智能旅游系统，让鸿山历史积淀更好地展现在大众眼中。通过增强现实和虚拟现实的技术应用，增加游客临场感，实现游客与游客、游客与景区、景区内部之间的参与互动。将传感器技术、RFID技术、定位技术等运用到旅游景点信息管理、商场酒店信息管理、智能导游、电子地图以及特色名优产品防伪等领域。

四是智慧医疗系统，依托中国（无锡）健康产业先行发展试验区建设，以瑞金医院无锡分院为智慧医疗示范基地，实现对人的智能化医疗和对物的智能化管理。打造物联网智能医疗平台，实现智能监护、远程医疗、全生命周期的监测，疾病预防和警示等功能。

五是智慧农业系统，以安利（中国）植物研发中心、千亩生态葡萄种植园、蔬菜基地和水稻生产基地为智慧农业核心区域，依托部署在农业生产现场的各种传感节点和无线通信网络实现农产品生产全过程的智能感知、智能预警和智能分析、为农业生产提供精准化种植、可视化管理、智能化决策。开展绿色农场自建产业，打造精品农业、生态农业品牌，实现农业个性化、高效化、绿色化发展（见图3-9）。

六是智慧社区系统，在社区广泛应用感知、安防、节能、远程控制、信息服务、公共管理、社区服务等物联网技术，全面提高社区整体服务能力和社区居民生活信息化便利化水平。开展智慧养老、智慧医疗、智慧体育等智慧家庭物联网试点示范，让生活更加安全、便捷。

规划显示，鸿山物联网小镇的功能布局上，西侧区域规划为龙头企业总部、双创中心、小镇产业集合体、小镇研发中心、企业集群和人才公寓等；中部区域规划为物联网居民社区和物联网学校；东部区域规划为海洋公园景区、吴越水街、智慧旅游集合体和部分商业配套。

图 3-9 智慧农业应用场景

对于物联网小镇该怎么设计，小镇设计方浙江南方建筑设计有限公司副院长、执行总建筑师胡勇颇费了一番脑筋。他表示，这是一个位于高新技术产业开发区的典型江南集镇，具有深厚的吴文化历史积淀和良好的生态环境，也有相关物联网企业。除了保留的历史遗址，其他建筑承载什么功能？传感器应用在哪些场景中更合适？鸿声、后宅老镇区如何与智慧生活嫁接……这些都是具体设计中需要考虑的细节问题。

物联网小镇的核心要素是"三生"融合，它既是企业发展的载体，又是居民居住的地方，还要兼顾生态发展，在设计时需要综合考量，各个方面都要兼顾。胡勇说，为了做好这个项目，鸿山小镇的设计团队中有做政策研究的，有做产业导入的，有做景观设计的，有做大数据、云计算平台打造的，未来还将加入更多专业化的团队，"不是简单从空间层面来设计，而是一套多维度研究的整体解决方案。"胡勇团队为小镇量身打造了一个集物联网应用场景、先进技术展示、报告厅于一体的小镇客厅综合体。"客人来了，首先要有个客厅参观、接待。"胡勇透露，小镇客厅将集中展现鸿山物联网小镇的生产、生活、生态特色，让来访客人直观感受小镇魅力和物联网智慧应用（见图 3-10～图 3-14）。

图 3-10　在小镇客厅，人和机器人对话

图 3-11　体验驾驶地铁的模拟器

图 3-12　机器人表演节目

图 3-13　物联网小镇客厅

图 3-14　物联网三维实景时空管控平台

按照计划，小镇建设的总体进度定为三年："一年搭架子，两年撑面子，三年看里子"。一年搭架子，就是到 2017 年底，全面推进基础设施建设，确定示范应用项目主体，具体分类规划、实施标准编制完毕；两年撑面子，就是到 2018 年底，基础建设主要工程完工，示范应用项目前期准备完成，产业集聚成效显现，产业发展的爆发态势呼之欲出；三年看里子，就是到 2019 年底，主要智慧应用示范项目落地，来自四面八方的客人可以在小镇核心区体验智能生活，智慧城市模样显现，物联网技术引导全区实现产业升级。

从 2016 年世界物博会召开以来，鸿山物联网小镇就一步一个脚印、踏踏实实地朝着建设目标迈进（见图 3-15）。

图 3-15　无锡鸿山物联网小镇发布会

2017 年，鸿山物联网小镇基础建设就已经有模有样，两大运营商在此铺设网络：中国移动率先完成了鸿山小镇 NB-IoT 网络全覆盖，智慧城管、智慧农业等示范应用项目在网络建设基础上全面铺开；中国电信在鸿山小镇打造了全国首个 NB-IoT 窄带物联网商用网络，已有智能抄表、智能停车、智能追踪、智能家居以及智慧城市等多个项目在 NB-IoT 网络上开展示范应用。

投资达 30 亿元的长乔海洋王国正式落户，未来将打造成一个融合多项物联网技术的智慧旅游龙头项目；全球最大的智能共享单车平台摩拜单车把生产基地设在鸿山，每天出产 1.4 万辆物联网自行车。

同时，阿里巴巴、华为等巨头也纷至沓来，投入到物联网平台建设中。华为公司携手合作伙伴中软国际与高新区签订战略合作协议，共建华为物联网生态使能中心，落地华为物联网功能云平台，在 2017 年物博会前启动了阿里云与高新区共建"飞凤平台"，2017 年 9 月 10 日，面向鸿山物联网小镇核心区，搭建物联网基础平台测试版本及 20 个试点应用项目，并于年底正式建成交付。未来三年，"飞凤平台"将拓展容纳 500 到 1000 个城市治理领域的物联网应用，并逐步扩展至无锡全市和江苏全省（见图 3-16）。

图 3-16 阿里云与高新区共建的飞凤平台

依托阿里云多年的技术积累，飞凤平台开始成为无锡鸿山的物联网基础设施，支持海量多样的传感器及主流通信协议的标准化稳定接入，支撑物联数据标准化、资产化，目标是让数据可被充分全面地管理并高效分发，实现各类物联价值应用快速搭建。此外，平台还提供从设备接入到应用商业化的全链条赋能、孵化与加速服务，促进物联网产业规模化发展，专业化分工与市场化运行。

据了解，飞凤平台是物联网的基础平台，不同于传统理解上的硬件控制中心，或网络连接基础。飞凤平台承担两个功能，第一是物理世界和数字世界的桥梁，通过桥梁可以将通过各种各样的传感器、通过无数的通信协议，来把我们物联网和互联网沟通起来。第二，建立一种物联网世界的通用语言，很多应用碎片化、标准不统一，现在要建立一种数据采集、传递或者交换以及使用、安全方面的一些标准，形成一种通用的模式。

最终目标是在鸿山物联网小镇布局智慧数据系统，建设下一代高效、清洁和具有弹性的小镇未来数据中心、指挥统筹中心，物联网"功能云"创新中心，形成一个能流通数据，能产生价值的数据网，实现在线的物联网城市。

2017 年，无锡鸿山物联网小镇距离奇幻科技嫁接乡村田园的梦想，更近了一些。小镇已经有不少鲜活的应用：24 小时自动售药机可以实现自助购药，远程诊断室可以通过"可感知"的仪器实现自助测量、远程就医；"会说话"的智慧水表在唐明园小区已"上岗"，不需要人工抄表和检修；可提前查找并"预知"周边停车场车位空缺状态并实现预约的"智慧停车"系统；还有，智慧班牌、智慧公交、智慧电梯都已有了真实的应用场景。

2017 年 9 月 9 日，鸿山物联网小镇举行发布会（见图 3-15），进一步提出了物联网小镇的规划理念为"有核无边、万物相连"。核心区空间结构为"双核——三轴——七节点"，这里是物联网小镇的产业集合体和智慧旅游集合体，既保障当地居民舒适的工作、居住环境，也对外展示物联网小镇的发展理念。

小镇内部将聚集物联网高端创新要素，成为物联网创新驱动的策源地。小镇将以政府、企业和重点研究院所为主导，共同完成物联网小镇的顶层设计。围绕物联网小镇的产业路径选择，小镇启动实施"产业唤醒计划"与"城市云脑计划"。两大计划将联动实施，从物联网小镇起步，辐射全国，为城市管理和制造业转型升级探索新的路径（见图 3-17）。

图 3-17 小镇布局智慧数据系统

物联网小镇的核心启动区由无锡吴文化博览园建设发展有限公司负责开发建设，将重点部署智慧数据系统。核心区先行启动鸿山物联网公共基础设施建设，通过"城市云脑"和"唤醒计划"两个重点计划引领小镇物联网产业发展。

城市云脑，是融合"云物移大智"等先进信息技术构建而成的新型智慧城市中枢系统，以物联网赋感、大数据赋知、云计算赋思，秉持以人为本的价值观。一旦具备物联网及相关技术支撑的"云脑"，一座城市就有了感觉器官，仿佛鲜活的生命。

唤醒计划，是无锡高新区响应"中国制造 2025"战略，基于本地物联网产业集聚优势，实现新旧动能转换与产业转型升级的综合计划。"唤醒计划"以制造业为主题，通过更新企业软硬件设施、迭代企业家认知创造唤醒条件，目标实现智能制造新模式，引领产业智能化、高端化发展。

鸿山物联网小镇，立志成为一个面向全国、胸怀世界的小镇。小镇将搭建开放的物联网创新平台，汇聚前沿的物联网技术应用，培育先锋的物联网思想高地，营造一个公平透明的发展环境。

【特色分析】

特色小镇的"特"主要表现在以下四个方面：(1) 产业"特"，特色小镇需培育发展主要为高新服务业或传统经典产业中的某一行业乃至其中的某一环节;(2)人群"特",特色小镇的从业人员以高智力者、高技能者为主;(3)位置"特",特色小镇主要位于中心城市内部(有相对独立空间)或周边合适的区域(镇、村均可);(4)功能"特",特色小镇主要功能为企业提供创业创新所需办公场所及必要的公共重大装备、实验室、图书馆,以及为从业人员提供的舒适、惬意的休闲和人居环境(图3-18)。

图3-18 鸿山物联网小镇展示中心

特色小镇的"色"也表现在四个方面:(1)生态环境优美,选址多为风景秀丽之地,以助于增强对相关企业和镇民的吸引力,可让镇民舒心地创业、休憩或居住;(2)文化底蕴丰厚,特色小镇需十分注重文化建设,以助于增强对企业与镇民的文化认同感或心灵归属感,也将积累、形成新的文化特质或亮色;(3)管理自治水平高,特色小镇的日常管理与服务事务应由镇民选举的自治性组织负责,镇政府或管委会则主要负责行政管理和外围环境配套;(4)身份认同度高,特色小镇有着区别于所依托大城市的标示性风格、流行等,企业和镇民多因此而自豪和珍惜。

比照上述标准,无锡鸿山物联网小镇都比较符合,而且特色明显:

(一)小镇产业:物联网产业的"沃土"。以政府为主导,为物联网小镇培育"沃土",引导各方资本及创新要素向物联网产业集聚;承接无锡高新区内原有的物联网产业"溢出"效应，构建物联网基础设施。

（二）小镇智慧：让生活更美好。物联网赋予万物"灵性"、教会机器懂得人文关怀，把一个冷冰冰的物质世界变得更像一个充满温情的生命体。这是"鸿山物联网小镇"即将到来的场景：生活中的每一样物体都拥有"高智商"，垃圾桶会自动感知满溢情况、红绿灯根据路况自动转变、感知到火灾消防系统会自动启动。还有我们常看到的，土壤出现缺水情况，喷洒龙头会自动开关，为植物补充水分……在物联的世界里，鸿山小镇的土壤传感、洒水车、绿地浇灌器、中水站、天气预测将成为一个互联互通的信息平台，让鸿山绿化实现智能化、机器机械化和循环化，带来水资源利用和人力资源利用效率的双提升。

（三）小镇文化：吴文化发祥地。作为吴文化的发祥地，无锡鸿山历史底蕴相当深厚。不仅有着悠悠六千年的彭祖墩文化、三千年的吴文化渊源和梁鸿孟光"相敬如宾、举案齐眉"的爱情传奇，更有被列为2004年全国十大考古新发现、国家级大遗址保护规划的"鸿山遗址"。鸿山也是人杰地灵之地，不但是至德名邦，还是"院士之乡"，拥有两院院士七人之多，这里诞生了国学大师钱穆、物理学家钱伟长为代表的"钱氏一门六院士"以及经济学巨擘钱俊瑞等各界名家。鸿山物联网小镇传承鸿山丰厚的历史文化底蕴，再现江南水乡的田园风貌，让居民看得见青山绿水，记得住乡愁。

（四）小镇旅游：智慧旅游体验

鸿山地处江南丘陵水乡腹地，集江南农耕湿地、自然野趣生态湿地、溪流田园水乡等于一身，境内水网密布，望虞河、伯渎河、张塘河等穿境而过，其中伯渎河建于商朝末年，为中国历史上开凿的第一条人工河流，至今已有3200年历史。

以面积达100万平方米的梁鸿湿地为代表，分布着众多湿地，绿地覆盖面积达小镇辖区总面积的一半，先后获得"全国环境优美乡镇""江苏最美乡村"等10多项荣誉。小镇域内自有旅游资源丰富，如梁鸿国家湿地公园、中华赏石园、鸿山国家遗址考古公园……此外，小镇还注重融合物联网技术，打造智慧旅游产业，引进了长乔海洋王国项目，同时投资建设吴越水街、丽笙酒店二期等项目。

（五）小镇未来：可持续智慧小镇。物联网时代的脚步悄然逼近。未来，这里不仅仅要做造福于民的物联网示范应用小镇，还将针对"中国制造 2025"探索出一条引领中国工业制造转型升级的新经济体系，也必将成为汇聚全球物联网技术研发、模式创新的思想高地。

【各界评述】

过去人们总觉得物联网是距离实际生活遥远的"空中楼阁"，未来要让原本"躺"在高新技术园区的科研成果在物联网小镇落地，让居民切实感受智慧生活带来的便利。物联网小镇应该是一个温暖的小镇，居住着鸿山的"原住民"，不仅要实现人与物、物与物在更大时空范围内的信息交换，更重要的是教会机器懂得人文关怀，使小镇变得更像一个充满温情的生命体，而不是一个冷冰冰的物质世界。

——无锡鸿山街道党工委书记　平江

物联网的概念始于 1999 年，如今虽然在工业、医疗等领域得到逐步应用，但在公共服务、日常生活中并没有大范围地普及开来。它距离日常生活，依然遥远。

但鸿山物联网小镇将改变这个现状。鸿山的行政辖区面积仅为全市的八十分之一，三年后这里将建成给无锡、全国甚至全球带来示范作用的物联网小镇。从公共服务到日常生活，处处都体会到物联网带来的改变。

更重要的是，这种现实应用所积累和沉淀的技术和经验，也会进一步倒逼和促进中国物联网技术的提升。因此，鸿山的先行先试，意义非凡。

在物联网领域，中美差距并不大，拉开差距的可能体现在应用层面，如果能在集成示范应用领域做出突破性探索，那就可能抢占全球性的技术应用高地。这也是鸿山物联网小镇"实验"的另一种价值。

——《南风窗》记者　黄靖芳

鸿山物联网小镇之美，在于将现代物联网技术与江南水乡的灵动、千年吴文化的厚重等元素完美地融为一体。

——《新华网》

【同类链接】

杭州滨江物联网小镇

2015 年 12 月 2 日，杭州召开特色小镇规划建设新闻发布会，公布首批 32 个市级特色小镇创建名单，滨江物联网小镇赫然在列（见图 3-19）。

图 3-19 杭州滨江物联网小镇

滨江物联网小镇位于高新区（滨江）的东大门，规划面积 3.66 平方公里，核心区 1.5 平方公里，产业用地 1190 亩。滨江物联网小镇的目标是依托高新区（滨江）现有的网络信息技术产业基础，打造浙江省物联网产业核心区、长三角物联网产业中心区、中国物联网产业示范区。

据了解杭州（滨江）的产业优势和特色主要集中在互联网高新技术产业方面。有了这些基础，小镇在明确主攻物联网产业的时候，这些优势对大力发展相关联的云计算、移动互联网、信息安全及先进传感设备、核心元器件制造等物联网基础性支撑产业时有一定的帮助。

合肥大圩物联网农业小镇

2016 年 8 月 2 日，由朗坤物联网主导构想、安徽省合肥市包河区大圩镇政府协同共建的大圩物联网农业小镇正式揭牌。

大圩物联网农业小镇从智慧景区、智慧交通、智慧三农、智慧电商、智慧文创等五个方面规划设计，小镇智慧景区将建设智能感知系统、景区智能导览系统、多维全景展示系统和五个物联网村落；小镇智慧交通将规划景区交通线路、设计节假日交通缓解方案、建立智慧交通系统和智能景区公交系统；智慧电商将建立同城电商系统、建立质量追溯体系和诚信管理系统，人们可以通过该系统多维了解食品的种植、生长直至面世等各个环节；智慧文创将建设合肥市都市现代农业核心示范区、建立全媒体音视频户外直播间、建立 VR 互动体验区和乒超俱乐部训练基地，切身体会现代智慧农业的优势和魅力所在。将大圩打造成健康、文化、平安、畅行的智慧小镇。

宜兴杨巷物联网小镇

2016 年 11 月 17 日，宜兴杨巷镇政府与中国电信宜兴分公司进行战略合作签约，双方将开展深度合作，致力将杨巷打造成宜兴第一个具有特色的物联网小镇。

杨巷特色物联网小镇建设将聚焦物联产业和物联乡镇管理两个方面，依托大数据、云计算等物联网技术，从传统食品产销物联化、乡镇街道管理物联化、种养产业发展物联化和旅游产业发展物联化等四个方面，打造完整的物联网产业链，重点建设一批现代高效农业项目，建设现代化城镇管理中心，实现全区域内的实时、动态监控管理，提升城镇建设、防汛抗灾等各项管理工作效率，把杨巷打造成产业、文化、科技融合发展的智慧城镇。

河北滦平物联网生活小镇

2014 年 11 月 21 日，物联网产业技术创新战略联盟与北京城建第三投资公司宣布，将在河北滦平建设全国首个物联网生活小镇。

这个因位于金山岭长城脚下而被命名为"长城河谷"的项目，初期规划面积约 5.5 平方公里，施工周期 3 到 5 年。和常见的新城镇建设不同，项目计划将物联网概念引入城镇管理，以大数据和空间地理信息技术为基础，搭建云计算中心和城镇级信息交换共享平台，将交通、电网、物流、金融、农业、旅游业、商铺、酒店等全纳入智慧化管理。

3.2.2 四两千斤，打通产城人文融合之脉络——以河南焦作赵堡镇为例

脉络，中医学理解是对动脉和静脉的统称；生物学的理解是维管植物的维管系统。

　　经济学的理解是讲这一学科的知识主干，例如西方经济学主要讲了需求，供给，生产者，消费者，市场，博弈论，这就是经济学上的脉络。

　　其中，最重要的脉络就是需求。

　　赵堡镇在自身发展上切准了脉象，打通了脉络。

【标志性事件】

搜索中国正能量　美丽中国之赵堡镇

　　2018 年 1 月 19 日晚，由中国搜索创意策划、主办的"搜索中国正能量·点赞2017"大型网络宣传活动，在北京新华社大礼堂举行隆重的颁奖典礼。现场气氛热烈，通过 2017 网络热搜 100 词大屏幕展现，精彩故事、感动人物视频图片回放、场内外网友观众互动交流点赞，共同分享过去一年来在以习近平同志为核心的党中央坚强领导下，中国取得的全方位历史性新成就，展现出的新时代新气象，共同为繁荣富强的美丽中国点赞，为伟大的新时代点赞，为全面建设社会主义现代化国家新征程点赞，为人民更多的获得感、幸福感点赞。依托太极拳发源地和"四大怀药"原产地的优势，河南省焦作市温县赵堡镇成功入选"美丽中国——特色小镇"。

　　中国搜索（简称"国搜"）由人民日报、新华社、中央电视台等中央七大媒体联合创办，以围绕党和国家工作大局，传播中国正能量为己任。2015 年、2016 年，在中央网信办的指导下，中国搜索以先进的搜索技术和互联网大数据为主要依据，成功举办了以"搜索中国正能量"为主题的大型年度点赞网络宣传活动。自 2014 年上线以来，中国搜索坚持走差异化创新发展道路，积极打造国家权威搜索引擎和融媒体国际传播平台，目前受众已覆盖全球 200多个国家和地区。2017 年度的"搜索中国正能量·点赞 2017"大型网络宣传活动于 11 月下旬正式启动。通过两个多月的经典案例网上推荐与分享、网络互动投票、权威专家和媒体评选等环节，精彩中国、创新中国、美丽中国、公益中国、品牌中国五个榜单最终出炉。其中，"美丽中国"集中展现了全国各地生态文明建设与经济建设、政治建设、文化建设、社会建设相融合，环境之美与时代之美、生活之美、社会之美、百姓之美相依托的和谐画面。河南的赵堡镇以何种魅力在本次活动中脱颖而出呢？

【发展概况】

赵堡镇地处豫北平原西部，隶属河南省焦作市的温县，位于温县东大门，距城区 8 公里，南滨黄河与荥阳县（中国象棋盘上的"楚河汉界"就在这里的鸿沟相望），东接武陟县（周武王牧野之师，兴兹土，故名），北依沁水（素有女娲补天，舜耕历山的传说），与武德镇相邻。地理坐标：北纬 N34°57′，东经 E113°10′；人口 4.6 万人，属温带大陆性季风型气候。

作为怀山药、怀地黄、怀菊花、怀牛膝的四大怀药主产区之一，赵堡镇以种植山药、地黄、牛膝，以及芦笋、梨枣等特色农业产品为镇农业的主导产品，占经济作物总产值的 70%，占农业总产值的 40%。如今，以怀药为主的特色农业逐步调整传统农业产品结构，保证了农民收入的增加，该镇怀药种植面积一直稳定在 12000 亩以上，并申办怀药加工项目，在国际国内市场上打出怀药的独特品牌，打造怀药重镇。

赵堡镇人杰地灵，区位优越。有公元前 1525 年商代帝祖乙的定都遗址，古名邢邱。名扬中外的太极拳便发源于该镇陈家沟，在陈家沟，全村 80% 以上的人会打太极拳，至今尚有"喝了陈沟水，都会跷跷腿"、"会不会，金刚大捣碓"的说法。陈家沟作为太极拳的文化圣地，有令人敬仰的太极拳祖祠，有享誉国内外的陈家沟武术馆，有充满传奇色彩的杨露禅学拳处，有气势恢宏的中国太极拳博物馆（见图 3-20）。

图 3-20　温县赵堡镇陈家沟

赵堡镇依托太极拳发源地和"四大怀药"原产地优势，突出太极文化内涵，做足做实旅游文章，大力发展太极文化和四大怀药规范化种植加工，推动太极文化旅游、怀药规范化种植、健康养生、特色食品加工等产业协调发展。2016年10月14日，河南省焦作市温县赵堡镇被国家发展改革委、财政部以及住房和城乡建设部共同认定为第一批中国特色小镇。

【经验分享】

（一）太极文化产业拉动经济发展

走进赵堡镇陈家沟，处处皆太极，这里的一草一木、一砖一瓦都以太极文化为核心精心布置。家家有拳师，处处有武馆，漫步在蜿蜒的青石板路上，不时遇见正在练习太极拳的村民。

陈家沟村依托太极拳传授，先后建成陈家沟村内武校4家、家庭武馆50家，村内外出授拳拳师800余人，每年接纳拜师学艺的太极拳爱好者有5000余人，为此还专门出台《太极拳传承人武馆用地管理办法》。

在传授太极拳的同时，结合发挥"太极+"产业作用，以改善当地百姓生活。陈家沟村村民辛春丽对此深有感受。2000年，辛春丽在自家五金店中开辟了一个专柜，售卖太极拳相关的书籍、光碟和服饰。没想到，光顾这个小专柜的游客越来越多。看到商机的她与丈夫一起开始从事太极拳服饰加工销售。现在辛春丽的生意越做越火，员工从当初的3人发展到14人，店面从1家发展到3家，营业收入也逐年增长。

无独有偶，陈家沟村的"出门姑娘"陈彩云也搭上了"太极+"产业高速发展的快车。2007年，从深圳打工回来的她开始在家中制作太极拳服饰。因精于针线活儿，陈彩云做出的服饰款式新颖，得到了不少太极拳爱好者的青睐。后来，订单越来越多，陈彩云的丈夫、兄弟也开始帮忙打理，本来准备再次出门打工的一家人也留在了陈家沟。陈彩云的丈夫说："现在每天都能卖出30多件衣服，比出去打工强多了。"

近年来，赵堡镇先后争取了投资1000万元的美丽乡村建设项目、500万元的传统村落保护项目资金、700万元的市财政特色小镇项目资金。依托温县拳源文化旅游产业投资有限公司、温县陈家沟村投资发展有限公司等平台，调动农村信用社等金融机构的积极性，争取社会资金参与景区建设。

启动陈家沟村集体经济股份制改制工作，明确村集体经济组织的管理决策和收益机制，完成了清产核资、股权划分、股权管理等工作，成立了"温县陈家沟村投资发展有限公司"，调动干群积极性，进一步增强了发展动力和活力。

推进大师回归工程。充分发挥陈小旺、陈正雷、王西安、朱天才等世界级太极拳名师效应，建设精品拳馆，加速太极拳教育培训产业。投资1.5亿元的陈家沟武馆项目启动实施，先后建成武校4家、家庭武馆30家。

提升太极文化产业发展效益。建设特色餐饮、住宿和商业综合开发区，发展家庭宾馆16家、特色饭店20余家、太极产品门店26家；发展10余户家庭式太极拳服装加工厂，每户年收入均达20万元以上，并为部分贫困户提供了打零工的机会；利用黄河滩区建设四大怀药、花卉苗木、林果、农产品加工等特色农业基地，促进农业与健康养生产业融合发展。2016年，村民人均年纯收入达13075元。

（二）弘扬太极拳提升太极镇影响力

为将太极拳这一中华传统文化精粹向世界传播，扩大焦作旅游城市的影响力，焦作市已连续九年成功举办"一赛一节"（国际太极拳交流大赛暨云台山国际旅游节）。沿着"一带一路"轨迹，举办"2017年世界百城千万人太极拳展演"活动，涉及165个国内城市和25个国家30个城市，千万人共"武"太极拳，展示太极拳的神奇魅力。

先后在郑州、深圳、上海等地举办了陈家沟太极拳文化旅游推介会，承办了全国武术太极拳公开赛，成功挑战了最大规模武术表演的吉尼斯世界纪录，集中举办了《龙之诞生》开机仪式、"中国·陈家沟太极文化旅游体验季"活动、中国太极镇旅游及服务配套综合项目签约仪式等一系列大型宣传推介活动，赵堡镇特色小镇建设影响力不断扩大。

围绕焦作市提出的"太极故里、山水焦作"的发展战略，全力打造"享誉世界的太极圣地"，强化"太极之根、太极之源"的核心地位。

投资100亿元，规划打造太极镇（见图3-21）。以陈家沟村区域为核心，以太极文化为精髓，构筑1238战略发展体系，即一个定位（太极圣地），两个目标（世界级旅游目的地、华夏文化传承创新示范区），三大传承（国学、中医、拳道），八大举措（太极拳传承与研究、太极拳谱系、太极云、太极文旅、太极养生、太极教育、太极品牌、太极拳事业发展基金会），为太极镇建设指明了方向。

图 3-21　太极发源地——陈家沟

（三）生态、文化与旅游融合发展

20 亿元的太极拳文化国际交流中心项目、30 亿元的太极文化生态园项目、1.5 亿元的"陈家沟老村改造"项目、投资 8000 万元的中华太极馆项目、1200 万元的饮水工程、1.5 亿元的东沟改造提升和杨露禅学拳处复建项目……一个个项目工程在赵堡镇落地生根；在景点设施上先后建成了太极拳祖祠、祖林、太极文化园、中国太极拳博物馆等，完成了陈家沟民居立面改造、雨污管网、石板路铺设、印象陈家沟馆、强弱电入地等工程，陈家沟太极拳文化旅游区获得了"国家 4A 级旅游景区"荣誉称号。

大项目落地、基础设施完善，整体提升了陈家沟的旅游公共服务水平，促进了生态、文化与旅游融合发展。

"太极 +"旅游方面，将太极文化充分融入饮食、住宿等方面。目前，陈家沟景区内有特色家庭宾馆 16 家，年入住游客 1.5 万人次；特色餐饮业饭店、小吃店20余家；太极服饰、器械等太极产品生产企业、销售门店26家，年销售额3000万元。

"太极＋康养"方面，在陈家沟设立了名医堂、国药堂、针推堂，挖掘太极拳康养方面的丰富内涵，积极引进知名品牌酒店、学校、医院等进驻，争创省级旅游度假区和国家中医药健康旅游示范区。

"太极＋休闲农业"方面，结合"四大怀药"，发展药膳，促进太极文化和养生文化的传播，利用黄河滩区建设"四大怀药"、花卉苗木、林果、农产品加工等特色农业基地，促进太极与休闲农业产业融合发展。

"太极＋扶贫"方面，以贫困户增收为宗旨，通过提供就业岗位、无偿对房屋进行立面改造、减免学拳费用的手段，充分利用陈家沟文化旅游产业的发展机遇，发挥文化旅游产业的带贫作用。

"太极＋生态环境"方面，建设太极练功园和乡村记忆游园，建设林下步道、骑行道等，打造集绿色、清水、健身、休闲、观光于一体的生态走廊。在境内水系和南水北调渠两侧及黄河滩区，推进大规模造林绿化，重点建设沿黄生态涵养带工程、水系绿化工程。2017年，投资350万元的背街小巷改造提升等项目，并积极实施民宿客栈建设、陈家沟环村路建设、青峰岭再造工程、街道美化亮化等项目。

（四）加强太极拳文化遗产保护

深厚悠久的太极拳历史文化元素为陈家沟赢得"太极小镇"美誉，加强太极拳这一非物质文化遗产的保护，成为陈家沟的历史使命（见图3-22）。

图3-22　太极圣地赵堡镇

赵堡镇从法律层面落实好《陈家沟传统村落保护规划》，启动了名人故居修缮工作，有21处建筑被省政府评定为文保单位。陈氏太极拳、和氏太极拳被列为国家级非物质文化遗产，目前太极拳正在申报世界级非物质文化遗产。

同时，该镇还成立了文化旅游区综合执法队，积极开展景区秩序综合治理和违章建筑整治，规范规划区内新建、修缮和改造等建设活动，严格审批程序，保留神秘、古朴、自然的村庄体验。

（五）推进美丽乡村示范村建设

基础设施不断完善。投资15万元更换了村内垃圾箱、旅游指示标牌、王廷街入口自动升降杆等便民设施。积极改善陈家沟社区人居环境，投资65万元完善了出行道路、供配电设施等配套设施，群众已陆续入住。建立形成环境治理长效机制，包括保洁员制度、卫生监督制度、"门前三包"制度、卫生检查评比制度等。投资400余万元建成陈家沟污水处理厂以及配套设施，解决了陈家沟村雨污排水问题。

村容村貌持续改善。先后完成了投资77万元的祠前街改造提升工程、投资76万元的"E"字形街（德馨巷、安顺街、水塔街）立面改造工程、投资86万元的柿沟路改造提升工程、投资20万元的村南口整治工程、投资40万元的街道亮化等项目、投资421万元的陈家沟环村路建设项目。目前，陈家沟村共铺设草皮1万余平方米，种植了紫薇、香樟、银杏、女贞、桂花等树种3000余棵，其中，百年以上的大树、古树100余棵。

【特色分析】

（一）特色鲜明的产业形态

令千万太极拳爱好者向往的太极圣地赵堡镇，借助"太极"之力，建设特色小镇。先后建成了太极拳祖祠、祖林、太极文化园、中国太极拳博物馆等景点。同时，围绕太极拳文化展示、太极拳培训、休闲疗养、传统村落体验等4个主题，打造了集旅游、健康养生和传统村落于一体的文旅产业小镇。除了发展太极文化外，在文化产业与相关产业的深度融合上，赵堡镇明确以"创造享誉国际的太极圣地"为方针，推动"太极+"工业交融开展，依托"四大怀药"原产地优势，推动四大怀药规范化种植、健康养生、特色食品加工等产业协调发展，构成集太极文明旅行、中医摄生、休闲参观、食物加工等于一体的全产业链。

（二）彰显底蕴的传统文化

赵堡镇依托太极拳发源地，突出太极文化内涵，做足做实旅游文章。陈家沟的太极拳祖祠集中展现了太极拳发源、流派、拳理、拳术、著名人物、传奇故事，是太极拳文化大观园，每年在此举行太极拳爱好者朝圣祭祖、名师收徒等活动，进一步提升太极拳知名度和影响力（见图3-23）。2009年8月正式对外开放的太极拳博物馆作为首个国家级非物质文化遗产专题博物馆，在许多方面有着明显地突破和创新，在非物质文化遗产博物馆的建设方面独树一帜。该镇党委书记王世谦说："陈家沟村被誉为太极小镇，首先得益于太极拳的历史文化元素，加强太极拳这一非物质文化遗产的保护，就是第一要务。"赵堡镇在强调核心太极文化外，还注重特色民俗文化遗产保护，积极保护开发"背桩行水"等特色民俗，进一步完善旅游产业链条。

（三）便捷完善的服务配套

一是环境设施完善。赵堡镇处于焦作黄河生态文化旅游带中线，内有陈家沟旅游专线连接南北对外交通较为便捷。围绕省级生态乡镇创建，以"夯实基础、创新管理、提升品位"为主题，聚焦黄河湿地、南水北调沿线等重点生态领域，加强生态建设、美丽赵堡建设。在南水北调河渠两侧赵堡镇段，建设太极练功园和乡村记忆游园，建设观光于一体的生态走廊。在境内水系和南水北调渠两侧及黄河滩区，建造一体的高效林业生态廊道体系。二是服务配套齐全。镇内设有学校、健康体检中心及卫生站等基本设施，实施水网、电网、气网、信息网等"五网"工程，建设自来水厂、污水处理厂、变电站、天然气管网、移动信息网等项目，公用设施逐步完善。

（四）创新灵活的体制机制

赵堡镇的建设目标是成为"文化突出、特色鲜明、体制灵活、生态宜居"的国家级特色小镇，为河南省乃至全国其他小镇建设提供示范经验。为此，当地政府进行有益的探索。

一是尝试直管镇管理体制，提升管理效率，成立陈家沟文化旅游区管理委员会，与赵堡镇实行套合管理，实施简政放权。率先在陈家沟文化旅游区开展综合执法试点，从赵堡镇、景区管理局、公安、交警、交通、工商、食药、城管、住建等部门抽调人员组成执法组，重点围绕环境卫生、交通秩序、门店经营、市场管理、房屋建筑等，进行综合执法。

二是在开发运营上，实行政府引导、企业主体、市场化运作模式。整体规划上政府唱主角，坚持"多规合一、全域统一规划"，统筹推进文化旅游、产业、土地等规划；运营上企业唱主角，支持国内外具有景区开发运营经验的企业独立进行陈家沟文化旅游区开发建设、独立经营。

三是在相关政策上予以支持。结合当地实际，在土地政策上，强化土地要素保障，适度调整土地规划用途，合理安排"太极+"等各类项目用地，对重点项目优先保障；在财税政策上，县级财政设立一定比例引导资金，引导社会资本参与，建立特色小镇建设基金和太极文化旅游产业发展基金；在金融政策上，强化资金要素保障，基础设施和公益性、服务性项目，以政府投资为主。鼓励多元投资，激发民间投资活力，吸引更多投资者进入太极拳文化产业发展领域。加强与金融机构战略合作，引导金融机构加大对PPP项目的信贷支持力度；在组织政策上，建立并强化太极拳文化建设工程小组，加强与省、市相关领导机构的沟通衔接，研究部署具有全局性、战略性和前瞻性的重大问题。

图 3-23　太极拳祖祠

【各界评述】

赵堡镇历史悠久，文化积淀深厚，因春秋时晋国大将赵洁在此筑堡而得名，为中州重要古镇。由于历史久远，大多历史遗迹已湮灭不存。然而该镇的特别意义在于：作为中华文化瑰宝太极拳的历史肇源地与迄今传承地，以"太极小镇"享誉四方，文脉独特而连续，具有不可替代的人文故地价值（见图3-23）。太极拳发源于该镇的陈家沟，陈式太极拳和赵堡太极拳已被列入国家非物质文化遗产名录。难得的是，太极拳在当地一脉相承，累世递传，目前尚有多位国家级太极拳的名师大家和大量弟子传人。近年来赵堡镇能够珍视传统，保护传人，围绕太极文化实施和建设一批文化项目，成绩斐然。

基于目前国家对传统文化和旅游产业的重视，现代人对健康文化的关注，赵堡镇应抓准机遇，处理好中华太极历史文化遗产传承与旅游产业、文化产业、城镇建设的关系，控制好城镇风貌和建设品质，文化内涵与城镇风貌相协调，使古老的太极拳文化焕发出新的时代活力，也使赵堡镇依托太极拳文化，真正成为中原地区特色鲜明的"太极小镇"。

——上海同济城市规划设计研究院院长助理、教授级高工　王颖

深厚悠久的太极拳历史文化元素为陈家沟赢得"太极小镇"美誉，加强太极拳这一非物质文化遗产的保护，成为陈家沟的历史使命。

赵堡镇，这座传承太极拳数百年传统的古镇，在新时代谋求新发展，这颗"太极明珠"正在神州大地上绽放光辉。

——文创中国周报

经过数百年的发展，目前太极拳已成为参练人数最多的世界武术运动。赵堡镇陈家沟作为太极拳的文化圣地，有令人敬仰的太极拳祖祠，有享誉国内外的陈家沟武术馆，有充满传奇色彩的杨露禅学拳处，有气势恢宏的中国太极拳博物馆。赵堡镇在传承太极文化的同时，融入现代先进气息，具有不可替代的人文故地价值。

——新农大视野

3.2.3 再造古镇，复合优势彰显独特韵味——以北京古北水镇为例

【标志性事件】

2018年1月，亿翰智库发布《2017年度中国特色小镇项目品牌影响力 TOP50》排行榜，其中，古北水镇拔得头筹，云栖小镇、乌镇分列二、三位，香河机器人小镇位列第五。

这个排行榜是亿翰智库联合产城观察网共同研究测评的结果，得到了中国房地产数据研究院、中国产融城发展联盟、全国房地产商会联盟的大力支持。

榜单数据来源于媒体报道、企业公告等公开资料，比较客观地反映出特色小镇项目媒体关注度、特色小镇项目行业认可度、特色小镇项目成熟度等。

按照研究机构自己的说法，排行榜的发布有助于提升行业透明度，也有助于为各级政府和资本机构选择特色小镇运营商提供参考依据。

古北水镇在亿翰智库发布的《2017年度中国特色小镇项目品牌影响力 TOP50》排行榜上位列榜首，主要依托于其强大的媒体影响力，焦点关注量稳居第一。

有两大因素支撑着它：

其一，名人效应快速集聚人气。

2017年6月，乌镇景区、古北水镇景区总规划师、设计师及总裁陈向宏在武汉召开推介会，知名演员黄磊现身助力引起媒体争相报道，将古北水镇的综合主流媒体焦点报道指数推上第一个高点。

2017年11月古北水镇宣布王珞丹正式成为景区形象代言人，将报道指数更是推上前所未有的高度，在单月焦点报道指数中位列第一。

其二，持续多变镇内活动支撑小镇的整体影响力。

古北水镇能与其他古镇相区别，一方面在于其自身优质整体规划与局部场景设计，更在于其多变的镇内活动，包括古北水镇温泉季、水镇中秋节、低空飞行观光之旅等季节性活动。

依托活动让游客每次有新的理由来到古北，每次来到古北水镇都能获得不同的体验。这也使得媒体对古北水镇的报道呈现持续性，每个季节均有新的内容可以报道，这很大程度上推动了古北水镇的影响力。

【发展历程】

一、一朝成名天下知　苦心谋划终成镇

还记得风靡全国的《奔跑吧！兄弟》（见图 3-24）栏目中兄弟们在长城上奔跑的身影吗？还记得《真心英雄》中各路英雄齐聚古城中吗？姜文沉寂几年，磨一剑的《邪不压正》（见图 3-25）中的电影选景古镇——这些经常在荧幕中闪亮登场，一朝成名天下知的古镇就是——古北水镇。

图 3-24　《奔跑吧！兄弟》节目在古北水镇

图 3-25　《邪不压正》在古北水镇首映

为什么默默无闻的密云古北水镇突然被影视人所眷顾？为什么小镇能成为近年旅游界的一匹"黑马"，开业仅短短三年就被业界树立为当今中国最具代表性的旅游度假目的地标杆景区。在 2017 年第三届中国古村镇大会上，在一篇题为《油腻旅游的生活突围——谈旅游新生活的构建》的主题讲演中道出了个中缘由。其中，几个热点词"转型转变、精益求精、溢出效应"以及"区间生活、反差生活、细节生活"特别值得玩味。

（一）小镇简况：古今交错成就"北方小乌镇"

古北水镇位于北京市密云县古北口镇司马台村，坐落在司马台长城脚下，是北京的东北门户。与河北交界，交通便捷，距首都国际机场和北京市均在1个半小时左右车程，距离密云县和承德市约45分钟车程（见图3-26）。

区位交通

图3-26 古北水镇区位交通

古北口自古以雄险著称，有着优越的军事地理位置，自古以其独特的军事文化吸引了无数文人雅士，苏澈、刘敞、纳兰性德等文词大家在此留下了许多名文佳句，更有康熙、乾隆皇帝多次赞颂，以"地扼襟喉趋溯漠，天留锁钥枕雄关"来称颂它地势的险峻与重要。

古北水镇于2014年初步建成。开业第一年实现客流量接近100万人次，实现旅游综合收入2亿元，占全区景区综合收入的56%，安置本地劳动力近1000人；2015年，古北水镇景区实现营业收入4.62亿元，净利润4701万元。古北水镇这座占地9平方公里，将山水、长城、古镇、水乡融为一体的典型的北方旅游度假小镇，获"北方小乌镇"之称。

（二）建设历程：三年谋划终成形

古北水镇自2011年开始建设，历时3年多，于2014年国庆节正式对外营业。

此前,曾计划于 2012 年 10 月试营业,2013 年 5 月正式开业。由于征地工作滞后、天气原因（冻土期比预期时间长）以及建设过程中一些方案的调整等客观原因,加之建设团队对项目精益求精的追求,古北水镇一期计划推迟到 2013 年 10 月开业,最终于 2014 年元旦开始试营业。

古北水镇内安置的 200 多套古民宅,均从全国各地收购而来。小镇内的基础设施采用了先进的地下综合管廊形式,将供暖、弱电、用水等管线藏于宽高达 2.2 米 ×2 米的地下管廊中,那些现代的设施藏而不露地融入到古建当中,保存了地上原有的村落面貌（见图 3-27）。另配建了直饮水厂、中水厂、综合中控等设施,保证游客在古镇的饮食、住宿、游览的安全。

图 3-27 古民宅

二、幕后蓝图规划师 紧抓调研重点 3w

三年,古北水镇在北方崛起,这就是一个传奇。说起这个传奇,自然离不开一个传奇的人物,他就是小镇景区总规划师、设计师及总裁,国内著名大型景区建设管理的实践专家,其自喻为景区建设的"包工头"——陈向宏。陈向宏最为杰出的成就是全国知名古镇——乌镇。自 1999 年起主持乌镇古镇旅游保护开发,陈向宏在全国古镇中率先提出"历史街区再利用"的理论,并将乌镇从观光型古镇打造成了国际性的著名休闲旅游目的地小镇。2010 年,陈向宏率领团队开赴北京京郊,在密云县古北口司马台长城脚下开发建设,造就了今天的古北水镇（见图 3-28）。极具开拓视野的陈向宏在规划设计小镇之初，实地考察，凝心聚力，解决了常人难以理解的三个"why"。

图 3-28 古北水镇鸟瞰图

（一）why1：为什么选择在京郊司马台长城脚下建小镇？

为什么当初陈向宏会把他的第二个作品选择在北京京郊司马台长城脚下的古北口。

陈向宏在一次演讲中说出了缘由："我从政府下来以后，我不是政府官员，不是红顶商人，乌镇是我的家乡，我生在这里，深爱这个地方，但是也无可奈何，以我的计划乌镇还有第三期，但是搁浅了。"当时的陈向宏还是有些苦闷的。

2010 年，陈向宏跟乌镇古镇的实际投资人提出要在外地做项目，得到允许后，他带领部分人员先南下到福建找土楼，去了八个月，画了无数个草图，结果无人认可。转而挥师北上。来到北京，那时（北）京承（德）高速刚开通。陈向宏带着一张地图满京郊跑，偶然看到司马台长城，就在长城脚下独自一人冥想许久（见图 3-29）。

走遍司马台长城周边及京郊的所有古镇后，陈向宏团队发现：北京有巨大的休闲市场需求，可是除了故宫、长城外，周边很少有高品质以休闲度假为目的的景区；而且，京郊的旅游服务水平远远低于城市的生活。结合近几年来对国内的旅游消费趋势的研判——一是旅游的目的从"旅游是'风景'"到"旅游是'生活'"的转变，二是旅游方式从观光旅游向度假旅游的转型。而度假旅游的核心就是"提供异地生活方式"。于是，做一个为京津冀城市休憩人群服务的旅游度假地的设想方案逐渐形成。

图 3-29 司马台长城

功夫不负有心人，陈向宏团队在北京做市场调研的消息被时任北京市委书记的刘淇知道，邀请他们作一次专题的项目汇报。于是，陈向宏团队将设想方案进行了细化，先把环北京所有的山型研究透彻后，画了一幅地形图做底图。依此开展讨论，起初有人提出要以长城为主题，在长城上做索道，再在长城上造一个玻璃栈道。而陈向宏的意思是长城只是项目的背景，在长城脚下做一个小镇，因为长城的存在，小镇里面所有的业态，吃喝行购将超过行业的边际利润，这一点汇报后领导很认可（图 3-30）。

图 3-30　古北水镇景区 1 期建设开发实况

去过古北水镇的人，应该不会忘记那些迷人的夜景。摇橹长城下，信步司马台，夜游星空小镇，可以成为游人的新体验。应该说，这背后是"度假目的地"景区封闭度假生活的打造，目的是希望形成两天及两天以上的区间消费。用一句话表达，就是全天候、全时段、多场景的"区间生活"。陈向宏提出一个服务理念，就是将最大的善意释放给每一位游客。根据考察，古北水镇景区家庭出游结构：较普遍的是爷爷奶奶加外公外婆、加一对小夫妻，再加一个或两个孩子。一家三代在古北水镇，就是来寻找一种"安放亲情的'亲子生活'"。这里有为孩子精心打造童玩坊等各种丰富有趣的活动，老少同乐。游客最需要的是一个亲情的度假生活。到一个地方旅游三次以后发现最美的是什么？不是当地的风景，而是当地人。

在这个旅游项目中，司马台长城是风景、是项目的背景。在全国、乃至在全世界著名的地标性景观长城下做旅游度假目的地，能有不一样的精神享受，不一样的市场价值——这就是项目所需要的"资源"。

（二）why2：为什么把水厂、厕所改造提升到打造现代度假生活品质的高度？

"司马台长城很美，古北水镇很美，可是我更愿意介绍给你们的是，这里看不见的自来水厂和看得见的景区厕所"每每陈向宏会向来访嘉宾这样介绍（见图3-31）。

图3-31 古北水镇夜景

可是，古北水镇原有的基础设施十分薄弱，在项目中，古北水镇安排近七千万元，用于建造一个欧盟标准的自来水厂，部分指标比北京自来水质量标准还要高10倍，水镇景区酒店里的水质达到了直接饮用的标准（见图3-32）。

图3-32　古北水镇的自来水厂

古北水镇的公厕不仅干净，小隔间里备有国内公共设施中通常少见的卫生纸，在冬天还有热水、有地暖。这里的公厕，既上过国家旅游局的"模范厕所十大典型景区"名单之首，也上过美国《纽约时报》（见图3-33）。

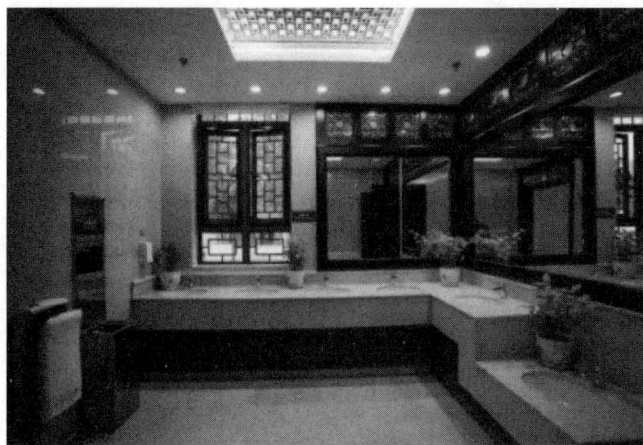

图3-33　古北水镇的公厕

为什么陈向宏要在自来水和厕所上大做文章呢？从现代的旅游群体看，主要是 90 后、00 后，甚至 05 后这一代，他们喜欢到传统古村落中寻找反差生活，但是他们又离不开平时惯常的现代生活。景区现代生活基础设施的建立，要的就是现代生活理念上度假生活的品质感，所谓传统方式场景中的"现代生活"。而这种现代生活是很讲究细节的，所谓高质量的服务就是细节服务。厕所是景区的风景，它不单要解决一个生理需要，而且要满足游客的精神需求。透过厕所，游客体会到古北水镇充满人情味的"细节生活"。

如果说，在度假区喝上清甜的自来水、在干净无味的厕所里随手就有厕纸用，让消费者感觉在古北水镇"就像在自己家里一样"；那么，为消费者"创造一个和日常生活消费相类似，但是更高级、更有文化含量的场景"，这是古北水镇应旅游消费升级需求的必然选择。

（三）why3：为什么在北方市场，在北京地区，古北水镇无疑是占住了第一的地位？

在首届中国旅游投资领袖峰会暨第六届中国旅游投资艾蒂亚奖颁奖典礼上，陈向宏结合乌镇和古北水镇的打造，分享了几年来的体会。

1. "我相信在北方市场，在北京地区，古北水镇无疑是占住了第一的地位。"

在讲演中，陈向宏回忆到：2010 年，我回到北京，偶然看司马台长城，那边有一个缆车，我说做这个项目，后来领导很认可。我 2011 年 6 月份签约，2014 年建成。我们 2015 年磕磕碰碰的开业，一年多时间，我们接待游客 240 万人，景区总收入 7.4 亿元，税后净利 2.3 亿元，让我很欣慰的是第二年达到了乌镇十二年的水平。我们这个项目投了 50 亿元，真金白银，但是现在股价是 80 个亿，后面所有的基金投资排着队要买我们的股份。我感觉松了口气，对得起投资股东了。

很多人问陈向宏，你做这么大的景区，你怎么回报？陈向宏所考虑的视角不单单是旅游产品的静态投资回报，还研究旅游项目溢出的效应，以及资本的力量。去过古北水镇的人稍微细心些就能发现，小镇是从一片白地建起来的，地形都是整过的。陈向宏团队在深入调研和准确定位的基础上，虽然没有大规模地进行品牌宣传，但是在北方市场，在北京地区，古北水镇无疑能占住第一的地位（见图 3-34）。

图 3-34　小镇村道

图 3-35　雪景鸟瞰

2."说我不怕自己小,我只怕自己不是唯一。我觉得这种唯一性才是真正重要的。"

陈向宏在谈及对项目定位理解时,说到:我们做这两个(乌镇、古北水镇)项目,有一个共同的特点,都是自己独立规划,独立建设的(图3-34、图3-35)。陈向宏做的几个项目,可以梳理出几个特点。一是不仅仅研究白天的消费,更研究夜生活的消费,研究第二次消费。二是不仅仅研究门票收入,而是研究单位消费,按三三制分析,即三分之一的门票,三分之一的酒店收入,三分之一的景区综合收入。一个景区的存续,门票是一个杠杆,例如乌镇对回头客有个优惠政策,来过乌镇几次消费,或者累积达到一定数额的,可以不收门票。古北水镇的政策是只要入住酒店就不要门票。事实证明,观光产品和度假产品是不能混杂在一起的。游客很多,就挤掉了度假客人(真正度假客人的感受)。三是研究游客的"粘性",做一个景区不怕你不来,就怕你不再来。乌镇,一年900多万游客,70%是散客,70%里面至少60%是第二次来。从"乌镇,来过,未曾离开"的口号中也能看出端倪。

陈向宏在谈及项目"唯一性"时,这样说:"我不再强调自己的景区是第一,而是强调自己的景区是唯一。我们做项目,好多希望自己一上来就是中国什么什么第一,亚洲什么什么第一,恨不得宇宙第一,很苍白。我恰恰说我不怕自己小,我只怕自己不是唯一。我觉得这种唯一性才是真正重要的。"

三、借鉴"乌镇模式"的开发模式

古北水镇项目的核心优势就是借鉴"乌镇模式"(见图3-36)。"乌镇模式"以"整体产权开发、复合多元运营、度假商务并重、资产全面增值"为核心,观光与休闲度假并重,门票与经营复合,实现了高品质文化型综合类出游目的地的建设与运营(见图3-37)。

依"乌镇模式"而建的古北水镇主要有以下三个方面的明显优势:

(一)高起点规划、高品质建设

古北水镇在开发时全资买断所有商铺和住家的产权,由乌镇专业化运作团队运作,借鉴乌镇模式,对景区统一开发、设计规划。在基础设施方面——古北水镇以近项目总投入的1/3用于生态环保建设。为了较完整地保存古朴原貌,使地面免遭破坏,度假区的街道全部采用长条青石板铺设,并在地下设

图 3-36　俯瞰古北水镇

图 3-37　远眺古北水镇

有长 1.7 公里、高 2.5 米、宽 2.6 米的综合管廊，将热力管道、中水管道、直饮水管道等均埋于地下，不仅有效地保护了地面，对于建设原汁原味的历史文化旅游目的地也起到了重要作用。

在外部整治方面——古北水镇是在原司马台三个自然古村落的基础上聚合而成，拥有原生态的自然环境、珍贵的历史遗存和独特的文化资源。在古北水镇的开发建设过程中，始终将文物保护、古建筑修缮和基础设施的重建列为首要任务。为了保护原有古建筑，不破坏原始风貌，本着"修旧如故，整修如故"的原则，采用了大量的古建材料和传统修缮手法，力求真实还原一个长城小镇的繁华旧貌。

在内部改造方面——"外形传统风貌，内核现代功能"。在保留原貌的同时大胆创新，对修复后的民居建筑进行内、外特色装饰和水电等配套设施改造，对历史街区进行功能重塑与再利用，使得改造好的古建筑更适合现代城市人的居住（见图3-38）。

图 3-38　民居建筑保留原始风貌

在社区配套方面——古北水镇按照现代居住社区的标准，配套包括公共场所、社区休闲活动空间、人文活动设施及旅游配套设施，涵盖食、住、行、游、购、娱旅游六要素，不用出景区就几乎能够满足游客的所有需求。建立了戏楼、祠堂、书院、镖局等等，激活古镇生活文化，让游客体验真实的古镇生活。

（二）多元化融资、一元化开发

古北水镇整体投资45亿元，投资回收期在八至十年。面对如此巨大的资金需求，投资方采用成熟的市场化资本运作方式，以及多元化的资金筹措渠道。

2010年7月，中青旅设立北京古北水镇旅游有限公司，注册资本2.1亿元，由中青旅全资控股，作为古北水镇项目的建设主体，推进项目建设主体。整个古北水镇景区规划面积9平方公里，其中项目公司购买一千多亩土地，其他采用租赁形式使用土地。在景区规划区域内，如果公司仍有用地需求，当地政府也会提供相应的土地支持，推动景区长远发展。

当地政府对项目支持力度较高，采取市级部门领导、区县政府牵头到行政审批模式，除立项和建设用地手续外，市级行政审批权限一律下放，由密云县统筹研究，依法依规办理。此外还提供财政补贴和政策支持，除项目拿地、征地、水电供暖、基建补贴等支持，在交通方面，政府还协助修建景区门口的道路。

2011年6月，中青旅为古北水镇旅游公司以出具保函的方式向北京和谐成长投资中心借款1亿元人民币提供担保，借款期限一年。同年八月，古北水镇旅游公司取得国际休闲度假旅游区一期项目旅游用地，总面积717.54亩，成交价格为2.59亿元；11月取得旅游用地359亩，成交价格为1.94亿元。项目取得土地为当地村民宅基地，借助新农村的开发政策，村民获得较高的拆迁补偿收益。另外，在水镇开发前吸收当地人就业，优先培训当地人成为工作人员。水镇开发后，设立一万平方米民俗区，对社会公开招标，村民享有优先租赁的权利。

2011年12月，古北水镇旅游公司引入战略投资者乌镇旅游公司和IDG资本，旅游公司注册资本由2.1亿元增至5亿元，增资后中青旅持股42%，乌镇旅游持股18%，IDG资本持股40%。

2012年8月古北水镇旅游公司再次引入战略投资者京能集团进行增资扩股，投资五亿元占股20%。增资后古北水镇旅游公司自有资金达到15亿元，为项目建设提供了充足的资金支持，增强了公司信用，降低了公司财务费用，并提高了项目的抗风险能力。同时，项目的建设运营团队、国有资本、战略投资人持股比例均为15%~20%，能很好地平衡项目管理团队与资方的利益关系。

旅游公司以项目土地及地上建筑为抵押物，从中国银行北京分行、交通银行北京分行获得合计15亿元10年期银团贷款，加上旅游公司自有资金，项目建设资金已达到30亿元。2013年5月，项目公司各股东方共同对古北水镇公司进行增资，合计增资金额3.02亿元，由于中青旅持股比例下降，古北水镇不再纳入财务报表合并范围，变更为联营子公司。

2013年10月，水镇项目一期开业，2014年元旦开始试运营，水镇大酒店及部分民宿客房开始接待游客，部分游览景点、文化展示体验区、商铺和特色餐饮同步推出。试营业几个月后的清明节，游客量便迎来大爆发，日均客流量达到两万人次。

2014年7月古北水镇各股东按持股比例对公司进行增资，共计出资八亿元，将注册资本由13.02亿元增至15.32亿元，为新增项目开发提供资金，降低财务费用。

吸取其他古镇开发的经验教训，在开发时采取了全资买断所有原商铺和住家的房屋产权，在此基础上实现整个景区开发的主体一元化，从而使得对古镇的统一规划和统一经营管理成为了可能。

（三）专业化运行、复合型经营

古镇管理行家与旅行社业巨头强强联手的专业化运行团队是古北水镇的制胜法宝。项目由中青旅集团与乌镇联合打造，在水镇始建之初，他们就将方便游客、人性化服务等理念融入其中，避免了规划建设与经营管理两层皮的现象，保证了景区的品质（见图3-39）。

图3-39 古北水镇度假区

对于古北水镇来说，门票只是进入景区的门槛，景区内包括餐饮、住宿、娱乐等多业态复合经营才是营收的主力，这会使得收入的增长幅度远大于游客量的增速。在业态上实施复合经营的基础上，古北水镇在管理上实施统一管理。在景区内，游客绝对不会遇到强买强卖，更不会听到吆喝叫卖声。所有商铺的承租户由公司来发工资，卖茶的就只能卖茶，捏面人的店铺只能出售面人，亏的钱由公司补贴。在古北水镇内部，原住户可以租赁原有住宅开展餐饮，但是每户只能同时接待 2 桌客人，并且菜品和菜肴价格由公司统一制定，这也有效预防经营中的拉客宰客行为的发生。

四、"六区三谷"的空间规划

如今，古北水镇依托司马台遗留的历史文化，进行深度发掘，将 9 平方公里的度假区整体规划为"六区三谷"，分别为老营区、民国街区、水街风情区、卧龙堡民俗文化区、汤河古寨区、民宿餐饮区与后川禅谷、伊甸谷、云峰翠谷。

古北水镇是集观光游览、休闲度假、商务会展、创意文化等旅游业态为一体，服务与设施一流、参与性和体验性极高的综合性特色休闲国际旅游度假目的地。

度假区内拥有 43 万平方米精美的明清及民国风格的山地合院建筑，包含 2 个五星标准大酒店、6 个小型精品酒店、400 余间民宿、餐厅及商铺，10 多个文化展示体验区及完善的配套服务设施（见图 3–40）。

图 3-40 古北水镇度假区夜景

五、完善多样的业态规划

以北方古水镇为基底，打造文化展示体验、特色住宿、商务会议、日常配套等丰富业态，提高参与性和体验性。

一是展示本土文化多样性的文化展示体验区。主要有介绍关于北方酿酒、染坊等传统工艺，及日月岛演艺区、长城书院、童玩馆、毛猴馆等 10 个展示体验区（小型博物馆）。比如古镇原有的染坊，在这里工艺师傅手把手教游客DIY 属于自己的印染作品；再比如古镇的镖局，在这里师傅可以带领游客推镖车、展拳脚，走进镖师们的真实生活。在动态方面，古北水镇规划举办一些大型节庆活动，并且将皮影戏等一些文艺节目按旅游需求重新编排，在夜间露天表演或公开表演，丰富旅游夜生活的内容（见图 3-41）。

二是配建中高端接待设施。建成一座五星级酒店（水镇大酒店），三座精品酒店（乌镇会、望京楼、长城书舍），400 余间民宿，总共计约 1500 间客房；建设两个大型会议中心。

三是配全满足日常生活需要的功能设施。如银行、邮局、菜场、综合超市、药店、诊所、快递、书店、干洗店等。

图 3-41　古镇游船

【经验分享】

古北水镇作为南方模式在北方落地生根的一个比较成功的案例，自然有许多可圈可点的地方。以下作些分享：

（一）选址定位的理性抉择

联合国教科文组织有关官员高度评价："乌镇在发展中国家中成功走出了一条能从当地经济、社会条件出发，依靠市场运作的机制，达到保护历史与开发当地旅游和谐发展的新路子，形成了独有的'乌镇模式'"。然而"乌镇模式"并不是随处都可以复制的。或许有人会问，相比南方，北京复制乌镇的条件相对较差，但古北水镇却能够在京郊密云逆势成长，这是为什么呢？诚然，我国北方的气候条件差异较大，不太适合旅游和度假的时间相对较长，但是优势在于度假主要是服务于周边客源。为什么欢乐谷会在全中国东西南北中建造？为什么迪士尼在美国不止建一个？其实就是要这种把服务和产品送到家门口的效应。北京和乌镇有一个最大的相似之处，就是北京周边和上海周边的长三角一样，是我国三大经济增长极之一，也是最重要的度假客源输出地之一，市场条件、客源条件都非常好。北京虽然气候条件不好，冬季不适合度假，但具备区位条件。如果到新疆、西藏去复制，那无疑将会是失败的。

（二）开发模式的精准选择

我国历史悠久，广阔土地上有着很多文化底蕴深厚的古镇。随着旅游业的快速发展，不少古镇陆续被开发成旅游景点或景区，催生了古镇旅游，并有三种主流类型：（1）原地修缮或复建的封闭型/半封闭型古镇，如江苏的周庄，周庄被誉为"中国第一水乡"，是我国第一个被列为世界文化遗产的古镇；（2）凭空打造的开放型仿古小镇，如云南丽江市的束河古镇，是"茶马古道"上保存完好的驿站之一，就有老区和新区之分，中间隔着一条小河。束河古镇的新区建设完全按老区的风貌凭空建造；（3）具有可复制性的主题公园型古镇，如乌镇二期就很像是一个古镇形态的主题公园，因其买断了产权，把原住民迁出，然后把原来的房子拆后重修，实际上是按照原来文化遗存的风貌和结构的复建物。

对照前述古镇开发模式，古北水镇实质上应属于第三类——古镇形态的主题公园，其成功的要诀在于选择了具有较高观光价值或品牌吸引力的司马台长城作为背景或组合，让古老的长城为"古北水镇"背书，打造了一个古镇的环境与氛围，创造了类似迪士尼的梦想之地，本身又兼具观光、休闲与度假功能，继而成为古镇形态的主题公园经典之作，其规模、氛围、业态、水平、效益都超越了现有的其他古镇。这种模式既包括传统古镇旅游的基本内容，又有转型升级的成分，有效结合了集观光旅游、休闲度假、商务会展、文化创意于一体的多重盈利模式，是对古镇旅游的拓展和深化。

（三）资本运作的完全市场化

古北水镇的投资组成完全是市场化的，由中青旅控股股份有限公司25.81%、乌镇旅游股份有限公司15.48%、北京能源投资（集团）有限公司20%、STC24.58%、北京和谐成长投资中心14.13%共同签约投资，一期投入50亿元。运行管理采用了较为典型的所有权、经营权分离的市场化模式。古北水镇的管理是完全专业化管理，包括中青旅和其他战略投资者在内的股东均不参加古镇管理，整个古镇是由乌镇旅游公司以陈向宏为首的专业团队负责打造和运营。

（四）市场拓展力求多元化

古北水镇在营销推广上也像某些主题公园一样做足了文章。比如，不断充实景区内容，加快推进商铺招商工作，拓宽销售渠道，增加地铁广告、互联网广告投放，继冬季的温泉、冰雪等项目以后又推出新的游览设计和夜游票方案，加强同OTA的合作，承接《奔跑吧兄弟》《真心英雄》等多个综艺节目的录制，等等。这些卓有成效的措施，使得古北水镇内部参与性、娱乐性不断增强，景区知名度和影响力有了较大提升，团队占比也提升至30%。

【各界评述】

乌镇景区是国家5A级旅游景区，年收入超过13亿元，接待海内外游客及众多中高端商务会议团体，乌镇景区已不是单纯的"观光游"景区，而是一个集观光、休闲度假、商务会展于一体的国际化旅游目的地。就是这样一个经营完善、客流充裕、景色优美，在中国屈指可数的景区却被"古北水镇"用短短三年时间超越了，究竟"古北水镇"有何魅力？

当然，使古北水镇年收入仅三年就超越乌镇的缘由远不止于此，有人说古北水镇不及乌镇万分之一，有人说去水镇环境太好，一次次的总去不够，也许只有亲身到了那里，真正住在那里，才会真切感受到水镇的千年灵韵，忘返流连。

——新华网

古北水镇改变了一般古镇开发中的社区关系：对于一般古镇而言是外来者的游客在古北水镇是真正的"镇民"，原来的居民却成为进入景区务工的外来者，原住居民通过承租景区公司的房屋进行经营。正是这种颠覆式的社区重构，给游客带来了对古镇的深度感受和极佳的旅游体验。

——前瞻产业研究院

古北水镇以独有的"长城观光、北方水乡"为核心卖点，经过四年独具匠心的打造，在享有北京两千多万潜在旅游消费者的巨大市场外，还通过北京这一国际知名文化旅游平台，间接拥有数千万乃至上亿的潜在世界客源市场，获得成功的预期是有保证的。

——东方财富网

该地以"长城 + 水镇"为卖点、全面引入乌镇建设管理理念，可以说是古镇旅游行业中"类乌镇"商业模式的第一次异地复制。目前来看，其复制效果较为成功，具备一定借鉴意义。

——城市中国网

3.2.4　精准对接，成创客逐梦未来之地——以香河机器人小镇为例

协作是指在目标实施过程中，单个单元与单个单元之间的协调与配合。

协作能有效地利用组织资源，便于集中力量在短时间内完成单个单元难以完成的任务，能创造出一种比单个单元收益简单加总更大的收益，即实现协同效应。

协作的前提是互信、互助、理解和沟通。沟通是纽带。

微软的比尔·盖茨认为，沟通是我们运用语言等方法从意识领域到行为模式上与他人做有效交流的能力。它能帮助我们建立广泛的人际关系网络，

也会使我们成为孤家寡人；它能决定我们获得的力量是推动力还是阻力……

所以，好的特色小镇内部企业间是相互协作达到共赢的，而差的小镇内部的企业跟企业之间没有关联，缺少沟通，缺乏专业化的分工与合作。

协作，造就了香河小镇（见图3-42）。

图3-42 香河机器人小镇

【标志性事件】

中央电视台《新闻联播》的一则报道，让京东一隅的香河机器人小镇进入千家万户视野。新闻联播在报道中指出："各地上半年的经济数据相继出炉，在河北香河机器人小镇，已经聚集了德国尼玛克、美国ATI等各类领军企业60多家，形成了京津冀产业链最全的智能机器人产业集群。"

2017年5月11日，CRI中外记者"美丽河北行"集中采访团来到香河机器人产业小镇进行采访，深入了解香河机器人小镇的产业发展，县委常委、宣传部长焦国强陪同采访。

来自中国国际广播电台、中央重点网站、国际在线、省直主要新闻媒体、知名商业网站河北频道等中外新闻机构的50多名记者组成采访团参加此次采访活动。采访团走进香河机器人小镇中的尼玛克、太库等企业进行参观和采访，企业工作人员详细地向采访团进行讲解和介绍机器人产业的发展状况，并展示了企业的技术与产品，充分展现了香河机器人小镇的产业实力。一项项高端的精密技术展示，让采访团成员感到震惊，采访团在感受机器人产业文化的同时，由衷感叹香河机器人小镇的整体规划与设计理念，纷纷拿起手机、相机合影留念。

"焊钳侠"尼玛克焊接技术（北京）有限公司是机器人焊钳的发明者，国际机器人焊钳领域最大的制造商，世界一流的电阻焊接设备制造商。于2016年6月28日签约，2016年8月30日入驻香河机器人小镇。公司主要面对汽车行业客户为车身焊装生产线提供专业焊接设备，市场覆盖中国及亚洲地区、俄罗斯、非洲及南美洲。中国高端汽车行业市场占有率达90%以上，客户遍及北京奔驰、一汽奥迪、一汽大众、北京汽车，广州本田等。目前，尼玛克在香河机器人产业园已完成三期建设。

"快手侠"——美国ATI工业自动化有限公司，是机器人末端执行工具的全球领导者，是北美工业机器人协会、北美汽车协会的成员，ATI是众多国际汽车一线品牌主机厂的换枪盘供应商。美国ATI工业自动化有限公司于2017年6月签约，2018年6月29日进场香河机器人小镇。目前已经实现了上千个机器人自动化型号对的量产，覆盖了机器人末端执行领域的所有场景，在汽车制造、铸造、航空航天、医疗、食品等行业有着广泛应用。ATI落户香河，是其工业自动化全系列机器人末端执行器首个中国工厂项目，新工厂首先投入生产组装的是ATI的核心产品——机器人自动工具快换装置。未来ATI在香河新工厂还将投产力/力矩传感器，顺从介质连接器，手工换枪机构，机器人和CNC用毛刺清理工具，远程中心顺从装置，机器人防碰撞传感器等产品。

作为世界喷涂机器人行业领先者"喷涂侠"——安川都林机器人应用设备有限公司于2017年9月26日签约，2018年5月8日入驻香河机器人小镇（见图3-43）。有着机器人产业领域"四大家族"之一的日本安川电机与韩国排名第一的喷涂及涂胶机器人——都林机器人应用技术有限公司的双重优秀基因，为中国、美国、欧洲等世界各地提供喷漆、涂胶机器人自动化系统。

图 3-43 生产基地大门

【发展历程】

2014 年的盛夏，大运河畔骄阳似火，也点燃了机器人小镇建设者的雄心壮志。香河机器人小镇开工建设，拉开发展的序幕。不到一年时间，一座环境友好、生态优良，充满生机与活力的机器人小镇在荫荫梧桐和萋萋青草之中拔地而起。

借助太库科技构建的全球科创资源转化平台，机器人小镇以尖端产业为引领，以机器人产业为主导，深度挖掘机器人文化内涵，并融合于配套及运营体系中，最终将打造成为一个集智能制造、孵化加速、创意展示、工业旅游等功能于一体的智能科技特色小镇（见图 3-44）。

图 3-44 机器人小镇俯瞰图

在产业实践过程当中，机器人小镇聚焦机器人研发、零部件、本体、系统集成环节，与北航、沈阳工业大学、东北大学等高校携手，推进校企合作，促进产学研结合，着力打造机器人研发、试验、生产为一体的产业链。

香河产业新城机器人小镇的投入运营得到了各级政府的高度重视。2015年，廊坊市科技企业孵化器、廊坊市机器人产业技术研究院、河北省重大项目加速器、科技部创新人才中心相继落户机器人小镇，形成完整的机器人产业生态圈。

香河机器人小镇相继获得廊坊市科技企业孵化器、机器人产业技术研究院、河北省重大项目加速器等授牌，首家企业也在当年12月入驻并投产。香河产业新城机器人小镇的投入运营得到了各级政府的高度重视。

近年来，受北京产业转移趋势的影响和京津冀一体化政策引导，大批优质企业选择经营成本相对较低的河北作为新基地。香河处于京津核心腹地，可以免除北京企业长途搬迁带来的技术人员流失以及长期客户流失的弊端。同时，机器人小镇提供全流程的入驻服务以及全面的产业链架构，有利于企业的发展，因此吸引了众多优质企业入驻。

2015年底，宏远皓轩——谐波减速器的顶级研发生产厂商成为机器人小镇的首个入驻企业，从此开启了机器人小镇与众多入驻企业之间相依相伴、一路前行的成长之旅。截至2017年4月，共有超过50家企业与机器人小镇签约，其中有20余家企业已经投产。在2016年度，机器人小镇的年产值已经达到近10亿元，成为京津冀区域独树一帜的机器人产业高地。

在入驻企业中，汇天威无疑是一个自带光环的明星企业。作为国内3D打印行业巨头，在汇天威看来，企业发展的信心不仅来自于良好的市场前景，更重要的是机器人小镇完善的产业链支持和研发、金融等一系列的平台服务，让企业可以心无旁骛地研发技术、开发产品，大大节约了企业发展的成本。北京汇天威科技有限公司总经理张弘强表示："汇天威转移香河后，将成为河北省3D打印机龙头企业。香河公司的近三年规划里，计划通过加大科研投资及项目规模，快速实现成为河北重点企业、重点项目的目标。"实际上，张弘强对未来的信心，也是对香河机器人产业园的信赖。汇天威可以持续发展的背后，就是香河机器人产业园，一个产业园就是一个产业集群战略构想与平台服务。

而上市公司星和众工选择机器人小镇则是另一番考量。作为国内智能装备制造领域的高新技术企业，星和众工更多是考虑到自身产品与下游客户的结合，助推香河传统产业的升级。北京星和机器人自动化技术有限公司（北京星和众工设备技术股份有限公司全资子公司）副总经理程世才在提及入驻香河机器人产业园的原因时表示："香河自身的区位优势和产业环境优势，尤其是香河作为家居行业重镇，给公司的业务发展带来巨大的市场机会。星和众工将通过香河机器人产业园这个机器人产业发酵的有机载体，成功打造出区域领先的自动化零污染的喷涂生产平台。"

随着时间推移，香河机器人产业园逐步建立深层次、全方位的产业服务体系，包括高级定制服务、业务流程服务、金融服务、行业服务、选址服务、基础配套服务等工作，以满足不同生命周期企业对服务的不同需求。越来越多的企业选择这里作为发展的大本营，一个个相互成就的成长故事也开始在这里不断出现（见图3-45）。

图3-45 香河机器人产业园入口

2017 年 6 月 25 日下午，以"新丝路，新战略，新模式"为主题的第三届"一带一路"园区建设国际合作峰会暨第十四届中国企业发展论坛特色小镇投洽会在北京钓鱼台国宾馆盛大举行。峰会由中国企业联合会、中国企业家协会，中国——阿拉伯国家博览会组委会为指导单位，《中国企业报》集团、中国企业十大新闻评委会等机构为主办单位。在本届峰会上，"2017 年中国产业园区创新力百强、中国产业园区成长力百强、中国特色小镇产业发展百强企业"榜单正式对外公布，香河机器人产业港成功入选中国产业园区创新力百强。

处在京津冀核心区域，距离北京 CBD 仅 40 公里，是承接京津机器人产业转移的理想区域（见图 3-46）。定位于发展工业机器人产业，形成了集产业研发、核心零部件制造、系统集成以及机器人本体制造的完整产业链条，一座北方机器人产业高地正在形成。这座由香河县政府采用 PPP 模式与华夏幸福股份有限公司合作建设的小镇，在不到两年的时间里，吸引了包括工业机器人巨头德国尼玛克、全球顶尖机器人制造企业美国 ATI 在内的 60 余家新型技术企业落户，还跻身"中国产业园区创新力百强"。

图 3-46　香河机器人小镇规划

2018 年 6 月 29 日，全球最大专注于机器人末端执行工具的研发和制造企业——美国 ATI 工业自动化有限公司等 4 家知名机器人企业，正式在香河机器人小镇入驻投产（见图3-47）。与此同时，香河机器人大厦等6大重点产业载体项目，举行了盛大的集中开工仪式。此次投产、开工标志着香河机器人小镇以建设世界级机器人产业集群为目标，正在不断加速步伐。

目前，香河机器人小镇已聚集了尼玛克、汇天威、伊贝格、柏惠维康、影能科技等各类领军企业近60家，涵盖工业、医用、军工机器人、3D打印以及无人机等多门类机器人项目；科技部国家领军人才创新驱动中心、省重大项目加速器、太库科技全球第一家智能硬件加速器也先后落户小镇，成为京津冀产业链最全的综合性机器人产业集群。

图3-47 机器人生产车间

【特色分析】

1. 借势京津冀协同：形成产业链条最完善机器人产业集群

距离北京CBD仅40公里，地处京津冀核心发展区域，京津"一小时经济圈"黄金节点之上，香河，是北京副中心同城一体发展区，除了拥有"半小时进京入卫，一小时上天下海"的区位优势，雄厚的机器人研发力量，丰富的人才资源，共同筑就香河机器人产业发展的深厚根基，成为就近承接北京高端生产要素外溢需求的理想之地（见图3-48）。香河机器人小镇聚焦机器人核心产业，建立完整产业生态圈。以人工智能及研发为特色，以机器人核心零部件为支撑，以机器人本体为核心，以系统集成为市场引领，打造中国一流机器人产业集群。

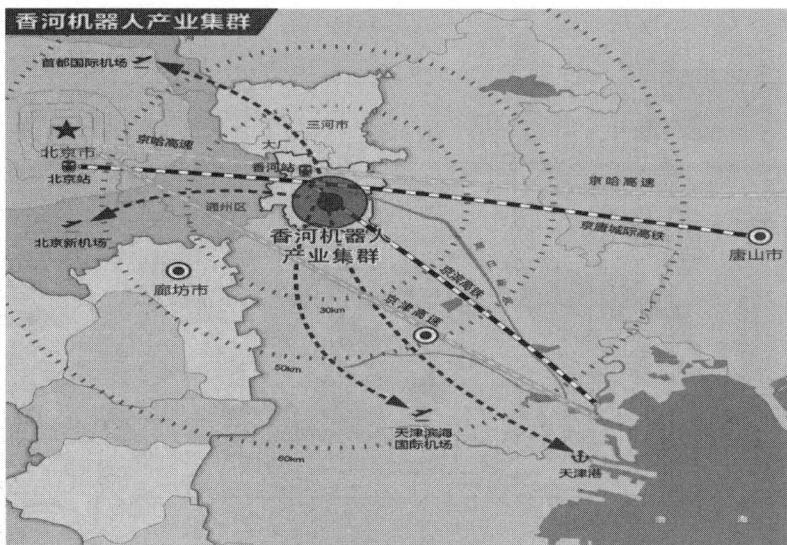

图3-48 香河机器人小镇区位

2. 产业服务：诚意真心帮企业"留下来快发展"

"华夏幸福建设的标准厂房，能够满足尼玛克的生产、研发需求，我们实现了'拎包入住'。"尼玛克中国公司相关负责人的一句评价，为华夏幸福专业的服务做出了最好的注解。

为帮助企业尽快完成各类手续报批流程，香河机器人小镇的产业服务团队与尼玛克密切沟通，帮助尼玛克与政府相关部门对接。最终，尼玛克在不到3个月的时间内就完成了从搬迁到再投产的过程，降低了企业的运营成本。

搬迁自然会带来阵痛。尼玛克相关负责人介绍，从通州搬到香河，一线员工的流失比较严重，给企业运营带来较大压力。对此，香河机器人小镇利用其搭建的信息平台和招聘渠道，帮助尼玛克招聘工人，满足了生产需求。

"平稳过渡，快速恢复生产"是尼玛克对于华夏幸福产业服务的最大认可，也是华夏幸福产业服务的专业体现。

3. 环境优越：让跨国公司总裁流连忘返

环境很美！几乎是入驻香河机器人小镇的所有企业众口一致的褒奖。绿树成荫，办公楼林立，厂房整齐划一都给人留下了深刻的印象（见图3-49）。

图3-49 绿树成荫的小镇环境

ATI 全球 CEO，也是公司创始人 RobertLittle 极为重视，已经多次亲自来香河机器人小镇考察，据 ATI 陪同人员介绍"他当时很激动，拿着相机不停地拍照。对比之前的厂房，香河的厂房焕然一新，小镇的环境也很好，他觉得员工在这里工作心情也会很不错。"

除了优美的园区环境，对企业办公环境的打造也颇具匠心。针对安川都林，华夏幸福与世界知名的德国 FTA 建筑设计有限公司合作，按照生态化、园林化标准设计、打造办公区。华夏幸福工业地产团队历时 7 个月交付厂房，满足了企业进驻需求。

在环境打造方面，香河机器人小镇的追求永无止境，未来，华夏幸福还将通过"招、投、育"做大机器人产业，集智能制造、孵化加速、创意展示、工业旅游等功能于一体，完善整体产业链的构建，更将融汇创新、科技、人文、生态，让小镇成为宜居的绿色城市，让企业安心入驻、发展茁壮，营造舒适的工作与生活环境。

4.构建"一核八平台"产业生态体系

"香河机器人小镇顶层设计遵循了三条原则：一是围绕智能技术与产业聚集，构建完备的机器人全产业链；二是精准对接京津产业转移，为切实推动京津冀协同发展战略落地而发挥作用；三是以机器人产业的发展带动本地传统产业转型升级，即深度挖掘机器人文化内涵并融合于配套及运营体系中，打造集智能制造、孵化加速、创意展示、工业旅游等功能于一体的特色小镇。"香河开发区工委副书记张金武的一席话道出了香河机器人小镇发展的"秘诀"。

针对产业发展，香河机器人小镇构建了包含"一核八平台"的产业生态体系，即围绕机器人核心产业，为入驻企业提供人才、资金、市场、专业服务等八个层面的全方位平台支持，与核心产业联动。此外，科技部科技领军人才创新驱动中心、河北省重大项目加速器、中国产学研合作创新示范基地、廊坊市机器人产业技术研究院先后落户小镇，强化了机器人产业生态圈的平台价值。抛却了传统工业区冰冷的钢筋水泥场景的科技小镇魅力十足。小镇按照景区标准建设，配合可视化智慧运营管理，建立景镇融合的智慧运营体系。未来，机器人运动公园、商业娱乐中心、智慧城市指挥中心、小镇文化创意馆等配套服务设施将荟萃其中，一座智慧型产业城正向我们走来。

香河机器人产业港正在吸引越来越多的机器人龙头企业入驻。现已初步完成机器人产业链的构建，涵盖机器人产业中的控制系统、伺服电机、减速器、系统集成及示范应用等多个领域，成为京津冀区域门类最为齐备的机器人产业高地。

5.优质企业集中投产，提升产业竞争力

入驻投产的4家企业，在全球机器人产业领域可谓大名鼎鼎。

ATI：全球最大专注于机器人末端执行工具的研发和制造企业，成立于1989年，其产品在汽车制造、铸造、航空航天等行业有着广泛应用，是通用、宝马、丰田、一汽轿车等国内外汽车产业巨头工具快换装置全球供应商。

星和机器人：我国首家机器人行业上市公司——北京星和众工设备技术股份有限公司的控股子公司，国内专业从事机器人系统集成、机器人技术开发及应用的著名高新技术企业，长期与瑞士 ABB、日本安川等全球机器人产业巨头合作。

耐尔得智能科技：我国智能检测设备行业十大最具影响力品牌企业，已拥有 12 年的历史。截至目前，其研发的气泡间距系数分析仪、激光收缩变形测定仪等 30 余种产品畅销海内外，并获得 10 项国家专利。

利和顺达电子：全球知名电子元件经销商，主要为国内外工业机器人、服务机器人、无人机、物联网和云计算的企业提供控制系统、驱动系统、示教系统等电路板 SMT 贴片服务。

6. 重点项目集体开工，增强产业承载力

香河机器人应用产业园一期、二期项目，是以应用型机器人企业为主的综合性产业园区，主要用于引进机器人产业链上系统集成以及系统应用型企业。

香河机器人系统集成产业园聚焦系统集成型机器人企业，主要用于引进机器人产业链的系统集成企业，现已与德国尼玛克（三期）、北京创思等 8 家机器人相关企业签约。

此外，香河机器人核心零部件南区产业园和香河机器人核心零部件本体产业园，都是以核心零部件型机器人企业为主的综合性产业园区，重点引进机器人产业链中国际前 15 名的本体、核心零部件企业，以及全球机器人产业"四大家族"为主导的企业。

更加引人瞩目的是建筑面积近 2 万平方米的香河机器人大厦，该项目重点引进机器人产业链上的研发型企业及相关研发类科研院所，建成后将成为香河机器人小镇的标志性建筑之一。

这 6 大重点项目，将全面提升香河机器人小镇对重大项目的承载力，合力打造香河机器人产业迈向世界级机器人产业集群的宽广平台。

目前，在华夏幸福的打造下，香河机器人小镇入驻企业的生产领域已涵盖机器人产业中的控制系统、伺服电机、减速器、系统集成及示范应用等多个领域，聚集了世界喷涂机器人巨头安川都林、全球机器人焊钳发明者德国尼玛克、3D 打印行业领先企业汇天威等 110 余家机器人企业，形成了集产业研发、核心零部件制造、系统集成及机器人本体制造的完整产业链条。这座北方极具发展活力的机器人产业高地，正不断迈向新台阶。

【各界评述】

党的十九大报告提出：创新是引领发展的第一动力，是建设现代化体系的战略支撑。香河机器人小镇深入贯彻落实党的十九大精神，通过对接整合京津区域机器人人才资本技术，逐步形成了拥有产业研发核心零部件制造、系统集成，以及机器人本体制造的完整产业链条。

——廊坊新闻

香河机器人小镇是我国代表性的机器人特色小镇，短短几年时间，从一片荒芜之地，成长为北方富有活力的机器人产业高地，香河机器人小镇以其独特的PPP政企合作模式，以及高端引领创新驱动的战略思想，成为了所有人眼中的转型引擎。

——中国智能制造网

作为快速成长的技术型企业，如何在有限成本前提下迅速产业化，在全球建立研发、设计、运营、推广网络，进驻香河机器人小镇后，这一系列问题都迎刃而解！

——Film Power 影能（香河）机器人公司相关负责人

选择香河机器人产业港很重要的原因，就是我们的客户在这里。业务上的产业链关系让他们和客户一同从北京来到香河。比利瑞吉专注于五轴头、电主轴等产品的快速保养和维修需求，客户是早前签约落户在此的伊贝格，后者主要研发生产电主轴、五轴联动双摆头、数控转台等，是工业机器人领域的"小巨人"。

——比利瑞吉公司负责人　王炯

一个特色小镇就是一个产业集群。借助这一全新的产业生态圈平台，汇天威未来的发展更是如虎添翼。入驻香河机器人产业港不仅仅是解决产能扩张与产值增加，还有产业港内聚集的核心零部件、机器人本体和系统集成商在内的上、中、下游企业都将是产业链上的合作伙伴。

——汇天威（香河）科技有限公司相关负责人

当我们的德国老板考察这里时，一下看中了这里的环境，感觉回到了德国总部！拥有多项世界先进技术的尼玛克，是机器人焊钳的发明者、国际机器人焊钳领域著名的制造商，将位于北京的公司整体搬迁至机器人小镇。其产品横跨航空航天、家用电器多个机器人焊接行业。

——尼玛克焊接技术（北京）有限公司市场部负责人　孙亮

从北京通州区搬迁过来的北京耐尔得智能科技有限公司，选择入驻香河机器人小镇也是看中了这里机器人产业集群的品牌效应。

我们在搬迁之前也考察了北京周边不少园区，感觉无论是地理位置还是配套服务，机器人小镇都是耐尔得最理想的根据地。更重要的是，这里汇聚了德国尼玛克等国内外顶尖的机器人制造企业，近期将会到这些公司进一步考察，为将来业务的拓展合作打下良好的基础。公司已经确立了混凝土检测行业的领先地位，目前正在研发混凝土砂浆 3D 打印机系统、云端服务的智慧实验室，适用于大型结构设计的微观化评价、快速建房、多维度建设等，将与一些科研院校、机器人企业联合研发用于大型 3D 打印的机械臂。

——北京耐尔得智能科技有限公司董事长　张卉伊

3.3　专家眼中的特色小镇——"好"与"坏"的标准

国务院参事、住房和城乡建设部原副部长仇保兴在一篇论著中运用 CAS 理论来观察、评估特色小镇，其结论较之于传统上的或者眼下流行的评估工具是有较大差别的。

有业界人士谓之：判断特色小镇的黄金十条。

好的小镇是自下而上、市场主导的，差的小镇是自上而下、政府投资的；

好的小镇与周边是共生、共赢的，差的小镇是两张皮、相互竞争的；

好的小镇与产业的结合、与周边的结点有强大的联接性，属利益共享型，

差的小镇是割裂的、没有联接;

好的小镇有多样性的支持,差的小镇则没有;

好的小镇里,企业是高度分工合作的,差的小镇里则是互相之间老死不相往来的;

好的小镇是开放的,差的小镇是就地服务的;

好的小镇有超规模效益,差的小镇只是靠规模;

好的小镇是微循环的,差的小镇还停留在大工业基础上;

好的小镇主体是自适应的,有强大的自我萌发的动力,差的小镇是跟着政府号召,跟着大企业跑的;

好的小镇是协同涌现的,差的小镇是单枪匹马闯天下的。

总之,采用一个新的工具——CAS 理论对"好的小镇""差的小镇"进行分类,等于帮助我们打开了一扇新的窗户,能更加科学地来看待特色小镇这个新事物,做出新的判断。

3.3.1 从无到有,自下而上打造出"中国梦工厂"——以横店影视小镇为例

"好的特色小镇是通过企业家、农民、创业者、工程技术人员从下而上'组织'出来的。这种自下而上'涌现'出的小镇,最典型的范例就是浙江金华的东阳横店影视小镇"。

——仇保兴

【标志性事件】

1995 年底一个阴冷冬日,没有名山大川、鲜有历史古迹,甚至地图上都难寻的籍籍无名自然村——浙江金华横店,被一位著名导演的到来而彻底改变了历史的走向。从此这个昔日"抬头望见八面山,薄粥三餐度饥荒,有女不嫁横店郎"的浙中偏远小山村,开始了"无中生有"的创新之路,凭空创造了一个宜商宜游宜居的影视业传奇,成为目前最大的华人影视拍摄基地,被西方媒体称为"中国梦工场""东方好莱坞"(见图 3-50)。

图 3-50 横店影视小镇远眺

横店遇到的贵人就是已故著名导演谢晋（见图 3-51）。这一年，他正积极筹拍香港回归献礼大片《鸦片战争》，但因资金难以落实、工程时间难以保证等困难，拍摄地址一直无着落。

图 3-51 谢晋导演（1923-2008）

"病急乱投医"的谢晋来到了与杭州相距 180 公里的横店看景，这个地方当时不通飞机、不通火车，在地图上根本找不到。

此事被横店集团创始人徐文荣知道了，恰好他也正在考虑发展文化产业，觉得有合作的可能（见图 3-52）。

图 3-52　横店集团创始人徐文荣

在与谢导酒席上，徐文荣听说这是要为香港回归拍电影，觉得是个大事，立马承诺："我来帮你们造景，别人用 1 年，我用 3 个月！保证按你要求建好，绝不耽误一天的拍片时间。"

在横店逛了一圈后，谢晋选中了一块由很多个小山坡组成的地方，要徐文荣在这里建起"南粤广州街"。

签约后第二天，徐文荣就去看了现场，第三天就决定炸掉 3 座山。

当时横店所在的东阳是全国有名的木雕之乡，盛产能工巧匠，徐文荣拉来了 120 个工程队，每个工程队建一栋房子，徐文荣下了死命令"不管白天还是黑夜，下雨还是下雪，都不能停工。"

谢晋导演对制景很追求细节，筑墙只能用青砖，屋顶瓦片必须用木柴烧制。道上的石板，一定要真的，旧的。

为了解决旧建材紧缺的问题，徐文荣只有让人去各个乡收购砖瓦，花大价钱买下从墓地拆下来的旧石板用来铺路,这还不够,就去偏僻的地里挖野坟。

3 个月后,建筑面积达 6 万多平方米的"19 世纪南粤广州街"神奇地出现在谢晋导演面前。包括官府、民宅、当铺、赌馆、妓院、烟馆在内的 160 多座建筑,还有珠江口岸的真实还原,这令谢晋非常满意(见图 3-53)。

图 3-53 横店"19 世纪南粤广州街"

此后,正在筹备《荆轲刺秦王》的陈凯歌也找到了徐文荣。当时陈凯歌已经画好了秦宫殿的图纸,但筹备了 4 年都没人敢接这个活。

在谢晋导演的推荐下,陈凯歌找到了徐文荣。按照徐文荣的估计,秦王宫建成最快要一年。但陈凯歌等不了一年,讨价还价后,徐文荣承诺 8 个月完成,立刻决定拿出 1 个亿,"炸掉 5 座山来建秦王宫"。

8 个月后,秦王宫建成(见图 3-54)。陈凯歌的美工面对恢宏的秦王宫,大哭了一场:"100% 还原了历史!"

戏拍完后,来采访的外国记者达 140 多名,为"横店"做了一次大大的广告。此后,横店在影视产业的道路上越走越宽广,徐文荣先后拿出 30 亿元,打造了清明上河图、明清宫苑、香港街、江南水乡、华夏文化园等 13 个影视基地,削平大小山头近百个(图 3-55)。

图 3-54　横店秦王宫

图 3-55　横店影视拍摄基地

16 年前,横店游客量为零。而 2017 年横店共接待国内外游客 1872 万人次,旅游综合收入达 150 亿元,提供就业岗位 3.6 万个;拉动了横店影视小镇地产、住宿、餐饮、购物、娱乐等产业发展。目前,横店已累计接待剧组近 2200 个,拍摄影视作品 4.8 万余集,入驻横店影视文化产业实验区的企业达 984 家,仅

2017年，企业上交税费就达24.10亿元。一个曾经贫穷的小镇创造出了文化奇迹。现在已经成为全球规模最大的影视拍摄基地、中国唯一的国家级影视产业实验区，具有各朝各代景观的国家5A级旅游区。

以影视城为核心，随着文旅产业不断升级，横店已完成从影视基地到影视旅游景区，再到影视主题文化小镇的"三级跳"。"不只是主题公园，我们的目标是打造影视主题休闲娱乐综合体！"浙江横店影视城公司董事长桑小庆表示，横店正加速全产业链的拓新与布局。

横店人自豪地说，他们是从"一无所有"到"无中生有"，再到"无所不有"。

【发展历程】

横店的旅游产业是以影视为核心展开的，其发展历程与影视产业的发展息息相关（见图3-56）。

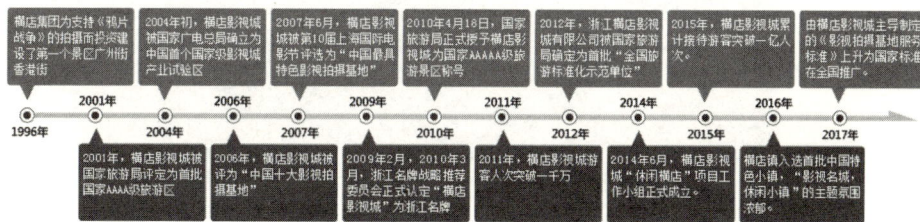

图3-56 横店影视城发展历程

1. 起步探索阶段（1996—1999）

横店原先只是一个交通闭塞的山村，土地以丘陵和荒山为主。在1995年前后，横店集团在乡镇企业发展中获得最初的工业化积累，企业创始人徐文荣与当时正筹拍《鸦片战争》的导演谢晋结缘，为电影修建了"广州城"拍摄基地，横店影视城的建设序幕就此拉开。

1997年陈凯歌导演拍摄电影《荆轲刺秦王》，横店为此建造了"秦王宫"景区。紧接着，1998年建成"香港街""清明上河图"（见图3-57）和"明清宫苑"景区，1999年建成"江南水乡"景区。在此阶段，横店每年接待的电影剧组都只有一部，游客规模只有二、三十万人次。

图 3–57 横店的"清明上河图"景区

2. 初步形成阶段（2000—2003）

横店影视城一炮而红后，不少剧组蜂拥而来，靠着场租费和门票，横店收入不菲，但徐文荣作出一个惊人之举：2000 年，横店推出了"免场租政策"，这对于横店影视小镇来说，也是一个吸引外来摄制组、发展小镇经济的重要举措（见图 3–58）。

有人算了一笔账，此举导致横店一年损失 2000 多万元。但徐文荣算的是另外一笔账，"可它带来了多少钞票？不要说门票，就说拍戏的人住在这里，一年的消费是多少？光是房租，一年就 3000 万元！"投入产业 1 比 5 的带动效应，当地居民每年的收入增加三十多亿元。

《华尔街日报》曾评论说，横店影视城的繁荣，低成本功不可没。如果在真正的北京故宫中拍戏，一天只能拍 3 小时，而且要耗资 30 万元之巨。

果然，全国各地的剧组闻讯而来，《英雄》《无极》《甄嬛传》《琅琊榜》《伪装者》《花千骨》《满城尽带黄金甲》《汉武大帝》……都是在此拍摄完成。

影视打开了横店的潘多拉魔盒。"家家开饭店，户户开宾馆，人人做演员"是横店的真实写照。十几年里，横店的农村裁缝改行戏装服饰制作，泥木匠成了置景师，原来从事装潢、雕刻的变成了道具师。漫步横店街头，"影星宾馆""影视道具租赁""影视场景搭建"……一个影视城，带旺了整个横店，也让当地走出了一条融合创新的文化产业发展之路。

图 3-58 摄制组在明清宫内拍摄影视剧

2001 年，横店集团旗下的影视拍摄基地、星级宾馆、旅游接待服务等 20余家企业被整合成浙江影视旅业有限公司。

2002 年，游客增长率创下历史新高，这意味着横店终于释放出产业集聚的爆发性能量。

2003 年，横店影视城旅游营销公司成立，各景区营销队伍被统一整合，营销体制的创新为横店的发展打下了重要基础。

3. 规模发展阶段（2004—至今）

2004 年被国家广电总局批准为中国唯一的国家级影视产业发展基地——浙江横店影视产业实验区正式挂牌。同年举行了"第八届中国国际儿童电影节"和"2004 年中国横店影视博览会"。

2005 年，横店集团分别与中国电影家协会、浙江传媒学院共同创立了中国影视文学创作中心和影视科技学院。至此，横店影视产业集群进入了一个新的发展阶段，其发展水平、规模以及对外辐射能力都有了质的飞跃。

华谊兄弟、香港东方娱乐、天润影视等二百余家知名企业陆续入驻，国际化与专业化程度不断加深。

2006 年，横店影视城被评为"中国十大影视拍摄基地"。2007 年，横店影视城被第 10 届上海国际电影节评选为"中国最具特色影视拍摄基地"。

2008 年，徐文荣在北京钓鱼台国宾馆公开披露复建圆明园的打算。按照规定，圆明园这种主题公园，要报国务院审批。国土监管部门介入调查，确定项目有一半土地存在违规行为，复建被叫停。

2009 年,横店影视城被省文化厅确定为浙江省文化产业示范基地。2010 年,国家旅游局正式授予横店影视城为国家 5A 级旅游景区称号。

2012 年，圆明新园成为省重点项目，投资 300 亿元，低调开工，并更名为横店圆明新园。2015 年仲春时节，圆明新园一期在争议中开门迎客。徐文荣回应质疑称手续齐备、土地合规、资金全部自筹，没有花政府的钱，没用外资，不存在劳民伤财。

2017 年 10 月 12 日，横店影视股份有限公司成功上市，成为横店集团影视文化产业板块首家上市企业。不到 9 年时间，拥有 300 多家影城，旗帜插遍全国各地；不到 9 年时间，从"摸着石头过河"到成为全国院线前八强、影投公司前三强，走进 A 股市场，这就是横店影视"从无到有""从有到强"的蝶变故事。

2018 年 1 月，徐文荣宣布：投资 300 亿元建设圆明新园，历时 5 年终于建成（见图 3-59）。将于 2019 年 7 月 1 日全面开业。横店圆明新园总占地 7000 余亩（利用四荒地为主，内含自然山体），总投资 300 亿元，复建了北京圆明园 84% 的建筑景观，增建的面积超过原来的一倍。横店圆明新园分为新圆明园、新长春园、新绮春园、新畅春园四大园区（又分别称为春苑、夏苑、秋苑、冬苑）。

图 3-59　圆明新园

【特色分析】

横店影视城在短短的 22 年发展过程中，探索出一条符合中国国情的影视旅游发展之路，概括起来就是："以影视拍摄基地为依托，以影视文化为内涵，以旅游观光为业态，以休闲娱乐为目的，将影视旅游作为一个新兴的产业加以发展"。

"文化是人创造的，我们横店是从一无所有到无中生有。我们叫作'水炸油条'。油条谁都想吃，可惜没钱买油，就要想办法，做到资源综合协调运用。文化旅游要挖掘本地的资源，要在原有的基础上发挥高科技作用，这是一条出路。"这是 2017 年 8 月 26 日,在一场以"新兴产业、区域经济与文化小镇共生共荣"为主题的"中国企业发展论坛特色小镇(横店)峰会"上,徐文荣这样总结横店"影视文化小镇"的。

"文化"二字就是横店发展的基因与密码。横店的发展,文化是一把总钥匙。以文化为抓手,以文化为支撑,以文化为灵魂,从文化到文化力,从文化力到文化产业和文化经济,是横店发展的一个显著特征。人创造了文化,文化塑造了人,文化和人的结合就是文化力,这是横店发展的内驱动力。

徐文荣很早就看到了文化蕴藏的巨大能量和产业空间。他把建立在文化力基础上的文化产业和文化经济的固有市场和产业属性挖掘出来,借用影视、旅游的手段,培育产业基础,建立产业链条,做大产业集群,"无中生有"地创造了横店影视的奇迹。

20 多年的文化产业发展,带动了横店经济社会的全面发展,使横店具备了现代小城市的雏形。这种"新横店模式",实现了从农民到工人到市民,从农村到城镇到城市,从农业到工业到文化服务业的三大转变与融合,实现了和谐共生,文明有序,因此被一些学者誉为人类理想的"东方太阳城"。

与此同时,横店的经验也给特色小镇的发展提供了诸多启示:

首先是自力更生,不能"等""靠""要"。路,最终是要自己走出来的。横店的建设,过去国家财政支持得较少,现在给的也不多,留下的大量资金空白,要靠自己去解决,特别是要靠发展民营企业去解决。横店影视 20 多年来的发展,离不开背后横店集团工业产业的强力支撑。企业不发展,小镇的建设谈何容易?所以,建设特色小镇的前提是培育和发展民营经济。

其次,要因地制宜,从实际出发,发展特色鲜明的产业。乡镇一级,人力、财力和物力都有限,如果一哄而上,产业雷同,最终肯定会走入死胡同。所谓"靠山吃山,靠水吃水",特色小镇的建设,一定要立足本地资源和条件,发展特色产业和块状经济,并以此为依托,做好产业和城镇的融合(图 3-60)。

还有就是,要在市场化运作中发挥企业市场主体作用。政府是社会的管理者,企业是社会财富的生产者和创造者。两者不能错位,而要互相理解和支持。作为民营企业,一定要深刻领会中央各项政策方针;作为政府,要特别重视企业家的作用。一个地方的经济发展,关键是靠企业家,没有企业家,

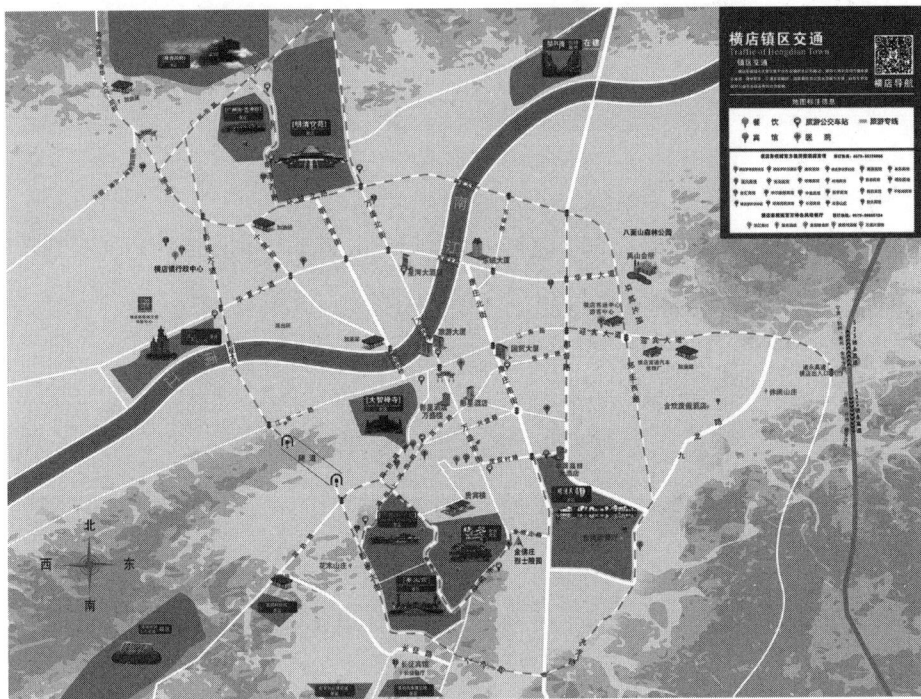

图 3-60　横店镇区交通图

基础再好，经济也发展不起来。当然，在这过程中，同样要发挥政府在城镇规划、建设、管理中的主导作用和民生保障作用，做好特色产业规划引导，围绕企业做好产城融合，城乡一体化。

最为可喜的是，横店影视城形成了成熟全面的影视产业链。

"影视为表，旅游为里，文化为魂"是横店发展影视产业的双重考虑。横店影视城紧紧围绕影视文化特点，充分挖掘影视文化资源，把旅游产业与影视元素需求相结合，研发出演艺节目等多种形式的参与性活动（见图 3-61）。

在横店影视城中，广州街香港街、明清宫苑、秦王宫、清明上河图、梦幻谷、明清民居博览城等六大景区分别拥有丰富的剧目表演（见图 3-62）。

此外，围绕影视基地的服务形成了统筹管理，对来拍摄的剧组统一协拍、统一安排住宿、统一调度场景、统一安排群众演员、特约演员和场工，同时还提供一些其他的配套服务。

图 3-61　横店影视城

图 3-62　明清宫苑大型巡游展示

横店影视城管理服务有限公司是横店影视城下属的负责所有影视拍摄相关事务的专业公司，是为影视拍摄机构提供各个档次的宾馆、酒店、场景拍摄等服务，为剧组提供大量群众演员、特约演员、武行演员和经验丰富的技工、场工、杂工，并为剧组提供各类拍摄配套服务。提供各类影视器材、道具、服装、车辆、马匹等租赁业务信息（图3-63）。

其他相关产业包括提供电影胶片冲印、销售、剪接、特技、混声配音、拍摄字幕等服务的后期制作公司，以及与影视拍摄密切关联的置景、道具、服装制作和群众演员公司；支持产业包括教育培训、影视博览、中介服务和演员公会等公司。

这些相关与支持性产业呈现出集中与分散式两种布局形态：一方面，与影视拍摄直接关联的后期制作、道具、服装、销售公司在实验区内聚集，形成完整的影视拍摄"一条龙"服务；另一方面，与影视拍摄非直接联系的演员公会、教育、博览等公司在城市中分散排布，并逐渐与城市生活服务性功能相融合。

影视城规划设置了"二片、三区"的影视旅游产业功能区，"一环、二带"的游览观光线路，以及"二心、二点"的影视旅游服务设施。

其产业集群包括影视拍摄核心区、功能区和辐射区三大板块，各区相互依托、距离相近，呈"同心圆"状分布，满足影视拍摄"短时间转场"的需求。

空间布局以横店影视基地为核心；各外景拍摄基地围绕其放射排列，并与旅游产业密切结合；辐射区则在原有景区基础上，进一步向镇区周边扩展。

总体来说，横店影视产业集群在空间上经历了由"点"到"核"再到"片"的三个发展阶段，与城市的关系也从"相离""相融"变成了如今的"互助"。

横店影视城正向中国超大型影视旅游主题公园和独具魅力的梦幻之城、快乐之都的目标努力。同时横店影视城也在积极谋划，"休闲横店"的美丽项目。随着"休闲横店"项目开发的实施，游客在横店的旅游内容到方式都将发生变化。

在各个景区游玩之后，去横店老街品尝风味美食，去花木山庄垂钓烧烤，去屏岩洞府健身养生，去广州街·香港街酒店K歌，去华夏文化园竞技搏击，去江南水乡的民宿过夜、去度假村别墅做SPA等，都将为游客的横店之旅带来许多舒适、惬意、畅快、欢乐的美妙体验。

图 3-63　扮演古代士兵的人

作为横店影视城的发祥地，眼下的广州街·香港街景区是业态转型升级规划中的重点发展景区，将率先迈出商业业态转型的新步伐。

将在广州街·香港街景区推出影视主题民宿客栈、特色主题餐饮、酒吧等新亮点，推进横店影视城实现从"纯旅游观光"到"休闲旅游"的转变。景区整体业态转型项目计划分四期循序推进，预计在 2020 年 7 月全面建成开放。

通过村庄环境整治达到景区与横店城区的融合发展，也是横店发展的重要方向和目标之一。目前横店通过推进卫生保洁、城市管理环境综合整治，同时在村（小区）环境整治基础上把产业植入，创建特色村庄。

以首批 18 个村（小区）试点，精心打造"一村一品"项目。其中，雅堂"横漂村"、官桥古宅村等一批特色村庄已初具雏形。真正做到产城乡协调综合发展。

【各界评述】

任何一个有活力的组织，都必须是自己组织出来的，从下而上，就具有无比的活力，比如东阳横店的影视小镇是中国最大的影视体验主题公园群，每年游客增长 30% 以上，而政府投资做的第一代影视城，现在破落得一塌糊涂，草长得比房子还高，游客一年比一年少。

——住房和城乡建设部原副部长　仇保兴

目前，横店已从一个提供拍摄场地的影视城，转型成了产业链健全、具有国际视野的影视产业基地。便宜，工资低，善于学习，横店的布景很漂亮，而且便宜，这个价格在美国根本造不出来。

——传媒大亨鲁伯特·默多克前妻邓文迪曾这样评价横店。

横店镇凭借其特殊的政策背景、优良的资源禀赋、合理的空间布局、灵活的经营策略，在我国文化产业中脱颖而出，创造了令人瞩目的社会与经济效益。其发展的经验有：

1. 分阶段、分目标地进行产业拓展

在起步时期，打造 6 个影视拍摄基地，使企业在较短时间内积累资本，并迅速占领市场；紧接着，组建横店影视旅业有限公司，将影视业、旅游业相结合，形成产业链条，提升企业知名度；随后，采取"政府搭台、企业唱戏"的新模式，以横店影视产业实验区为依托，进一步延伸产业链，拓展产业规模，最终实现产业的集群化发展。

2. 产业发展与城市功能相结合

影视产业集群与一般产业集群的差异表现在：产业与城市功能密切的关联性，无论是企业、科研机构，还是公共部门、中介组织、商家、市民都在其中扮演着重要角色。

横店影视城的兴起离不开东阳深厚的历史文化底蕴。相应地，东阳的旅游、教育、文化事业也因影视产业的繁荣而获得了新的动力，是一个"1+1>2"的结果。

3. 城市空间的合理利用

横店影视产业集群并不是远离城市的"乌托邦"，也不是城市中的随意堆砌，而是产业与城市空间不断博弈的过程。唯有处理好产业与城市空间之间的平衡关系，才能达成和谐的发展。

未来，随着"休闲横店"的美丽项目的不断推进，势必会不断提升横店的休闲娱乐品位，向着国际化观光与休闲的梦幻之城、快乐之都进发。

——"房地产观察家"公众号　陈默

在经济下行压力巨大的情况下，横店影视文化产业的增长幅度、投资力度以及产业结构改善，都呈现很棒的状态，交出了一张令人振奋的经济报表。影视文化产业也带动了百业发展，当地创新创业的生态环境也越来越好，是五大发展理念的生动体现，带动了新型城镇化、新农村建设，也给当地老百姓带来实实在在的实惠。这么多年下来，横店的影视文化产业一直是风生水起，这从本质上来讲更是体现了一种文化自信。

——桐乡市委书记　卢跃东

横店应以建设特色小镇为契机，改变长期处于"打补丁"的城市规划。其次，应该以平台化思维建设特色小镇，开放资源，引进优质文旅业态，包括中高端民宿、娱乐项目，以及高品质餐饮品牌，整体提升横店的旅游形象。

——方塘智库

【同类链接】

无锡影视城

中央电视台无锡影视城始建于 1987 年，是中国第一家以影视拍摄和旅游休闲相结合的主题公园，素有"东方好莱坞"之称（见图 3-64）。景区以优质的服务、自身独特的风格以及优越的地理环境，吸引着每年超过 200 万的游客。三国水浒景区坐落于美丽的太湖之滨，是影视文化与旅游文化完美结合的主题景区，也是国家首批 5A 级旅游景区。

万达青岛东方影都

万达青岛东方影都项目占地 376 万平方米、总建筑面积 540 万平方米，包括影视产业园、电影博物馆、影视会展中心等多个项目，将打造影视拍摄、影视制作、影视会展、影视旅游综合功能的全产业链。

图 3-64 无锡影视城

影视产业园占地 200 公顷，外景区有欧陆风情、明清古都、阿拉伯世界等多个外景区。制作区有 20 个摄影棚，有世界最大的 1 万平方米摄影棚。世界上唯一的固定水下摄影棚。同时，设置电影博物馆，介绍世界电影史以及最新电影科技，是世界级的专业博物馆。影视名人蜡像馆则引进知名品牌，影迷可与心中的偶像零距离接触。

影视会展中心有 3000 座和 1000 座的大剧场各 1 个，2000 人大宴厅和若干个中小剧场会议厅。建成后万达将携手中国电影协会以及美国奥斯卡学院、全球三大艺人经纪公司，每年 9 月中旬举办青岛国际电影节。

华夏幸福大厂影视小镇

近年来，京津冀一体化协同越发明显。借助这一趋势，华夏幸福在北京国贸正东 30 公里廊坊潮白河畔的大厂产业新城北部，精心打造了大厂影视小镇，推动区域经济发展。小镇以影视产业为核心，以"产城融合""三生融合（生产、生活、生态）""人文融合"为理念，以"人才孵化＋产业基地"为战略，是一座"产业鲜明、绿色生态、美丽宜居"的新型特色小镇。

目前大厂影视小镇已完成签约入驻企业 50 余家，签约项目投资额近 100 亿元，电影在其中占有很大权重。Base FX、世纪汉唐、世纪影业等近 70 家全球文创领先企业入驻，迎来了包括《欢乐喜剧人》第三季、《高能少年团》《挑战者联盟》第二季、电影《阿修罗》等多部影视作品在小镇拍摄制作。

华谊兄弟（南京）电影小镇

2017 年 6 月 28 日，华谊兄弟（南京）电影小镇项目奠基仪式在南京江宁正式举行，一个总投资超过 100 亿元，年吸引游客 300 万人次的文化旅游胜地未来将在南京诞生。

南京电影小镇总规划占地约 2 平方公里，项目规划建设用地约 517 亩。其中电影小镇板块，建设用地约 269 亩，总建筑面积约 8.95 万平方米；项目结合湿地自然地貌、南京及江宁历史人文、华谊影视 IP 资源，打造重现清朝风格、康熙微服私访的"君临江南区"、《画皮前传》等奇幻电影风格的"东方魔幻区"，融入国际元素的"意大利欧洲区"，以及华谊演艺秀等。

南京电影小镇项目建成后，将由华谊兄弟实景娱乐负责主导运营。目标定位是长三角区域顶级配置的影视特色小镇，预计吸引每年 300 万游客人次，作为上秦淮湿地文化片区的核心，将带动整个片区的旅游消费，也带动文化产业的发展，将华谊小镇电影场景内容 IP 和南京当地文化城市 ID 完美结合，成为城市电影文化旅游名片。

博纳影业文旅小镇

博纳影视集团与深汕特别合作建设东方影视城，涵盖业务繁杂；为电影编制、展演、交易、交流提供的大型商务综合体——博纳电影宫。

此外还有港澳及岭南风格特色的影视拍摄基地；两岸三地著名导演工作坊等。通过影视产业延伸，构建东方影视城文旅小镇，形成电影实景化的创意旅游综合体模式。

3.3.2 老街旧馆，强联接出川文化之产业链——以成都安仁镇为例

联接性是指现在社会都是由各种各样的信息流、资金流、价值流相互联接在一起的。

好的特色小镇，必须与目标城市或者是周边的主导产业有强联接性，强联接性越好，就越能把城市中特定的群体反向吸引出来。

比如成都的安仁镇，安仁镇就相当于北京的"798"，它聚集了 35 座博物馆、27 座老公馆，把四川历史上积累的非物质文化遗产，像织布、染布、木艺、酿酒等地方产品、生产工艺都聚集在这个地方，变成了当地的文创基地。

这种文化创意产业就把成都特定的人群，也就是文化创意人群吸引到这里。

【标志性事件】

2009 年 9 月 12 日，中国博物馆学会正式批复成都市大邑县安仁镇冠名为"中国博物馆小镇"，安仁镇成为国内唯一一个以"中国博物馆小镇"冠名的小镇（见图 3-65）。安仁镇的部分公馆将作为博物馆的场馆使用，成为公馆的另一种存在方式。

图 3-65　成都安仁镇

为此，《中国国家地理》杂志用多达 21 个页码深度报道了中国博物馆小镇安仁丰蕴独特的公馆文化："我们惊异地发现，在四川省成都市郊这个城镇面积 3.2 平方公里，仅半个西湖大小的小镇里，竟然至今完整地保存着 27 座公馆，南京市才只有 26 座"。

中央电视台 CCTV-7《乡村大世界》栏目"我行我秀"也曾走进大邑，拍摄制作一期时长 85 分钟，反映大邑人文、旅游和新农村建设的专题片，并在 CCTV-7 黄金时间播出。

2016 年 10 月，安仁镇以博物馆聚落之特色入选住房城乡建设部颁布的第一批中国特色小镇名录（见图 3-66）。

图 3-66　中国博物馆小镇

【发展历程】

1. 小镇概况

安仁镇（又称中国博物馆小镇）是中国四川省成都市大邑县所辖的一个镇，地处成都平原西部，距成都市区 42 公里，管辖区域为唐场、元兴（见图 3-67）。安仁镇，镇名取自《论语》"仁者安仁"之意，是中国历史文化古镇、全国重点小城镇、全省旅游发展重点镇、成都市规划的 10 个现代化小城市之一。

安仁古镇浓缩了川西近代史的百年风云。镇内有保存较完好的川西风格明清古典建筑，全国重点文物保护单位——大邑刘氏地主庄园也位于此。

安仁古镇建于唐代，现有的老街区建筑建于清末，因为当时特殊的历史文化背景，军阀混战，外来文化强烈地渗透，使这批国粹与西化杂糅的特殊建筑应运而生。由此成为中国和西方建筑风格结合的化合物，高贵、优雅、大方，各种类型创造了安仁镇特有的建筑风格，被称为"建筑文化"。

在安仁古镇，这个面积仅有 3.5 平方公里，略大于半个西湖的小镇里，保存有历史街区、古建筑等相对完整的庄园建筑，面积约为 30 万平方米，有保存民清时期的刘氏庄园群、刘湘公馆等古公馆27座。红星街，树人街，裕民街等三条古街道；古建筑有原"公益协进社"旧址洋楼等建筑，原来的私立"文彩中学"安仁中学建筑群和钟楼（图3-68）。

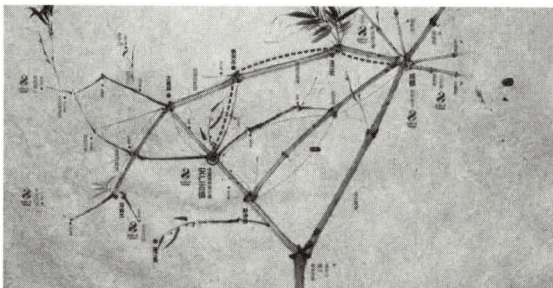

图 3-67　安仁地图

图 3-68　中国博物馆小镇

2. 小镇发展过程

我们知道，中国的古镇遍布大江南北，从北京的京西斋堂小镇、唐山滦州古城，到嘉善西塘古镇、桐乡的乌镇，江西婺源古镇、富田古镇，从四川的安仁、黄龙溪、丹巴藏寨等古镇，到云南和顺古镇、广西昭平黄姚古镇，再到广东石湾古镇……

和其他历史古镇相比，安仁古镇以中西合璧、古今兼蓄的博物馆聚落，以及卓尔不群的庄园见长。

从新中国成立后到20世纪80年代，安仁古镇一直处于一个相对缓慢的发展时期，这为安仁古镇的"因贫而留"提供了可能性。

到了20世纪90年代，随着以丽江、周庄、阳朔、平遥为代表的古镇旅游的兴起。安仁古镇也试图利用既有的资源去吸引更多的游客，并逐步实现国际名镇的目标。

2001年，安仁古镇以刘文彩庄园、刘文辉公馆、庄园新天地为核心的三刘庄园体验区，被国家旅游局评为国家4A级旅游景区，成为安仁古镇上最早的唯一核心景区。

2004年，安仁古镇开始以文化产业为支撑，引进国内外先进规划理念，精心打造"百年安仁"，塑造庄园、文博、民居等十大特色品牌。这些项目的实施，一方面将解决大量农民的就业问题，失地农民集中入驻了独具风情的川西民居，实现了由农民向居民的转变；另一方面，项目的运行也促进了当地经济的发展，为旅游业的发展打下了良好的基础。

2005年，以"为了和平，收藏战争；为了未来，收藏教训；为了安宁，收藏灾难；为了传承，收藏民俗"为宗旨的建川博物馆筹建（见图3-69）。随后，逐年建成并开放了30余座场馆，形成博物馆聚落。

图3-69　建川博物馆

2009 年，是安仁发展历程上的一个转折点。当年安仁获称"中国博物馆小镇"，纳入成都 10 个小城市建设试点，开始步入打造中国最具特色旅游小镇的轨道。

2015 年，安仁镇接待海内外游客 561 万人次，实现文化旅游总收入 11.52 亿元，占比超过当地 GDP 的七成。

2016 年 5 月，安仁镇正式引入华侨城集团，共同打造特色小镇。华侨城集团是一家十分注重"文化＋旅游＋城镇化"内容和形式有机结合的大企业，擅长商业运营和业态设计，能为城镇化项目注入文化旅游系列化内容。华侨城与安仁的缘分从两年前就已经开始，对与安仁的联姻，华侨城一直围绕梳理、整合古镇文化资源，挖掘古镇文化潜力进行谋篇布局。根据安仁博物馆产业的传统优势，确立以博物馆（群）为核心，创新"博物馆＋""＋博物馆"开发运营模式，并向相关产业延伸，将文创、艺术、会展、教育、美食、影视、音乐等内容与博物馆产业紧密结合，形成了完整的产业生态链，打造安仁这个独一无二的"世界博物馆小镇"。

2017 年 10 月安仁小镇整治修缮初步完成并对外接待，仅两个月游客就超过百万人。

经过努力，安仁中国博物馆小镇投入超过 50 亿元，申报成功国家 4A 级景区 2 处，博物馆由 13 座增至 37 座，国家一级文物总数由 134 件增至 427 件，现存文物价值和规模及博物馆数量，在全国同类小镇中已是首屈一指。

【特色分析】
一、产业"特而强"：众多"博物馆"支起来的小镇

特色小镇，核心在一个"特"字。让安仁焕发出生机与活力的，正是这里高度聚焦的博物馆特色。

"以前这条街就只有书店、理发店、餐馆三个店面，过往的人少，显得很冷清。"43 岁的游桃在安仁镇民国风情街经营着一家川菜馆。如今在这条街上各色商铺紧邻，游桃店铺的客源也从本地居民、货车司机转变成了来往的游客。

"这两年安仁的变化很大，甚至让人感到惊喜。"曹静是安仁本地人，大学毕业后曾在外工作 3 年，2011 年回家乡成为一家客栈的主管。曹静说，过

去人们参观安仁镇，主要是去"大地主"刘文彩庄园接受爱国主义教育，而现在是来此欣赏安仁古镇，更多是寻得一片宁静。

"记忆是一种宝贵的财富，走进博物馆被中国那些历史场景所震撼。"来自四川宜宾的游客罗坤一早就到了安仁，从参观老公馆到博物馆，他花了一天时间。

安仁的今天，是坚持了以民清时期古建筑群为原点，通过文旅融合不断聚集文博资源，突出川西古镇文化、公馆文化、博物馆文化旅游特色，进而推动古镇旅游资源的全域开发。

安仁古镇是中国特色小镇发展的一个生动传奇。

二、功能"聚而合"：古镇不能只是一个"空壳"

建设特色小镇是一个文化传承过程，而这个过程体现的是人类现代文明和传统文化的相融相连。

在安仁民国风情街的街边巷口，有一个隐蔽在仿古宅院里的民艺传习馆。这里的主人彭宇穿一身麻布衣服，留着胡须，看起来像世外仙人。几年前，他希望孩子能呼吸更新鲜的空气，在人文氛围中成长，便从大城市举家搬迁到了安仁。

以彭宇为代表的文创工作者，犹如北漂文青遇见了北京的"798"，纷纷落户安仁。他们就像一个个活跃的细胞，沉浸在文创产业集群的有机体中。安仁把四川历史上积累的非物质文化遗产，像织布、染布、木艺、酿酒等地方产品、生产工艺都聚集在一起，自然而然变成了文创基地。

"我以前在大城市工作，一直在找一个可以让我内心安宁的地方。我很惊讶于安仁这样的地方真的存在，它美丽、安静、祥和，让我一见钟情。"成都孔裔国际公学教师 Flora Kamdar 说道。

无论是安仁古镇，还是其他好的特色小镇，都可以看到文化的地位和文化的培育，对小镇的可持续发展来讲的意义。古镇不是一个"壳"，不然会陷入见物不见人的窘境。

"要提炼古镇的气质，关键在于规范它的调性。要将内涵的文化气质贯穿在规划、设计、建造、选材、管理、运营等各方面。画廊、书院、手工艺创意店，穿梭其间的原住居民，文化大师在安仁开讲，这些都是让安仁文化生根的细胞。"华侨城集团在安仁的负责人卢红纲坦言。

既让人感受到乡野的气息、文化的滋养，又能享受城市生活的便利，这便是城乡融合的新型城镇化所推崇的一种境地。

三、机制"新而活"：形成共商共享共赢的新模式

早在 2014 年，安仁就有意引入社会机构来共同打造小镇。但是，如何在共同建设小镇的同时，充分考虑到当地居民的利益，让百姓有获得感。是摆在合作双方的一个大命题。

经过广泛的寻求、大量的谈判，最后入得安仁"法眼"的是华侨城集团"主客共享的发展理念"。在进入安仁之初，华侨城承诺运用自身的产业优势来推动当地经济发展，让当地百姓共谋发展蓝图、共享发展成果。

共商机制：华侨城请来了国内外的顶级专家，对安仁古镇进行远期规划，规划团队坚持走街串巷，跟每一户居民沟通，在了解其利益诉求基础上争取当地最大限度的理解与支持。解决了规划接地气的问题，避免出现反复、折腾的现象。

共享机制：一是为了更好地保护安仁的文物，小镇没有拆一栋房子，而是在原有基础上进行了修缮和保护，让原本老旧残破的一些房屋恢复了历史原貌，焕发了新的生机；二是对安仁的水、电、气等基础设施进行升级改造，在不影响古街面貌的前提下，提升当地居民的居住质量。

共赢机制：小镇仍然允许居民保留前店后住的模式，以保持原生态居住的活力，但商铺的品类要符合小镇经营的统一规划，如引入曾入选《舌尖上的中国》的餐饮企业，食材和大厨都要确保原汁原味。小镇还引入多家文创、文博企业，在原有博物馆、公馆的基础上，建设新的博物馆，举办多个艺术节，开展多种类文艺演出。小镇重开不足三个月，中外游客就超百万。

"年轻人多了，说普通话的多了，外国人多了。"当地人这样描述眼下的变化。

【经验分享】

一、在传统文化中挖掘出一种新兴的产业——博物馆产业

在当下，全面复兴传统文化是主旋律，供应传统文化的博物馆，越来越

成为一种升级版的大众消费需要。

通常的理解，供应文化是博物馆的核心功能，而对 GDP 的贡献并非博物馆的主要使命。但事实上，博物馆往往跟所在地的经济生活密不可分。因为它不仅回馈于当地经济——创造需求和文化供给，制造就业机会，拉动旅游业及相关产业发展等，而且也得益于当地经济、交通等公共设施、政府财政支持。

博物馆虽然不是常规意义上的经济组织，但与经济活动也密不可分。较为有趣的是，大多数博物馆为非盈利机构，但门票、版权、巡展等项目又在为博物馆创造相当规模的收入。博物馆也必须面对和处理大量开支。这就要求博物馆具备良好的运营管理能力，以满足自身存续的需要。

从这点来看，博物馆构成产业也是可能的。安仁古镇正是得益于此。

安仁镇是一座历史文化古镇，又是国家级小城镇建设试点镇。安仁保存比较完整的历史街区及庄园住宅古建筑群面积约 30 万平方米，存有民清时期的刘氏庄园群、刘湘公馆等古公馆 27 座。后成为中国唯一以博物馆小镇命名的城市。

2005 年，由民营企业家樊建川创建，位于安仁古镇南侧的建川博物馆聚落项目启动。博物馆占地 500 亩，建筑面积近 10 万平方米，拥有藏品 1000 余万件，其中国家一级文物 329 件。博物馆以"为了和平，收藏战争；为了未来，收藏教训；为了安宁，收藏灾难；为了传承，收藏民俗"为主题，建设抗战、民俗、红色年代、抗震救灾四大系列 30 余座分馆，是目前国内民间资本投入最多、建设规模和展览面积最大，收藏内容最丰富的民间博物馆（见图 3–70）。

建川博物馆聚落项目本身带有强烈的经济策划意图，拟以古镇原有的旅游资源和新增添的博物内容作为依托，使聚落成为一个博物、商业活跃的核心社区，带动周边城镇新区的发展。

安仁古镇的事实说明，一个博物馆产业的运营成功，不仅会带来一个建筑的繁荣，还能带来一个小镇、一座城市的复兴。

二、产业间形成互动，产业内强化联接性，成为特色小镇发展的不二法则

安仁镇原有产业布局凌乱，发展理念不清，低小散企业分布于古镇核心区块。自 2009 年以后，小镇痛下决心做减法，把不符合古镇定位的工业"请"

出去。关停一些纸板厂、酒厂、工业小作坊。"有舍才有得",这是具有前瞻性的一步,暂时牺牲 GDP,换来安仁发展特色小镇不可替代的软环境。工业腾笼后,大片闲置用地为未来的文博产业留足了空间。

做减法"请"出去只是第一步,做加法"引"进来更关键。织布、染布、木艺、刺绣、酿酒……安仁把四川历史上积累的非物质文化遗产都聚集在一起,并引进、聚集一批产品设计、工艺制作的工作者,形成文创基地(见图 3-71)。

图 3-70 抗战博物馆

图 3-71 川西民居雕刻馆

稍微理性的说法，就是把涉及当地特色文化相关的各式各样的信息流、资金流、价值流相互联接在一起了。

从经济学的角度看，经济的强联接性所体现的商业价值重要性将超过对物权本身持有的重要性，这正是强联接经济体的价值所在。对连接能力、资源流动性和有效配置的看法中，使得有价值的强联接性的经济项目值得风险投资（VC）机构投资。基于这些价值判断，VC 投资与否还考虑两个关键点：一是项目是否可以在资本的帮助下实现规模化，二是是否实现爆发性增长。如果没有这两点，项目虽可能盈利，但并不是 VC 投资的好标的。

而安仁古镇以博物馆产业为核心的文博项目，在投资人华侨城集团眼里，已经具备两个关键前提：一是有大量的未被满足的需求（复兴传统文化，博物馆消费市场需求大增；旅游市场的差异化，使得安仁古镇凸显"反向吸引"的特征）；二是足够标准化的产品，不管是软件还是硬件，或者两者的结合。这点华侨城集团在保持小镇前店后住的模式上，已经表现出极强的管控能力。

三、"反向吸引"，凸显安仁古镇的魅力

有一种比较熟悉的现象：云南沪沽湖的女儿国走婚是很吸引人的，即使远离消费群体，路途极不方便，但沪沽湖旅游依然火爆；又如，海南岛冬季北方客蜂拥而至，西藏天葬让游人感兴趣；再如，外国人对老北京感兴趣，城里人对农家乐感兴趣，乡下人对园林绿地则不甚感兴趣，冥冥之中似乎存在着这样的规律：越是反差大的，越容易引起人们的旅游兴趣。

就像小说《围城》里的描述：城里的人想出去，城外的人想进来。过惯安逸舒适生活的人，在农村适当感受一下辛苦，也是一种体验。从产品经济、服务经济到体验经济，人们的旅游观念在改变，安仁古镇的建设正是掐准了这一点。

安仁古镇旅游资源非常丰富，尤其是人文旅游资源颇具特色，与川西其他古镇的差异化程度较大。运用"反向吸引"的原理，紧紧扣住文博文创产业，探索发展生态观光型、乡村体验型、民俗文化型等乡村旅游产业。这是安仁古镇发展的核心所在。

"反向吸引"，不仅吸引了大量体验旅游的流动性都市人群，更是吸引了一大批川西（成都）的常驻型文创人群。在探索城乡资源的双向流动，实现

特色小镇创建初衷的道路上，古镇安仁走得越来越稳健。

【各界评述】

安仁不同凡响之处就在于规模化、多类型化地留下了一大批时代感极强的历史文化空间遗存。因此，它也就产生了永远增值的商业性和文化性。这就给后人提出一个任务：完美地厮守着它，看护它，保护它，精心地维护它，最后让各类型有机地组合在一起，形成一个近代建筑信息体系完整的空间环境。可以肯定，仅以此建筑形态，安仁也必将名响天下。

——西南交通大学建筑学院教授　季富政

我们是慕"中国博物馆小镇"的盛名造访大邑县安仁镇的。半个世纪前，这里因刘文彩地主庄园与大型泥塑"收租院"名扬四方，阶级剥削罪恶渊薮的视觉形象浇铸出一代人的思维定式。如今樊建川在这里营造博物馆聚落，力图让近代中国的历史"发出真实的声音"，他有没有把刘文彩的故居和安仁镇的过去与现在看作一座富有生命的博物馆，我不知道，但是我感觉到，今天安仁的老百姓对雄霸一方的大地主持有的态度变得平和与大度，也许他们已经习惯生活在这一本不易说清的世纪主题之中。

——余昌民

开发建设特色小镇的目的，就是要使原来的产业形式从橄榄型变成哑铃型——原来企业只注重生产，而忽视了前端的研发和后端的品牌营销。

——浙江特色小镇具体负责人　翁建荣

文化的展示不是生硬的附着，不是博物馆式的展示，要提炼古镇的气质，规范它的调性。将内涵的文化气质贯穿在规划、设计、建造、选材、管理、运营等各方面，以一种风格、一种调性去管理这种文化。

——成都文旅集团

抗战、民俗、红色年代、抗震救灾四大系列已全部建成开放，一个集藏品展示、教育研究、旅游休闲、收藏交流、艺术博览、影视拍摄等多项功能为一体的"新概念博物馆"已破冰而出。博物馆是博物馆小镇的内容供应商，职责是为博物馆小镇注入活力。做好博物馆和博物馆小镇都需要坚持。如果能把博物馆做成行业中的领头羊，便能吸引人的关注，激活小镇。

——建川博物馆馆长　樊建川

【同类链接】

一、攀枝花市盐边县红格镇

红格镇位于四川省盐边县东南部，东靠和爱乡，南面与会理县鱼鲊乡接壤，西与仁和区隔江相望，北与益民乡、新九乡相连。镇域内现辖红格、昔格达、金河等9个行政村、40个村民小组，2个社区居委会，区域总户数6881户，总人口20273人。

红格镇坚持"全域规划"理念，将红格作为南北区域互动发展战略高地，在市域层次统筹南部发展，县域层次落实南北互动发展，引进红山国际休闲社区、四川省运动技术学院红格训练基地、红格假日酒店、红格温泉宾馆、红格风情街、大面山风电场、林农光互补旅游观光协鑫项目、逸品敲冰巧克力庄园8大项目入驻红格，已初步建成宜居、宜业、宜游山水园林城镇，符合具有特色鲜明的产业形态、和谐宜居的美丽环境、彰显特色的传统文化、便捷完善的设施服务的中国特色小镇要求（见图3-72）。

2016年，红格阳光温泉康养旅游小镇项目正式落地，整个项目将以阳光温泉康养、运动康养、医疗康养、康养四大板块为中心，围绕"产业、产品、服务"三位一体开展基础设施、运动设施、温泉康养、保健康养、卫服教育等业态的调整或新建，逐步把红格镇打造成为全国一流的"阳光温泉康养旅游度假胜地"。

二、成都市德源创客特色小镇

德源镇地处天府之国，川西平原腹心地带，国家级"温郫都生态示范园区"中心，成都市规划的生产性服务业重点聚集区、成都菁蓉汇创新创业规划群核心区。

图 3-72 红格镇

德源镇历史悠久，文化底蕴深厚。相传大禹治水途经此地，掘井七眼，解百姓干旱，后人感念其恩德，立庙祭祀，故又名大禹庙。

以"双创"基地为特点的德源创客小镇，凭借多样性复活了一座小镇。

德源镇的多样性也是历经一波三折后悟出的真经。一开始，来德源镇的房地产商大力搞开发，却发现小镇变成了死城、空城，房子也卖不出去，怎么才能去库存？有人指点，既然在号召建"双创"基地，我们就用多样性的服务来促使这个地方变成"双创"基地，去争取创业者。

原本差一点沦为鬼城的德源镇就复苏了，现在变成了最好的"双创"基地。

2016 年 10 月，德源镇入选第一批中国特色小镇。

小镇特点：

特色鲜明的产业形态。小镇主导产业以电子工业、大数据产业、无人机、医药制造为主，现代服务业和精品农业协调发展。并且实施主导产业优化升级，对工业集中发展区开展"一清四促"、提质增效，与高校合作共建，催生高校科研成果转化落地，并且带动周边乡镇基础设施改造提升。

和谐宜居的美丽环境。小镇按照世界一流目标和城乡融合理念，在 2 平方公里核心区重点打造创业孵化核心区和生活服务区，在 12 平方公里农村建设生活配套区和蒜乡田园观光带。乡村部分持续开展城乡环境"四改六治理"，垃圾进行有效处理，配套污水处理设施达标。

彰显特色的传统文化。小镇充分挖掘整理传承大禹治水的感恩文化，提炼文化符号，规划建设禹庙街特色街区，举办庙会，筹建非遗技艺展示公园，建成1700多平方米的镇综合文化站，10多支群众性文体团队，创作微电影、话剧7部。

便捷完善的服务设施。小镇交通加速建成交通网络，公共配套服务设施按照国际化标准建设，并且升级完善天网监控、无限WIFI全覆盖、创建党建微信平台等措施，促进了公共服务的智能化。

灵活多样的机制措施。小镇通过地域优势、文化优势积极促进产镇融合、镇村融合、产业文化融合，并且通过高品质的规划指导特色小镇建设。近几年来，通过财政补贴、建立人才智库、实训基地，推进农村社区化治理等措施释放城乡资源市场活力。

3.3.3 根植陶瓷，产业集群成富民之源——以宜兴丁蜀镇为例

哈佛的波特教授在其《国家竞争力》一书中写到"一个国家和一个地区真正的经济活力不取决于大工程和漂亮的数字，而是取决于地理上不起眼的马赛克"。

经济"马赛克"现象，指在一个地区，围绕一种主导产业，形成原料、销售、科研、广告、中介等服务体系，这种产业丛群就像一片片马赛克镶嵌在那块土地之上。

地理上不起眼的马赛克往往会成为经济上的黑马。

仇保兴对丁蜀镇的发展有这样的描述："这个镇一开始没有人气，但是环境幽美，一些制壶大师就去这个镇买一个老宅住下来，然后开个人工作室，弟子招多了以后，他的徒弟、徒孙们就围在大师的附近建作坊，慢慢地就形成了一个产业，最后就变成制壶小镇。"

丁蜀镇就是长三角地区经济地理上的马赛克。

【标志性事件】

2017年1月，"2016中国最具文化价值特色小镇"评选结果在北京揭晓，江苏宜兴的丁蜀镇成功当选（见图3-73）。这也是该镇继获评首批中国特色

图3-73 宜兴丁蜀镇

小镇后，获得的又一殊荣。

"2016中国最具文化价值特色小镇"评选由《环球时报》社与中国传媒大学经管学部共同发起。全国候选的近200个小镇中，包括国家发展改革委、财政部和住房和城乡建设部共同认定的首批中国特色小镇，建设部和国家文物局共同认定的中国历史文化名镇名村，以及各省级特色产业小镇等。

丁蜀镇一直坚持依托紫砂文化特色，利用紫砂历史遗存、自然生态资源、紫砂人才等优势，积极探索发展文化创意产业、文化旅游产业等，孕育出璀璨的陶都"五朵金花"。

2016年，丁蜀镇围绕文化建设，举办蜀山文化艺术节，启动龙窑博物馆、黄龙山遗址公园等规划，同时确定了以老镇区为核心，覆盖通蜀路两侧约4.1平方公里区域，建设"紫砂文化创意产业集聚区"的计划，并着手以蜀山风景区为核心、以青龙河为带，建设集紫砂文化旅游、体验、制作于一体的紫砂文化旅游产业。

"2016中国最具文化价值特色小镇"是专家评委会通过对约200个小镇进行遴选，最终有40个小镇进入角逐。评选从支柱产业发展、创意文化开发、管理制度创新、公共环境建设、生态环境保护等5个维度进行综合评判。

经过专家及媒体评审、网络投票等环节的层层把关,最终丁蜀镇名列"2016中国最具文化价值特色小镇"榜单第六位，与北京古北口镇、浙江云栖小镇、青海茶卡镇等12个小镇共同当选。

【发展历程】

1. 小镇概况

江苏省宜兴市丁蜀镇位于长江三角洲经济开发区，丁蜀镇是宜兴市的人口大镇、工业重镇、历史文化特色镇和市区的重要组成部分。境内山水相依，风景秀丽，人文荟萃，是著名阳羡风景区的重要组成部分，为江南旅游胜地之一。

丁蜀的历史源于陶瓷，兴于陶瓷。丁蜀的制陶历史可上溯到6000多年以前，悠久的陶瓷历史，积淀了丁蜀深厚的历史文化底蕴，尤其是紫砂文化，独步千年，更是丁蜀陶都立足于世界文化殿堂无可替代的文化标志，古往今来的工艺大师和民间艺人薪火相传，见证着中华文明发展的源泉和永恒的魅力（见图3-74）。

图3-74 小镇依托紫砂文化特色

2000年，江苏省将丁蜀镇规划定位为"我国著名的陶都，江苏省重要的工业旅游城市，苏、浙、皖接壤地区的商贸综合服务城市"。

2007年，被联合国国际生态安全合作组织评为"中国十佳观光农业示范区"。

2008年7月，通过国家发展改革委审核批准为省级经济技术开发区。

2010年，通过江苏试点"强镇扩权"被赋予县级管理权。

2016年10月14日，丁蜀镇被住房城乡建设部评为第一批中国特色小镇名单。

2017 年 1 月,"2016 中国最具文化价值特色小镇"评选结果在北京揭晓,丁蜀镇成功当选。这也是该镇继获评首批中国特色小镇后,获得的又一殊荣。

如今,丁蜀镇有一万多家家庭作坊、400 多家企业、67 家合作社,紫砂产业年产值达到数十亿元(见图 3-75)。

图 3-75 丁蜀镇有一万多家家庭作坊

2. 小镇发展

丁蜀镇是宜兴自然禀赋最集中、历史文化底蕴最深厚、交通区位条件最优越、经济实力最雄厚的板块之一。

历经千年的积淀与发展,使丁蜀陶瓷产业形成了著名的传统工艺美术系列——"五朵金花"(紫砂、均陶、青瓷、精陶、美彩陶),和具有鲜明产业特征的"产"(负责原料开采、辅料生产、陶器制作的工厂)、"学"(江苏省陶瓷工业学校、各厂内部的培训机构等)、"研"(陶瓷研究所、美陶厂等)体系。

然而自 20 世纪 90 年代以来,随着计划经济时代生产组织模式的逐渐瓦解,除紫砂"一枝独秀"外,其余"四朵金花"已日渐式微,相关生产区多数已被拆除改建,原有的"产学研"体系也难以为继。

进入 21 世纪,宜兴陶器工业有了较快的发展,受到海内外一致瞩目,从而使紫砂成为丁蜀镇的名片。以日用陶器为大宗,"苏缸"、酒坛、砂锅等陶器,质坚耐用,美观大方,其中紫砂工艺陶的品种有壶、杯、碟、瓶、花盆、雕塑等,质地精密,造型讲究,装饰纯朴,具有鲜明的民族风格。丁蜀镇的紫砂行业已经集文化、工艺、美术、收藏、鉴赏于一体，爱好者们往往愿意到丁蜀镇一游，亲自体会美好的紫砂文化。

陶艺创作异彩纷呈，紫玉金砂享誉世界。源远流长的陶文化孕育了丁蜀人勤劳质朴、敢闯敢试、百折不挠的优秀品格，创造了辉煌的历史。

由于陶瓷的兴旺，丁蜀很早就形成了一定的城市规模，奠定了较好的工商业基础，丁蜀秉承历史和自然赋予的独厚优势，推进新型工业化和城市现代化。

3. *产业特色*

丁蜀镇以紫砂这一历史经典产业为主导，无疑拥有良好的发展基础。然而，特色小镇建设不仅仅是简单集聚既有的特色优势产业并提供配套服务，更需要以此为契机寻求突破与创新。

一方面，受成型和烧制环节的材料特性所限，紫砂陶器制作相比于瓷器，更多的是承袭了经典的传统工艺样式，产品自身层面的创新相对缺乏，因此，"紫砂特色小镇"需要引导传统的工艺美术进一步与真正意义上的创新设计、创意产业和其他消费品类的设计、制造、销售进行"跨界"融合，并有意识地提供加强创意版权、知识产权保护方面的针对性服务平台，以充分保障创新价值的体现和创新成果的转化。

另一方面，紫砂产业虽然总体规模可观，但产业布局与组织较为分散，所谓"龙头"并不突出，如何在有限的小镇空间范围内，利用目前已初步形成品牌特色的各个"大师工作室"，进一步吸引投资，实现紫砂产业"小而精""特而强"的提升发展，造就领军企业（家），则需要"紫砂特色小镇"结合紫砂产业自身特点加强体制机制的开拓与创新探索（见图3-76）。

【特色分析】

（一）特色鲜明的产业形态

丁蜀镇的支柱产业主要为陶瓷、机电、冶金，但联系丁蜀的城市、历史、文化和产业的发展过程，最具特色的还属陶瓷产业。其产业历史悠久、产业门类齐全、企业数量众多同时属于高附加值产业、富民效果明显（见图3-77）。

图 3-76　紫砂特色小镇

图 3-77　紫砂文化

　　作为紫砂文化创意产业的核心，宜兴陶瓷文化创意产业园已初具规模。目前，产业园内已有文化企业 30 多家，各类工作室 1200 多家，文化企业占园区企业总数的 80% 以上。园区在创意研发设计制作方面，将主要培育紫砂工艺传承展示、紫砂工艺创新设计研发展览、工艺人才培养教育等业态；在产品推广营销方面，将主要培育交易销售平台、营销推广空间、工艺竞赛、会展、艺术授权等业态；在创意休闲体验方面，主要培育娱乐、休闲养生、商业商务服务等业态。

紫砂特色小镇的另一个支柱产业——紫砂文化旅游产业，除了进一步统
筹好东坡书院、前墅龙窑、蜀山南街等文化历史遗存外，还将开发蜀山风景区，
打造西望村陶家游等特色旅游项目，带动当地文化旅游业快速、持续、跨越
式的发展。

（二）和谐宜居的美丽环境

从城镇风貌看产城一体、布局清晰，镇区主要由三部分构成，北部为陶
瓷产业园区，中部为居民生活区，南部为中国陶都陶瓷城，陶文化气息以及
江南水乡味道浓重（见图3-78）。

图3-78　和谐宜居的美丽环境

（三）产业文化遗产特色

地域特色文化及其相关的承载历史记忆的空间载体，是开展文化旅游必
须依托的核心资源。紫砂文化的最大特色在于其"产业文化遗产"的属性，
体现于由"原料开采—生产—运输—销售—工艺培训"构成的完整"流程链"中，

且在不同历史时期表现为差异化的生产工艺特征与空间分布，并通过一系列的"历史空间遗存链"加以展示（见图3-79）。

图3-79 产业文化遗产特色

（四）陶瓷工业城市特色

由于陶瓷工业发展对经济社会的长期作用，宜兴从明代开始逐渐形成"宜城＋丁蜀"的城、市并举的空间结构。宜城是宜兴的政治与文化中心，以"水城"为特色；丁蜀是近现代宜兴的经济中心，镇区内众山团聚，以青龙山、黄龙山周边为中心，沿白宕河（含新开河）、丁山大河、画溪河两岸以及宁杭公路两侧扩张，并通过一条贯通南北的运河——蠡河相互沟通，形成了镇区的格局架构。山是聚居地、矿源地、烧制场，河是运输线、生活街道，山水既是生态本底，也是陶瓷生产和聚落生活的依托，体现出鲜明的陶瓷工业城市特色。

（五）依托紫砂产业文化空间的保护、利用与展示，开展文化旅游

地域特色文化及其相关的承载历史记忆的空间载体，是开展文化旅游必须依托的核心资源。紫砂文化的最大特色在于其"产业文化遗产"的属性，体现于由"原料开采—生产—运输—销售—工艺培训"构成的完整"流程链"中，且在不同历史时期表现为差异化的生产工艺特征与空间分布，并通过一系列的"历史空间遗存链"加以展示。

因此，"紫砂特色小镇"的文化旅游应充分挖掘紫砂的产业文化遗产特色：景区、景点的选择和一些体验类项目、服务空间的设置，应围绕"原料开采—生产—运输—销售—工艺培训"各环节的历史空间遗存和当代特色空间载体，精心组织，有序开展；旅游线路的策划也应尽量利用与紫砂文化相关的"遗产廊道"，结合慢行绿道、水上旅游设置，提供多元化的特色体验；以此为框架，加强小镇整体的景观环境建设，突出文化内涵，使小镇整体成为宜业宜游宜居的特色景区。

【各界评述】

镇子一开始没有人气，但是环境非常优美，一些制壶大师就去这个镇买老宅住下来，开个人工作室。弟子招多了以后，他们的徒弟、徒孙们就围在大师的附近建作坊，慢慢地就形成了一个产业。

——国务院参事、住房和城乡建设部原副部长　仇保兴

建设中的特色小镇，既是一个产业创新升级的发动机，又是一个开放共享的众创空间；既集聚了人才、资本、技术等高端要素，又能让与紫砂相关的要素充分协调，在适宜的空间里产生化学反应，释放创新动能。

紫砂特色小镇的规划和建设，关键在于产业的科学谋划和定位。只有根据既有优势，谋划创新、集聚资源，才能更好地促进特色小镇可持续发展。

——丁蜀镇镇长　储鑫

"紫砂特色小镇"创建同样也是带动丁蜀人居环境品质和特色提升的契机。特色小镇本就不是封闭、孤立的存在，特色小镇创建应避免园区建设、项目招商的思维局限，真正与镇区发展全局融为一体，做好公共服务、景观环境、文化廊道与脉络的梳理与衔接。并以特色小镇建设为标准，逐步推广到历史镇区及整个镇区，加强历史空间保护、老旧住区更新和现有各类载体的整合，重新焕发"陶都"特色。

——南京工业大学　周立

【相关链接】

青瓷小镇

龙泉青瓷小镇凭借青瓷制作历史经典产业列入浙江省第一批省级特色小镇创建名单。

小镇核心区位于上垟镇，地处浙闽边境龙泉市西部，距市区 36 公里，龙浦高速、53 省道穿境而过。山水资源优越、瓷土资源丰富、民间制瓷盛行，历百年不衰。

上垟作为现代龙泉青瓷发祥地，见证着现代龙泉青瓷发展的历史。走进上垟镇，深山小镇的瓷风古韵，从旧屋翻新的大街小巷里飘溢出来，曾经的上垟国营瓷厂办公大楼、青瓷研究所、专家宿舍、工业厂房、大烟囱、龙窑、倒焰窑等至今仍在，成为不可复制的青瓷文化历史。

龙泉青瓷小镇总体格局为"一核心、三组团"，将建成集文化传承基地、青瓷产业园区、文化旅游胜地为一体的青瓷主题小镇。

青瓷文化园是青瓷小镇的核心，保留原国营龙泉瓷厂风貌，设置青瓷传统技艺展示厅、青瓷名家馆、青瓷手工坊等各种青瓷主题的休闲体验区，为青瓷文化历史增加了新的休闲体验。

3.4　国家宏观视角下的特色小镇建设 ——全国特色小镇的创建示范

2016 年 7 月住房和城乡建设部、国家发展改革委、财政部三部委正式发文《关于开展特色小镇培育工作的通知》，明确特色小镇应满足"特色鲜明的产业形态、和谐宜居的魅力环境、彰显特色的传统文化、便捷完善的设施服务、充满活力的体制机制"五大特征。

随后逐年分批发布特色小镇培育、创建、认定名单，先后认定了 403 家全国特色小镇，坊间喻为"国家队"。

2017 年底，国家四部委印发《关于规范推进特色小镇和特色小城镇建设的若干意见》明确指出，特色小镇是不同于行政建制镇和产业园区的创新创业平台。

2018 年 8 月，国家发展改革委发文《关于建立特色小镇和特色小城镇高质量发展机制的通知》指出要挖掘先进制造业、农业田园等不同产业的案例，要挖掘在机制创新、政企合作等的先进经验，要挖掘市郊镇、市中镇、镇中镇等特色小镇典范，以引导全国特色小镇之健康发展。

文件还进一步强调，特色小镇和特色小城镇是新型城镇化与乡村振兴的重要结合点，也是促进经济高质量发展的重要平台。

这将特色小镇的地位与作用推向了一个新的高度。

3.4.1 玉带缠古韵，金盆银碗盛新颜——以贵州旧州镇为例

特色小镇花开东部沿海地区，是近几年来涌现出来的一种新的经济社会形态，是聚集发展要素的空间载体。

然而，特色小镇并不局限于发达地区，仅布局于大城市周边，它还可以布局于郊区、山区、农村，可以成为城乡间发展要素双向流动的载体。

贵州地处中国西南腹地，是全国唯一没有平原支撑的省份。省内农村多、农产品多、独特的自然资源丰富。

进入全面建成小康社会的今天，发展要素由单向流转向双向流，特色小镇成为城市要素下乡的前沿阵地，这一大舞台上，也不能缺贵州一席之位。

【标志性事件】

2014 年，贵州省小城镇建设推进会安排将安顺市西秀区旧州镇作为参观点之一（见图 3-80）。旧州镇以"绿色生态、历史古镇、美丽乡村"为目标上马了 46 个项目，总投资 11 亿元，积极推进小城镇建设工作。所有项目工程全面展开，项目成果最终于 2014 年 6 月底呈现在大众面前。

在新的发展形势下，作为 30 个省级示范小城镇之一的旧州古镇，运用自身文化、生态优势，在核心区开展餐饮、住宿、特色旅游商品等产业，示范带动城镇居民发展旅游业（图 3-81）。

按照"打造中国的历史文化名镇、生态型绿色文明古镇"的发展目标定位，旧州镇着力整治改善历史环境景观。

图 3-80 贵州旧州镇

图 3-81 旧州镇交通图

整治项目中，包括扶风亭、钟鼓楼等公共历史建筑项目，有全长 2.7 公里的古驿道修复、鲁氏老宅修复工程，也有建立在屯堡大道（旧州段）上的旧州大门牌坊等标志性建筑项目，还有 90 户代表性民居修缮工程。其中直接用作古街修缮工作的资金就达 4500 万元。

旧州镇镇长刘可立表示，该镇将围绕"一心、四区、两组团"的示范小城镇规划布局，巩固古镇区"生态文化宜居中心"地位，完成"明清一条街"和"百户古名居"修缮等工作。

此外，还将夯实该镇东区"商贸旅游中心"基础，全力推进邢江河沿岸滨河湿地公园、酒店、休闲步行街、景观平台等建设；奠定该镇南区"客运物流中心"、北区"商业休闲中心"和西区"观光文娱中心"项目基础；推进以屯堡文化、苗族风情为主题的"松林乡村旅游组团"、以农特加工和旅游商品市场为板块的"镇西北轻工组团"。

通过各个项目的实施，真正把旧州镇打造成内外兼修、特色鲜明的国家历史文化名镇、省级特色生态名镇和贵安新区景观旅游区，让有着660多年历史的旧州古镇实至名归（见图3-82）。

图 3-82　旧州古镇

【发展历程】

旧州镇位于安顺市西秀区东南部，古称"安顺州"，集镇建于元朝至正年间，元至正十一年（1351年）起为安顺州治所，其东门外有碑记"今云黔地，古云梁州"。府志记载：旧州原是安顺州所在地，战国时期为夜郎国地，秦时为夜郎县，隋置宾化，唐置望江，宋改为普宁州，元改为普定府，顺帝十一年，置安顺州，成化年间徙安顺州于普定卫。

旧州镇距省会贵阳80公里，距安顺市区37公里，全镇总面积116平方公里，总人口4.4万人，少数民族人口占38.1%，平均海拔1356米，全年空气质量优良率保持100%。

千百年来，旧州古镇以其特有的文化魅力，倔强地突破关山阻碍，留下了灿烂的文化历史。古镇不仅见证了红军将领萧克将军和外国传教士勃沙特神父之间的友谊，以及"飞将军"陈纳德和战功显赫的"飞虎队"的英勇雄姿，更有毛泽东、周恩来等众多历史名人在此留下足迹。

　　1934年10月2日，肖克领导的红军第六军团长征攻占旧州，军团司令部晚上在宿营天主堂中搜得一张近1平方米的贵州省法文地图。由于无人认识外文，肖克就请传教士阿尔佛雷德·勃沙特翻译。在烛光下，勃沙特为肖克把地图上的山川、河流、村镇、城市标注成中文后，使红六军团转战贵州和顺利进入湘西发挥了巨大作用。如今这张当年的贵州法文地图已陈列在中国军事博物馆里，而天主堂也被列入全国重点文物保护单位旧州古建筑群，既是黄平县厚重历史文化的延续，亦是西方文化与旧州文化融为一体的见证。

　　1934年12月28日，红军长征到达旧州古城，中央军委纵队在旧州休整时，周恩来、朱德两位军委首长分别住在文昌宫正殿的左、右两个房间里。文昌宫占地面积1112.7平方米，现在的装修虽然与过去的原貌已有所改变，但其架构、屋面等设计仍保持着清代建筑风貌（见图3-83）。

图3-83　旧州古建筑群

　　古镇街道宽阔平整，房屋多为"印"字砖木结构，具有明显的明清时代建筑特色，古朴精湛，以姓氏家庭为单元所建造的风火墙、古镇一条街、仁寿宫、文昌宫、天后宫、天主教堂等一大批古式东西方建筑群，依稀透出千百年来的文化风采，古香古色，堪称世界精品。红军长征期间，还留下了不少军民情。1934年9月至12月，红军长征两次经过旧州，前后共在这里停留5天。在此期间，干部战士纪律严明，对老百姓秋毫无犯。白天，红军战士在这条街道上与群众公平交易，宣传革命真理；晚上，红军顶着凛冽的寒风在老百姓的屋檐下过夜。

现在，街道两旁圆溜溜的青石就是当年红军干部战士的"床铺"。红军队伍离开时，旧州古城的百姓都自发到这里夹道欢送。人们还拿出自家舍不得吃和穿的鸡蛋、糯米饭、草鞋等塞到红军的手中，依依不舍。送走红军后，人们在思念红军中，就把这条始建于明代的西上街称为"红军街"。

如今，旧州镇跳起了现代"三步舞"：

第一步：依托丰富的屯堡文化资源和良好生态环境，按照"镇在山中、山在绿中、山环水绕、人行景中"的规划布局和发展理念，先后完成了"土司衙门、古民居、古街道、古驿道"的修复修缮工作，培育了1个国家湿地公园、1个4A级国家生态文化旅游景区、2个特色观光农业示范园区。

在浪塘村打造升级版"微田园"，以"万绿城"城市综合合作建设特色产品职工基地，实现示范小城镇订单式生产，城市综合体链条式销售。以葡萄牙里斯本大区维苗苏镇、黄果树旅游集团公司结成对子，合作打造特色旅游民居、"山里江南"旅游综合体等项目，吸引农业转移人口向镇区和美丽乡村集中。

其中，浪塘美丽乡村着力完善农村基础设施和公共配套服务，同时，整合屯堡传统饮食文化资源，推出屯堡菜系，布局特色民宿客栈等业态（图3-84）。

第二步：今日旧州，农村变成了景区。加快旅游慢道、旅游小火车、游客服务中心等旅游基础设施建设，逐步形成了以旧州、天龙、云峰为重点的大屯堡旅游圈，推动了生态旅游与人文旅游融合发展，旅游产品的业态不断丰富。传统农耕体验场，推出传统农耕体验项目，开发观花、摘果、采茶、识药等一批乡村业态，让游客亲自体验到传统农耕文明和休闲农业、农家生活的欢乐。

2015年接待旅游总人数近40万人次，实现旅游总收入2.53亿元。同时，旅游业的发展也带动了民俗客栈、特色农庄等迅速开发，既解决农民就业，又拉动经济增长。2015 年，解决了镇区和周边乡镇共 6000 余人的务工，其中，吸纳易地扶贫搬迁农民 1000 余人就业。

(1)

(2)

图 3-84　旧村镇街景

图 3-85　土司食府

第三步：将已打造的"旧州客栈""鲁氏老宅""土司食府"交由安顺城投公司进行提级打造，提升品质和品位（见图 3-85）。同时，引进如"旧州时光"之类具文化品位的商家进驻古镇区进行开发投资。

最能体现旧州古镇历史风貌的要数西上街。这段街道的建筑多数保留了明清特色，民居均为防火空斗码头砖墙相隔的"印"字形建筑，构成天井院式布局，临街为双台铺面，成片相连，风格独特。

西上街民居建筑如今保存最为完好的民居是"朱氏民宅"。朱氏民宅坐落在西大街中段，今文广站对面，建于清光绪年间，有街面铺房一栋，上房一栋，东厢房一栋，地势虽窄小，却布局巧妙。如今不少民居还被打造成民宿，让前来体验旧州历史文化的游人深入其中，拥有更全面的感受。

在浪塘美丽乡村创建基础上，积极争取各级项目资金或招商引资对保存完好的屯堡村落（詹家屯、甘橓等）、民族村落（罗官、碧波居委会的松林等）进行修复性开发，以点带面、以点窜线，增加旅游景点和特色街区。

建成了连接镇区与安顺中心城区的屯堡大道，改造提升区内路网和对外通道，把周边的双堡、七眼桥、大西桥和刘官、黄腊等乡镇串联起来，形成具有辐射联动能力的城镇集群。

【特色分析】

1.清晰的发展定位

旧州古镇，集神奇的山水风光、厚重的历史沉淀、绚烂的民族民俗和独特的饮食文化于一身，借力安顺大屯堡旅游圈战略，多措并举打造古镇旅游新业态。在推进大屯堡旅游发展中，旧州古镇立足于明代民俗文化资源和独特的美食文化，着力打造乡愁美食小镇。"旧州赶场，赶五个场"，以五个布局规划旧州的风景和业态。

古镇老街民俗场，从小吃类、匠坊类、土产类、演艺类、宗祠类、创客类七大功能板块予以谋划，系统地呈现民俗文化、屯堡美食（见图3-86）。

图 3-86 旧州古镇街景

2.明确的发展模式——"1＋N"发展模式（一个中心镇区，N个美丽乡村）

从空间、产业等方面，对中心镇区进行科学合理布局，在镇区与浪塘之间增设山里江南、屯堡古寨、观光小火车、慢行系统、农耕文化园等项目，转变单一的种植模式，提高有效土地产出，增加农民收入，有序转移劳动力就业。

打造浪塘乡村旅游业，鼓励和引导村民经营农家乐和农家旅馆。现该村已经营农家乐17家，农家旅馆5家，还引导村委会注册成立了旅游协会，引导农户成立了龙腾蔬菜种植协会和劳务公司，不但为乡村旅游业的快速发展奠定了基础，还极大地增加了农民收入（图3-87）。

图3-87　农家乐

转变传统种植观念，带动第三产业的快速发展，有效破解了城乡二元结构。达到以镇带村、以村促镇的目的，以及镇村共同发展的镇村联动模式，逐步推进各村的"四在农家·美丽乡村"建设，从而促进镇村共同发展。

彰显乡村特色，旧州鸡辣子、糟辣肉片等特色菜肴囊括安顺特色美食和贵州美食，真正实现了"赶旧州乡场·逛贵州食堂"；文星田园风光场，邢江河湿地公园，在突出"坐着小火车去赶场"这一亮点的同时，打造出旧州屯堡闲生活、慢生活。

3. 超前的规划统筹

在成功申报为全国历史文化名镇后，着力打造文化生态旅游古镇。首先，坚持规划引领、科学编制镇总体规划及历史文化名镇保护规划，并委托贵州省规划院在全省率先编制了旧州镇"多规融合"规划。

其次，注重绿色发展理念，继成功创建省级绿色低碳小城镇后，申报国家级绿色低碳小城镇并通过了国家发展改革委、住房和城乡建设部、财政部专家验收。

最后，树立"一盘棋"思想，把特色小镇建设与全面小康结合起来，按照建设美丽乡村要求，统筹镇村基础设施和公共服务设施建设。

4. 创新的发展机制

围绕城乡发展一体化、投融资机制、公共服务供给机制等试点要求，深化改革，探索创新投融资模式，成立镇级投融资平台，积极争取各方面资金支持，逐步把旧州打造成为连接城乡的重要纽带、服务农村的重要平台、带动周边的重要辐射点。

【各界评述】

旧州生态良好，环境优美，文化丰富，是中国屯堡文化的发源地和聚集区之一，是全国第一批建制镇示范试点镇、中国历史文化名镇、全国文明村镇、全国美丽宜居小镇和国家4A级生态文化旅游小镇，被誉为"梦里小江南·西南第一州"。

——《贵州日报》

无论什么季节，走到旧州你的眼睛会被眼前的河流吸引。很多人在文字中读到了旧州的风景：河畔望苍茫，岸远堤长。疏疏密密尽垂柳。最好韶化三月景。浓绿成行。曲曲路幽芳，百啭莺藏。轻烟细雨翠云乡，少妇倚楼窃月光，妒煞春光。

——《多彩贵州网》记者 陈毓钊

在贫困地区做特色小镇也可以做得风生水起，不要忽视贫困地区的消费潜力，在这片土地上，一切皆有可能。

——休闲农业与乡村旅游协会会长 宗煜

【相关链接】

近几年，城郊休闲型小镇如雨后春笋般冒了出来，这类小镇一般有三个特点，一是小镇与城市距离较近，位于都市旅游圈之内，一般距离城市车程在 2 小时以内，二是小镇的基础设施建设与城市差距较小，无论是配套设施还是小镇主打的休闲旅游项目，都需要参考城市本身水平，三是小镇要根据城市人群需求进行针对性开发，如旧州古镇以自身历史文化底蕴为根基，打造文化特色小镇。

而安吉的天使小镇亦是如此，以"互联网+"和"旅游"为产业发展导向，更加注重科技、文化、健康等功能的融合。该小镇把凯蒂猫主题乐园、城堡酒店、银润小镇商业服务中心、旅游集散中心及周边部分代建项目或招商地块整合包装，打造一座以"动漫乐园、休闲之城"为主题，集旅游、休闲、娱乐为一体的休闲旅游综合园区。目前已规划子项目 24 个，分布于动漫主题、童话主题、小镇商业服务、滨水休闲度假、健康养生度假、智慧旅游服务等六大片区，将目标瞄准家庭亲子出行用户，将以凯蒂猫主题乐园和国际童话村为主导，配套建设各类亲子、家庭主题游乐场所和主题酒店。

特色小镇并不是传统意义上的"镇"，而是产业、文化、旅游和一定社区功能叠加的发展空间平台，只有在打造出独一无二的小镇特色，才能源源不断地为其创造出生命力和发展潜能。

3.4.2　抢得先机，"撬动"地球支点——以浙江德清地理信息小镇为例

在今天的"互联网+"时代，"地理信息"已深深地进入我们的工作和生活，激光雷达点云，SSW 激光街景扫描、导航、无人机、卫星定位、地下管网……甚至，2016 年 G20 杭州峰会的交通安排、安保……地理信息早已无处不在，并被称为"新蓝海"。

美国等发达国家专家将地理信息技术列为 21 世纪三大最重要的新兴发展领域之一。

小镇对新产业的先知先觉，提前布局，才有厚积而薄发，才能站立新产业风口。浙江人敢闯敢试的人文个性，在德清地理信息小镇建设中表现尤为明显。

【标志性事件】

2018 年，浙江德清地理信息小镇（以下简称地信小镇）是全国乃至全球

地理信息产业瞩目的焦点。它的名字频繁出现在航天信息、地理信息领域传播高地,大大提升地信小镇的知名度和影响力,俨然成为全国网红小镇。

2018年1月19日中午12时12分,酒泉卫星发射中心发射塔架,一阵雷鸣般的巨响撕裂寂静的天际——长征十一号运载火箭"德清一号"承载着吉林一号视频07、08星,挣脱地心引力的怀抱,径直冲向浩瀚无垠的天际(见图3-88,3-89)。

图 3-88 德清一号

图 3-89 长征十一号运载火箭升空

这是我国首颗以县域命名的高分辨率光学遥感卫星。由浙江德清地理信息小镇入驻企业长光卫星技术有限公司自主研发的,彰显出了德清地理信息小镇的"专业水准"。

承载着浙北小城的"航天愿景","德清一号"入轨后,与此前发射的8颗吉林一号卫星组网,围绕测绘、交通、水利、环保、农业、统计等多个行业提供遥感应用,优先服务德清县域经济发展。

长光卫星技术有限公司负责人介绍,这颗卫星将提供0.92米亚米级分辨率,"简单说来,就是从离地500公里的卫星上拍摄地面,0.92米左右的物体都将看得十分清晰"。

"德清一号"还有许多国际一流的指标。比如自带夜光成像能力,在夜间拍摄路灯、路况等,能拍出与白天同样分辨率的照片和视频;具备微光成像等多种成像模式,视频拍摄功能最长能持续2分钟。

作为国内首家集卫星研制、运营管理和遥感信息服务的全产业链商业航天遥感企业,长光卫星技术有限公司为什么选择与德清合作?

"早在2012年5月24日,国家测绘地理信息局、浙江省政府、联合国统计司就在杭州签署三方协议'中国-联合国地理信息国际论坛'会址永久落户德清,在地理信息大数据产业蓬勃发展的今天,已经成为德清一张金名片。"长光卫星技术有限公司负责人表示,依托德清地理信息产业的突出优势,双方将携手在更大的舞台上展示风采。

"发射卫星并非单纯为联合国世界地理信息大会造势,而是实实在在地服务产业发展。"莫干山高新区地理信息产业局局长章伟忠说,从"德清一号"获取的数据,先期会免费提供给小镇企业使用。

2018年11月19日至21日,世界地理信息领域规模最大、层次最高的首届联合国世界地理信息大会在德清地信小镇举办(见图3-90)。

这个由联合国主办、国家有关部门和浙江省人民政府共同承办的大会,被认为是继G20峰会、乌镇互联网大会之后,在浙江召开的又一个大型国际会议(见图3-91)。

此次大会的规模之大、规格之高、层面之广,在测绘地理信息领域实属罕见,也是中国测绘与地理信息界具有里程碑意义的盛事。此次大会世界众多地理信息权威专家纷至沓来,就共享数字经济、实现永续发展、建设智慧社会、加强国际合作等方面议题形成了诸多共识,达成并发布了《莫干山宣言:

同绘空间蓝图，共建美好世界》。

图 3-90 首届联合国世界地理信息大会的主会场——德清国际会议中心

图 3-91 首届联合国世界地理信息大会会场

此次大会在联合国框架内举办，是联合国多边机制下协调推动全球地理信息事务的生动实践。大会智慧闪耀、亮点频现、成果荟萃、精彩纷呈，已经成为地理信息领域规模最大、层次最高的政府间协商对话机制。为期 3 天的议程内，来自全球 83 个国家和地区的 1200 多名嘉宾围绕"同绘空间蓝图，共建美好世界"这一主题，纵论地理信息技术发展大势，展示地理信息技术成果成就，共商地理信息合作思路。

　　同期进行的联合国世界地理信息技术与应用展览，呈现了来自 40 多个国家、200 余家企业的 450 多项最新成果、领先技术、高端产品。大会组织了 30 余场成果发布和推介会，工商峰会上 63 个产业项目签约，其中地理信息项目 39 个，地理信息跨界融合项目 24 个。

　　德清地信小镇作为全球地理信息产业的中心地位，由此确立。

【发展历程】

　　德清地理信息小镇坐落于湖州莫干山高新技术产业开发区，规划面积 3.68 平方公里，核心区 1.31 平方公里，是全国首家"地理信息"概念的特色小镇，以地理信息产业为核心，目标建设成世界地理信息界的"达沃斯小镇"。目前，小镇已初具规模，正在奇迹般地崛起，影响力与日俱增，先后被认定为浙江省高新技术产业基地、浙江省高新技术产业特色基地（见图 3-92）。

　　作为德清撬动"地球"的支点，地理信息产业却是"无中生有"（见图 3-93）。

图 3-92　德清地理信息小镇夜景

图 3-93　地理信息小镇建设中

2010 年,国家布局地理信息产业"一主十副"园区,浙江争取到了一个名额。当时,陈建国是浙江省测绘与地理信息局局长,如今他把办公室搬进了小镇,身份也变成了联合国世界地理信息大会秘书处副秘书长。

据他回忆,当时除了德清,还有很多地方在争这个机会。经过一番考察,他发现各有长短,"比如杭州城西,位置和公共配套都很适合,但地价是德清的 2.5 倍,对发展初期的地理信息企业来说,成本比较高。"

莫干山高新区地理信息产业局局长章伟忠至今仍自信地认为,省局最终选择德清,印证了那句话"机会总是垂青有准备的人"。

早在 2009 年,德清就已经开始规划面积近 5 平方公里的科技新城,按照"做产业、做城市、做科技"的要求,邀请国际知名的罗兰·贝格公司进行战略咨询,并由新加坡 CPG 集团负责详规设计。

章伟忠还坦言,其实一开始做科技新城规划时,只有大方向,具体产业并不清晰。这时恰巧对接上了地理信息产业,双方最终走到了一起。

"这可不是盲目上项目,而是德清一直就有产学研结合、寻求高端产业转移的传统。"他笑着指指地理信息小镇的规划图说,"要不我们这个人工湖怎么取名叫'凤栖湖'呢?"

既有现成的园区规划,又有区位优势和政策优势,2011 年 5 月 24 日,德清县和浙江省测绘与地理信息局签订协议,合作共建浙江省地理信息产业园。

2012 年,经过多次对接,定位科创研发、信息技术产业、总部经济聚集的德清科技新城,迎来了其挂牌以来最大的项目落户:浙江省地理信息产业园。

2012 年 5 月 24 日，是值得纪念的日子。这一天，国家测绘地理信息局、浙江省政府、联合国统计司在杭州签署三方协议："中国——联合国地理信息国际论坛（即联合国全球地理信息管理德清论坛）"会址永久落户德清。这标志着，小镇成为地理信息行业从业者尊崇的目标和巅峰代表。

如何让新产业开花结果？德清县提出了"一年起步，三年初具规模，五年形成完整的地理信息产业链"的近期目标。

零产业基础的严峻条件下，德清建立国内首家专业地理信息众创空间——"地信梦工场"（见图 3-94）。通过创业辅导、云上政务、技术攻坚、创业融资等服务，激发创业创新活力。

图 3-94 "地信梦工场"已经具有规模

资金是创业的动力。产业园落户之初，德清就联合金融机构设立种子基金、天使基金等专项扶持基金，并积极引进各类风投基金公司，鼓励金融机构信贷投放向地理信息产业等战略性新兴产业倾斜。

一系列办法、政策、举措密集落地，鼓励和引导了地理信息及相关企业向德清集聚。

作为首批落户地信小镇的企业之一，浙江国遥从 2012 年最初的 5 人，发展到目前的 130 多人。这五年来，企业随着小镇一起茁壮成长，2016 年产值突破 1 亿元，成为小镇中首家产值破亿元的地信企业（见图 3-95）。

图 3-95 浙江国遥地理信息技术有限公司员工在查看遥感卫星地面接收站

"德清山好水好、区位好、政策服务好，这是我们落户的三大原因。"每每谈及落户地信小镇的缘由，浙江国遥副经理张国和其团队核心人员都由衷感慨。张国说，这几年的企业发展中，他深切感受到了德清的好，从项目、人才引进到生活小细节，这里考虑得周到全面。

随着影响力扩大，很快，地理信息企业桔子地图、研发无人船的南方测绘、研发六旋翼型无人机和雨燕监测型无人机的中测新图、国内测绘地理信息装备领域第一家上市企业中海达等纷纷加入，产业园迅速被撬动。

同时，中欧感知城市创新实验室、中科院微波特性测量实验室、武大技术转移中心、浙大遥感与 GIS 研究中心等科技创新载体也纷纷入驻。

而阿里巴巴集团与中国兵器工业集团共同出资成立的千寻浙江公司，更为德清的地理信息产业基地打下坚实基础，也为德清地理信息小镇构建了全新的服务模式。

2015年，产业园发展迎来新的契机。这一年，浙江省委省政府要在全省培育一批特色产业小镇，德清地理信息小镇成功入围省首批37个特色小镇创建名单，为德清地理信息产业发展装上了新的引擎（见图3-96）。

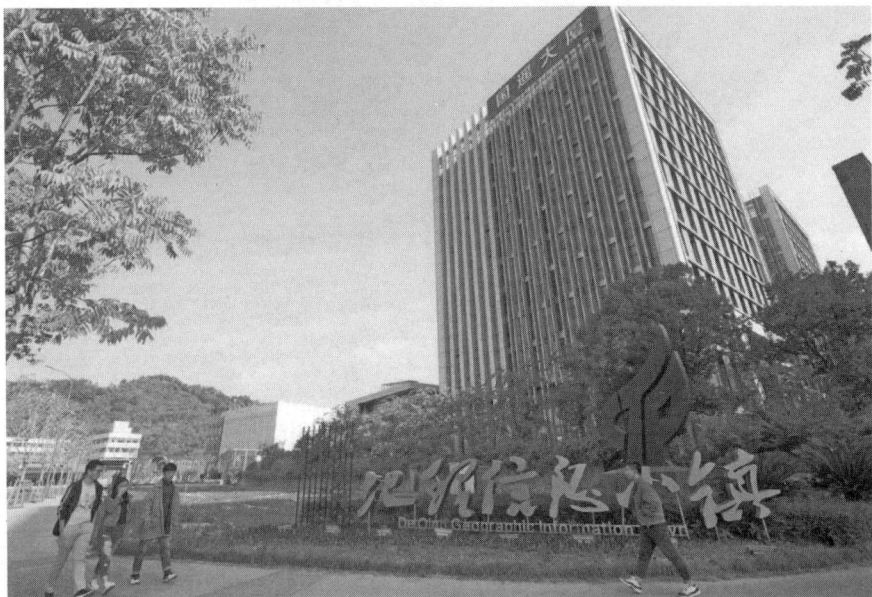

图 3-96 德清地理信息小镇

该镇坚持以"产、城、人、文"四位一体有机融合的重要功能平台为目标，集中精力推动特色平台打造。小镇创建三年，规模、形象、影响力与日俱增，2016年度获评优秀小镇，2017年成功创建为全国3A级景区。

2017年，小镇实现税收4.63亿元，财政收入连续4年增长。2018年上半年，小镇实现营业收入达50.6亿元，税收超4亿元，全年预计税收超8亿元，营业收入超百亿元，有望税收连续五年翻番。

2018年9月13日，浙江省政府正式命名了第二批省级特色小镇，在这5个特色小镇中德清地理信息小镇赫然在列（见图3-97）。

图 3-97　德清地理信息小镇正式命名

　　如今，产业园的产业、城市、科技高度融入，齐头并进，1.31平方公里的产业园核心区块，加上北斗导航装备制造园、遥感测绘装备制造园，产业集群个性更加明显。

　　短短数年，一条涵盖芯片研发、装备制造、数据生产、产品开发、软件研制和信息服务的完整地理信息产业链已经形成。

　　截至目前，小镇已集聚浙江国遥、千寻位置、长光卫星等地理信息相关企业180余家，形成了涵盖数据获取、处理、应用、服务等完整产业链，成为全国地理信息企业集聚度最高的区域。

　　同时，吸引中航通飞研究院浙江分院、浙大先进技术研究院、中科院遥感所德清分所等一批创新载体落户，省级重点实验室中科院微波目标特性测量与遥感实验室投入使用，传感器、无人机制造、数据储存、遥感卫星数据运用等跨界融合产业正在小镇孕育（见图3-98）。

图 3-98　浙江极云地理信息科技有限公司员工演示一款智能测绘无人机

小镇牢牢抢占了产业发展与改革创新的先机，努力打造一流发展环境。小镇目前已累计完成投资超 50 亿元，70 幢产业大楼启动建设，52 幢产业大楼和近 2000 套人才公寓投入使用。

【特色分析】

在今天的"互联网+"时代，"地理信息"已深深地进入我们的工作和生活，激光雷达点云，SSW 激光街景扫描、导航、无人机、卫星定位、地下管网……甚至，2016 年 G20 杭州峰会的交通安排、安保……地理信息早已无处不在，并被称为"新蓝海"。美国等发达国家专家，将地理信息技术列为 21 世纪三大最重要的新兴发展领域之一。

1. 产业形态新型—— 新产业成就"新蓝海"，喝得"头口水"

从一开始，德清县和浙江省测绘与地理信息局就将浙江省地理信息产业园（德清地理信息小镇）作为"新蓝海"来打造，并为此"软硬"兼施。"硬"环境上，以国际化的眼光，高格局做好规划布局的规范性和科学性；"软"环境上，则从体制、机制、政策上狠下功夫。

德清县委常委、国家级湖州莫干山高新技术开发区负责人沈志伟说："在小镇建设上，我们两手都要硬，都同样重视，同步全力推进，坚持把'产城融合'贯穿于园区建设全过程，全力以赴加快一流园区建设，为推动地理信息产业不断发展壮大，搭好舞台。"

按照《浙江省人民政府关于加快特色小镇规划建设的指导意见》，小镇邀请了两位院士与省级各部门的专家，共同出谋划策，明确了地理信息产业集聚发展示范区、科技创新先行区、服务体验区、文化展示区和宜居宜业宜游新城区五个区的小镇建设目标。同时，小镇请来欧洲顶级战略咨询公司负责小镇的控制性详规，统一规划、统一建设，使小镇创建与地理信息产业园建设紧密结合，"产业、科技、文化、旅游、社区"五位一体融合发展的格局，深深融入小镇的规划布局脉络中。

作为"产城融合"的一部分，章伟忠说：小镇建设，要考虑让德清市民享受到信息技术带来的便利，享受智慧生活（见图 3-99）。

在全国首家地理信息专业展馆——德清地理信息小镇展馆，每天都能看

图 3-99 浙江极云地理信息科技有限公司员工（右一）在教种粮大户使用一款农用无人机

到一批批体验智慧生活的德清市民，他们聆听清代德清地理学家胡渭的故事，感受德清地理文化源远流长；通过大屏幕实时查看德清县城地下管网的监控情况；通过 VR、AR 设备体验莫干山的万种风情……3000 平方米的展馆，既是地理信息"文化大观园"，也深深融入了德清市民的生活中。

2. 政策机制有力——好举措构筑好的"软"环境

成立浙江省促进地理信息产业发展联席会议制度，省级各部门都成了会议成员，支持小镇的工作合力就此形成。

省测绘与地理信息局和德清县政府联合成立产业园建设指导小组，沟通研究双方合作及产业园建设、管理中的重大事项。

2017 年 2 月，浙江省地理信息企业座谈会在杭州召开，省发展改革委、省经信委、省科技厅等悉数到场，商讨小镇的产业发展政策意见、北斗导航定位、遥感技术、大数据、室内定位、海洋探测、智慧城市、人才培养。

小镇出台了"意见""办法"等一系列政策性文件，包括《扶持地理信息产业专项资金管理办法》《英溪人才计划实施意见》；同时，省测绘与地理信息局也出台了《关于支持浙江省地理信息产业园企业发展的若干意见》等众多政策，"鼓励和引导了地理信息及相关企业向德清集聚"。

3. 特色产业成链——好项目选引好企业，以商引商

在小镇，有一个企业叫浙江正元地理信息公司，是一家央企；这家央企，

有一个当红产品，是探测管道淤泥的机器人。这个长得像节虫的机器人，它的头就是一个比人头略小的射灯，身上两节相连，四肢就是像转向轮一样的异形轮子，地下圆形管道里，它顶着灯向前，像"肠镜"一样检查探测管内情形……

2014年，浙江省"五水共治"大幕拉开，正元也拉开了它的发展大幕，机器人和它的"兄弟"智慧排水监控系统、排污监控系统、河道水体探测等，成了"五水共治"一个重要角色。这家央企的负责人张宏波由衷地认为，江南水乡河道密布，企业、产品找到了最适合自己生存、发展的家。"更重要的是，这里的招商亲商氛围，这里的产业集聚，这里的待遇政策，还有'五水共治'带来的巨大市场"。

这是集聚在小镇上的一百多家地理信息企业的深刻感受、主流体验。

桔子地图的创始人郭艺，给她的心血结晶定位是："全球旅游地图＋在线订购"；她给小镇的定位是：地理信息＋相关产业发展的福地。

说起桔子地图为何落户小镇，郭艺解释说：北京易伟航科技有限公司在浙江省地理信息产业园内的地信梦工场成立了一家初创型公司浙江易伟航信息技术有限公司，其核心团队来自于灵图软件。郭艺本人早年也供职于灵图软件，带着一份对地图事业的理想，她加入易伟航并担任CEO，最终开发出C端产品桔子地图，成为地信梦工场第一个成功孵化的项目。

这样的故事，小镇有很多。120家企业，就有120个这样的故事。像从事高空遥感航拍的浙江国遥、研发无人船的南方测绘、研发六旋翼型无人机和雨燕监测型无人机的中测新图，国内测绘地理信息装备领域第一家上市企业中海达这样的大型地理企业的故事，充分说明小镇的招商是成功的。

小镇和产业园负责人说，小镇坚持把招商引资当作了发展的第一推动力，"强化推介招商、加快产业招商，支持以商引商，探索中介招商，瞄准地理信息产业、金融后台服务业两大重点，招大、引强、选优……"。

小镇的招商模式是："专业机构＋政府服务"。这样的机制创新，短短4年，小镇引进海内外地信专业人才，超过了千人。

在国家局、省局及相关单位的关心支持下，小镇先后12次在北京、上海、深圳、武汉、杭州等地成功举行招商推介会。同时，充分发挥入园企业的资源优势,鼓励地信企业抱团发展。仅 2016 年一年,新引进地理信息企业 30 家,完成浙商回归资金 3 亿元,引进大好高项目 7 个。

小镇还"以商引商"。浙江中测新图地理信息技术有限公司 3 年前入驻,只有 4 名员工,目前发展到 100 多人。在产值以几何级数上升的同时,没忘了带同行——江西地信数云科技有限公司到小镇"淘金"。中测新图一位总经理助理说,"到现在为止,每年(推荐)一家企业"。

就在 2016 年,阿里巴巴集团与中国兵器工业集团共同出资成立的千寻位置网络,在小镇成立千寻浙江公司。开始搭建自动驾驶示范园区和无人机低空飞行服务平台。千寻公司被视作国内位置服务领域的一面旗帜,可为用户提供米级、亚米、厘米以及事后毫米级位置服务。千寻公司的入驻,为德清建设带动长三角、辐射全国、影响世界的地理信息产业基地打下坚实基础,同时也将为德清地理信息小镇构建全新的服务模式。

截至目前,产业园已引进地理信息企业 120 家,中欧感知城市创新实验室、中科院微波特性测量实验室、武大技术转移中心、浙大遥感与 GIS 研究中心等科技创新载体也纷纷入驻,初步形成涵盖数据获取、处理、应用、服务等完整产业链(见图 3-100)。

图 3-100　小镇产业园

4.服务配套到位——"挖空心思"打造"新家园"

在地理信息小镇，所有的企业共同的感受是：这里是创业的理想之地，得到了最好的服务，感受到了最多的温暖，这里就是他们的"新家园"。

为了打造这个"新家园"，小镇推出了许多举措，涉及项目、人才从创业创新到生活小细节的各个方面：

成功助推云景信息、视慧地信等五家企业挂牌新四板、创新板，想实电子成功挂牌新三板。

为项目、人才和当地拆迁居民建设的安置小区（一期），总投资6亿元，已建成并交付使用，安置小区（二期）开始桩基工程施工。

成立德清科技新城创新创业投资股权投资母基金，规模2亿元，支持地理信息产业发展。

积极落实信贷支持、项目贴息补助、技术改造奖励等扶持培育政策，全年兑现各类政策奖励近2800万元，包括了地理信息专项资金、创新创业定向奖励，甚至房租奖励、高层次人才住房补助；协助中海达、正元、合信、中测等企业申报相关政策，获得县级扶持资金203万元。

每年专项列支2000万元，支持地理信息产业发展，目前已有100余个项目受惠。

小镇强化投资软硬件环境建设，积极为入园企业提供务实高效的服务，营造"亲商安商"氛围。

每月举行企业服务超市，邀请县级相关部门上门为企业除惑解难，帮助入园企业解决异地社保、挂牌上市、营改增税务知识等方面80多个问题。

与浙江水利水电学院共建德清地理信息小镇学院，解决入驻企业对技术人才的需求问题。

地信梦工场，融合了"互联网、大数据、地理信息技术"等优质基因，是小镇提供优异服务的一个典型项目。这是国内首家地理信息领域的众创空间。浙江省局与德清县政府为此专门制订了《地信梦工场国家地理信息众创空间建设方案》，拿出了1000万元注册资金。在梦工场，小镇提供了2000平方米的办公场所，和几家专业投融资机构众筹的5000万元"地信梦基金"，为入驻企业提供创业辅导、行业科创、云上政务、技术攻坚、交流路演、市场开拓、创业融资等多项服务，并与15所高校合作建立"就业实践基地"，定向培养地信人才，打造了一个不可复制的低成本、便利化、全要素的专业类创业创新服务平台，圆了很多奔向小镇的人最初的创业梦想，也刺激了地理信息小镇创业创新活力……

【各界评述】

原来这儿都是田，我怀疑，这以后能发展得起来吗？现在，趁着公司年中大会，我想把下属、同事全带过来看看。也许未来，他们的生活会有一个截然不同的职业人生规划。

——浙江合信地理信息技术有限公司董事长　朱正荣

我刚进来租房的时候，园区每月就给了补助。现在，我打算买房，公积金额度又上调了10万元左右。这事儿如果在北京，是没有任何人会给你摊这个安家成本的。公司的市场业务稳定，个人生活又负担减轻，现在我的老婆孩子都过来了，以后这里就是我的家。

——浙江国遥地理信息技术有限公司销售总监　张国

这里让我们充分感受到了科技创新的魅力，为小镇"注入"一项战略性新兴产业的做法，值得借鉴。

——陕西省西安市蓝田县汤峪镇党委书记　汪午强

地理信息小镇实现了"产、城、人、文"交融，也充分展示了创新带来的活力、融合及开放。

——安徽省黄山市城建设计院院长　陈继腾

地理信息小镇将地理测绘和信息技术作为主题，在全省是唯一的，即使放眼全国，相类似的产业园也为数不多。特色就是绝活，就是优势，就是竞争力。

——浙江省文史研究馆　王永昌

3.4.3 物华天宝，小处也有大名堂——以云南小草坝为例

现在很多地方在搞特色小镇的时候普遍感到有一种困惑，就是被"旅游和产业双轮驱动"搞晕了。

原因在于，混淆了"旅游业"和产业的概念。发展旅游而搞点健康养生、民俗工艺品制作等只算延伸了旅游产业链，不能算"旅游和产业双轮驱动"。

另一个容易混淆的是旅游休闲和宜居宜业的概念。适合旅游的地方不一定宜居，宜居的地方不一定适合旅游。

当然，产业和旅游真正融合发展得比较好的案例，国内外也都有，但不多。

云南小草坝正走在"旅游和产业双轮驱动"之路上。

图 3-101 云南小草坝

【标志性事件】

彝良县地处滇川黔交界的乌蒙山腹地，毛泽东在《长征》诗中一句"乌蒙磅礴走泥丸"，让乌蒙山名扬天下。小草坝镇，位于彝良县城东北 32 公里处，为云南省重点风景名胜区，景区内还有朝天马自然保护区，森林覆盖率达 78.6%。这里既是春赏山花、夏观瀑布、秋看红叶、冬踏白雪的最佳去处，也是人们休闲、度假、疗养的天然氧吧（见图 3-101）。

彝良小草坝山清水秀，常年云雾缭绕，气候温凉湿润，因而造就了天麻的优良品质。早在 18 世纪，进入云南昭通的英国传教士伯格理，回国后就把"小草坝"地名标识在英国出版的世界地图上，以此表明对天麻的原产地和对

小草坝天麻的特别关注。

1972 年，美国总统尼克松访华，国宴菜肴中有一道"天麻气锅鸡"，采用的就是彝良小草坝的野生天麻。

近年来，彝良依托小草坝独有的资源优势，大力推进天麻产业发展和小草坝生态旅游资源开发并取得了令人瞩目的成绩。小草坝获得"天麻之乡"的殊荣是社会给予并认可的（图 3-102）。

图 3-102

因为独特的资源优势和彝良近年来的倾力打造，小草坝早已声名远播，2011 年入列云南省重点建设特色旅游小镇、2014 年入列全国重点镇、2016 年入列国家特色小镇云南首批上报备选城镇之一。

另外，旅游产业也迈出实质性步伐，2015 年彝良县政府全面启动小草坝省级风景名胜区开发建设，目前已累计完成投资 1.9 亿余元，即将具备最基本的旅游条件，2017 年 10 月正式开园迎客。

2017 年 10 月 21～23 日，2017 第五届全国天麻会议暨中国（小草坝）天麻产业发展高峰论坛在云南省彝良县举行，来自政产学研领域的专家围绕天麻产业的经济社会价值等展开研讨。

如今，县里从打造旅游经济到"十三五"规划，都将把小草坝为中心的集镇建设做基础，把小草坝建成集旅游观光与天麻产业并举的现代化明星镇。

【发展历程】

千瀑小草坝，神奇野天麻。世界天麻原产地——小草坝镇，位于云南省彝良县的北面，距离县城 29 公里，辖区面积 218 平方公里，境内最高海拔2226 米，最低海拔 905 米，平均海拔 1710 米，是一个低纬度高海拔的高寒山区农业镇。

彝良小草坝独特的区位优势和气候土壤条件，造就了集山、水、林、瀑为一体的万亩原始森林，形成了山花烂漫、瀑布成群、红叶映染、冰雪冻天的小草坝四季自然景观，更造就了世界上最好的天麻和悠久的天麻文化（见图 3-104）。

早在大清乾隆五十年（1785 年），四川宜宾知府就曾派专人前来彝良小草坝采购其天麻，以作为贡品向乾隆皇帝祝寿。

1930 年左右英国传教士来到彝良，就对小草坝天麻倍感兴趣，在他们进行文化侵略所制地图上，就特别标注重"小草坝"，以示著名天麻的原产地和对小草坝天麻的特别关注（图 3-103）。

1950 年，在云南省举办的农产品展销中，彝良小草坝天麻获得奖。

图 3-103　天麻

1972 年总统尼克松访问中国时，国宴中有一道菜是传统风味食品天麻汽锅鸡。采用小草坝特级野生天麻精心烹饪而成，尼克松在饮宴中对天麻汽锅鸡赞不绝口，并风趣地说：味道太鲜美了，真想连汽锅都一起吃进去！毛主席说："我相信，一个中国菜，一个中药，这是对世界的两大贡献。"从此中国小草坝天麻更是名声大震！1973年广州秋季交易会上，"中国小草坝天麻"用丝绒织成宝塔，陈设在土产馆，标价一吨12万元。

1986年，英国女王伊丽莎白访问中国，在云南访问期间，省长和志强宴请女王时，特意安排了云南特色食谱，其中天麻汽锅鸡这道菜，女王尤其感兴趣，而这道菜所用的天麻就是小草坝野生天麻！

1993年彝良小草坝"野生天麻酒""精装野生天麻"分别获"中国优质农产品及科技成果展鉴会"金奖和银奖。

1995年北京举办的"食品专家鉴定会"上获金奖和银奖。当前彝良小草坝天麻的品牌越来越被人们所认识和熟悉，天麻系列产品销售量逐年在增加。

2003年8月，小草坝风景旅游区成功申报为省级风景名胜区。

2004年10月13日正式批准云南省昭通天麻实施原产地域保护，编制完成了小草坝风景区总体规划。

2006年9月9日，经过国家科技部和农业部证实，净重135g的昭通天麻种子9日已搭载中国首颗航天育种卫星"实践八号"从甘肃酒泉卫星发射中心升空，和其他14种农作物种子一起为期15天的太空遨游。这将极大提高昭通天麻的知名度，并将对天麻种质资源的基因变异等天麻基础性科学研究起到推动作用。

2007年，小草坝集镇申报为首批分类开发的"旅游小集镇"（见图3-105）。

2011年1月，结合新时期旅游要求，彝良县委、县政府又委托重庆任豪规划设计有限公司，高起点、大手笔对原策划和总规进行了重新修编。

2011年12月，小草坝集镇被调整定位为全省60个"旅游型特色小镇"之一。

2012年，彝良县获得8万亩《国家有机产品认证示范创建区》证书，彝良县成为全国唯一的"有机天麻种植示范县"；2014年，昭通被国家中医药管理局现代中药资源动态监测信息和技术服务中心授予"中国乌天麻之乡"称号。

2014年入列全国重点镇、2016年入列国家特色小镇云南首批上报备选城镇之一。

2017年，彝良县小草坝镇被公布为全国第二批特色小镇。

昭通市委、市政府和彝良县委、县政府正把小草坝天麻作为支柱产业来

图 3-104　小草坝

发展和重视，积极鼓励群众大力种植天麻，努力建设好天麻科技示范园和国际交易中心，让更多的头病患者知道小草坝天麻的药效和保健作用并且食用受益，让更多的当地群众增收致富。"南三七、北天麻"，已经成为云南省委、省政府在生物产业建设和医药大省建设中叫响世界、造福人类的两张名片！

昭通市委、市政府和彝良县委、县政府依托小草坝得天独厚的资源优势，唱响世界天麻原产地、国家级自然保护区、小草坝风景名胜区三张名片，将中国云南小草坝天麻·旅游特色小镇打造成全国天麻种植加工交易基地、全国天麻养生度假休闲基地、全国天麻文化旅游观光基地（图3-104）。

【特色分析】

（一）独有优势的气候土壤等自然条件

"天麻甲天下"的小草坝省级风景名胜区位于云南省彝良县城的东北部，占地面积163平方公里，距县城32公里，距昆明400余公里。

小草坝省级风景名胜区又是省级自然保护区，集原始森林、河流奇峰、瀑布叠水、池塘石林等景观及苗、彝民族风情为一体，以雄、奇、险、幽、秀取胜。不仅植被、生物种类多样，且珍稀动植物繁多，计有高等植物 1200余种，野生脊椎动物 96 种。具有观赏性、趣味性、科考探险、休闲娱乐的景观多达 600 余处，散布在 13 条大小河流之上，隐藏于密林之中。

彝良小草坝独特的区位优势和气候土壤条件，造就了集山、水、林、瀑为一体的万亩原始森林，形成了山花烂漫、瀑布成群、红叶映染、冰雪冻天的小草坝四季自然景观，更造就了世界上最好的天麻和悠久的天麻文化，成为滇东北一颗璀璨的明珠（见图 3-105）。

图 3-105　瀑布成群

（二）特色鲜明的产业形态

小草坝镇境内盛产驰名中外的"小草坝天麻"，全镇范围内的气候、地理环境都适应天麻的生长种植，绝大多数的农民都懂得天麻的栽培技术，全镇年产水天麻可达 200 吨（见图 3-106）。

彝良依托小草坝独有的资源优势，大力推进天麻产业发展和小草坝生态旅游资源开发并取得了令人瞩目的成绩。天麻产业不断做大做强，2016 年底实现产值达 16 亿元，小草坝获得了"天麻故乡"和"世界天麻原产地"等美誉，彝良成为全国唯一一个获国家认证的有机天麻种植县、国家有机产品认证示范区、"昭通天麻"地理标志产品的核心区；旅游产业迈出实质性步伐，2015年全面启动小草坝景区开发建设，目前已累计完成投资 1.9 亿余元，即将具备

图 3-106　小草坝天麻

最基本的旅游条件，2017 年 10 月将正式开园迎客。

　　小镇主打天麻品牌，聚力发展特色天麻产业群，辅以发展生态观光旅游，促进小空间大集聚、小平台大产业，实现一二三产联动发展和产镇融合发展，着力打造全国天麻种植加工交易基地、全国天麻养生度假休闲基地、全国天麻文化旅游观光基地，建设主导产业发展特色突出、人居环境质量持续提升的天麻特色小镇。

　　（三）潜力巨大的文化旅游基因

　　彝良小草坝镇至今还流传着诸葛武侯征蛮，建七星营、收彝族首领济火将军，以及双马朝天、英国传教士与天麻等动人传说。

　　小草坝生态旅游辐射圈不仅包括整个县城所拥有的罗炳辉将军纪念馆等红色旅游景观和牛街古镇等古迹建筑类景观，而且还包括了邻县所拥有的红色旅游景观、瀑布景观（见图 3-107）、历史文化走廊及森林公园景观等。

　　小草坝风景区更是"磅礴乌蒙·神奇昭通"中一颗十分璀璨的明珠，开发潜力巨大。

　　（四）多重机遇的文旅发展空间

　　随着生态旅游作为一种宣传主题和产品品牌日益深入人心，我国生态旅游发展迅速，城市周边地区逐渐成为游客旅游的重要目的地，这为云南昭通小草坝生态旅游景区的旅游开发带来良好的生态旅游市场机遇。

　　加之，四川省正着力打造川南旅游，这又为昭通加快发展创造了宝贵机遇，有利于充分发挥昭通固有的区位优势推进旅游发展，并且随着昆水线待

（补）新（民）段和水（富）麻（柳湾）段公路的全线贯通，内（江）昆（明）铁路客运的开通及市内交通网络的建设，昭通小草坝的可进入性将大大增强，西南腹地、三省通衢的区位和独特的生态、文化、红色旅游资源使昭通连接滇川旅游圈的地位日益凸显。

图 3-107　瀑布景观

【各界评述】

一份来自高力国际的研究报告指出，特色小镇当前处于初期发展阶段，商业和盈利模式仍待探索，在"去房地产化"和"产业立镇"的政策导向之下，特色小镇对投资密度和产业要素的聚集能力要求更高。特色小镇正成为中国城镇化新风口，产业导入与产居融合是重中之重。

目前，彝良县天麻种植面积 5.6 万亩，已培育有机天麻种植企业 4 家、省级龙头企业 2 家、小草坝天麻专业合作社 35 家，建成了天麻良种繁育中心、天麻野生种质资源保护区、占地 1700 亩的昭通市高原特色农业天麻示范园、全国首个天麻专题类博物馆（中国天麻博物馆）。在好医生双乌天麻产业园、小草坝天麻交易中心、大彭养生庄园等重点项目建成投入生产运营后，彝良天麻产业将形成一二三产融合发展的全产业链。

——中国中医药网

特色小镇建设正成为我国的经济新热点，迅速崛起。热潮之下，特色小镇已经成为推进供给侧结构性改革的重要平台，是推进新型城镇化的重要抓手，是推动经济转型升级和发展动能转换，充分发挥城镇化对新农村建设的辐射带动作用，有望成为集产业、文化、旅游和社区功能于一体的经济发展引擎。因此，要坚持特色小镇与乡村振兴双轮驱动，扎实、稳妥、积极、有序地推进。

——中国旅游报

金融支持作为云南省特色小镇新时期经济空间调整和变迁的重要手段，同时也是云南省乡村振兴战略的重要组成部分。金融支持特色小镇的发展目的在于通过金融手段强化要素集聚效应，提升要素禀赋价值，最大化促进特色小镇的发展。

——云南财经大学　姜健

"提升规划质量，统筹新建产业园区，新镇区与老镇区的关系。加强公共设施、基础设施建设，提升人居环境质量和公共服务水平。保护好生态环境。"

——第二批中国特色小镇评审时专家意见

【同类链接】

1. 铜锣坝国家森林公园

铜锣坝国家森林公园位于云南省水富市太平乡境内，园内主要有大峡谷温泉园等（见图 3-108），于 1992 年 5 月获得审批，距水富县城 70 公里。1992年 5 月省林业厅批准为省级森林公园，1999 年 5 月国家林业局批准为国家级森林公园。1998 年水富铜锣坝森林公园总体规划经专家评审通过。1999 年批准为国家森林公园，2004 年 3 月通过了《铜锣坝森林公园 基础设施建设可行性研究报告》，2004 年 1 月通过了《铜锣坝森林公园详细规划》。2004 年云南省发展改革委以（2004）861 号文件批准了铜锣坝国家森林公园基础设施建设投资计划，总投资 1800 万元，其中国债资金 1000 万元，自筹 800 万元，建设内容包括：景区公路 8 公里，步行道 3 公里，木栈道 2 公里；给排水和供电设施；垃圾收集转运站 2 个，厕所 3 座，游客中心 600 平方米，停车场 3000 平方米。

　　铜锣坝以其独特的地形地貌，宜人的气候和迷人的自然风光被视为一块风水宝地。平水坝、白寨坝、铜锣坝、五里坝等七个小湖区，与清澈见底、平缓幽静的铜锣河连成一片，犹似一串翡翠项链错落有致地环绕山间。水沿山转，山绕水转，湖光山色，十里无边，正所谓"山有多高、水有多高"。

　　西部大峡谷温泉生态园：坐落在金沙江畔，是位于龙苍岩与马脑山之间的峡谷，距离县城3公里。因温泉中含有丰富的矿物质和极具汁浴疗养价值而著称。

图 3-108　铜锣坝国家森林公园

2. 大关黄连河瀑布群

　　黄连河瀑布群位于云南省昭通市大关县的苗族村寨，有瀑布47个，最大瀑布落差达147米（见图3-109）。大关黄连河瀑布群距昭通市大关县城5公里，有专线公路及中巴车直达景区。沿途山花烂漫、幽谷纵横、清泉奔涌、鸟语花香。主要景点有仙女瀑、情郎瀑、少女瀑、月老瀑、鸳鸯瀑、洞房瀑、相思瀑、对歌瀑、姊妹瀑、银链瀑、迎客瀑、寿星瀑、珠帘瀑及神秘莫测、千姿百态的白象洞，令人心旷神怡的水帘长廊和使人销魂惬意的大滑板等20多处。加上形似飞鸽的世界珍稀植物珙桐花，堪称天下奇景。现景区有黄连河风景区宾馆及普通客房100多个床位。县城有1000多张各种档次床位，有50多家不同风味的餐厅饭馆。风景区有各种娱乐室和设备、服务一流的卡拉OK

歌舞厅，小卖部常有民族风格和地方特色的工艺美术品及土特产品。管理处还设有医务室及直拨电话。

图 3-109　大关黄连河瀑布群

3.4.4　古树新枝，新业态再激新活力——以嘉善西塘古镇为例

西塘忆，最忆是长廊。

千盏灯笼脂粉色，八方舟楫杜康香。

依水看斜阳。

西塘忆，其次弄堂中。

花雪斜飞青石板，跫音长送阁楼风。

回首雨蒙蒙。

西塘忆，再次酒旗风。

水色波光黄布筛，楼台亭榭小乌篷。

何处不相逢。

如今的西塘，不仅仅是诗词中的古镇，而是一座生活着的千年古镇，更是一个韵味十足、经济强劲的特色小镇。

【标志性事件】

西塘被誉为"梦中的江南水乡"，因生活着的千年古镇而闻名(见图 3-110)；宋城集团以"给我一天，还你千年"而著称。西塘与宋城的一场千年之恋，终于在 2018 年 12 月 30 日，结出硕果。

图 3-110 西塘古镇

由宋城集团投资打造的"西塘宋城演艺谷"项目在浙江嘉善开工奠基。项目毗邻国家 5A 级景区西塘古镇，总投资 100 亿元，将于 2021 年开业，献礼建党 100 周年。

从项目的确定选址、区域征迁，到规划设计，再到今天的开工奠基，快马加鞭、跑步前进，仅仅用了短短的 100 天时间，跑出了新的"嘉速度"，用优越的营商环境和服务创造了奇迹，把不可能变为了可能，为全国树立了典范。

西塘所处的嘉善县是全国唯一的县域科学发展示范点，地处长三角城市群核心区，是浙江省唯一与上海、江苏接壤的县，背靠着长三角地区万亿级的旅游、文化市场蓝海。

作为上海以及以上海为窗口的休闲旅游第一站，具有很强的区位优势和发展潜力。地嘉人善，吴根越角，有着丰富的历史文化积淀。

这次与宋城集团合作是嘉善县历史上引进的体量最大、品质最高的文化旅游项目，是嘉善大花园建设结出的又一硕果，也是嘉善、嘉兴旅游业的又一喜事、大事。

西塘宋城演艺谷是宋城集团在以往"主题公园＋旅游演艺"核心模式上

提升的超级综合项目，用世界创新的规划理念，规划建设一个融演艺文化、剧院文化、水乡文化、红色文化、时尚文化、国际文化于一体的世界级项目，推出世界级戏剧节、音乐节、狂欢节、一带一路艺术节，集"文化演艺、湿地公园、节庆会展、科技博览、休闲体验"于一体，一揽子满足西塘文化、旅游、演艺配套功能，打造线上线下全产业链（见图3-111）。

项目根植西塘当地文化的"根与魂"。大型歌舞《吴越千古情》以《俏江南》《胥塘春秋》《吴越争霸》《千年古镇》《梦回西塘》《爱在西塘》六个篇章为主要内容。

大型实景演出以科技、文化等多种元素，将水面表演和船秀表演相结合，使演艺港湾形成一个立体多维大秀场，木制大看台、震撼式演出，呈现的不仅仅是演艺，而是西塘的另一种文化。

为西塘古镇注入文化元素与演艺的核心竞争力，走差异化道路，使西塘古镇从周边古镇中脱颖而出，焕发千年魅力与青春活力，成为中国的百老汇、世界文化新地标。

图3-111　西塘宋城演艺谷鸟瞰图

"西塘宋城演艺谷"项目是西塘与宋城集团的一次强强联手、优势互补，是将江南文化、古镇文化依托国际一流的演艺形式和平台亮相世界的重要舞台，也是推进浙江省加大全域旅游，全面建成"诗画浙江"、深度参与"一带一路"建设，坚持文化"走出去"和"引进来"相结合的有益探索。

【发展历程】

一、小镇概况

西塘镇，位于江浙沪三省交界处。古名斜塘，平川。是古代吴越文化的发祥地之一。在春秋战国时期是吴越两国的交壤之境，故有"吴根越角"和"越角人家"之称。

西塘是吴地方文化的千年水乡古镇，江南六大古镇之一。镇区内至今保存完好的 25 万平方米明清建筑群，规模之大和保存之完好是江南少有的。古老的江南水乡风貌形成了西塘丰富的自然景观资源，街衢依河而建，民居临水而筑，1 平方公里的老镇区内有 27 座石桥、122 条古弄和千余米长的廊棚，拥有西园、种福堂、石皮弄、根雕馆、纽扣博物馆、圣堂、七老爷庙、倪天增祖居等景点近 20 处。

2003 年 10 月 8 日被列入中华人民共和国建设部和国家文物局共同评定的第一批中国历史文化名镇。

2011 年西塘千年古镇列入世界历史文化遗产预备名单，并被联合国授予历史文化保护杰出成就奖。

2017 年 2 月 16 日西塘古镇列入中国 5A 级旅游风景区。

二、发展理念

承古开今不"盲"拆，宜居适度不"盲"建，坚守历史建筑和传统文化的传承保护，进一步挖掘历史内涵，西塘特色小镇建设在保护中谋发展（见图 3-112）。

从 2015 年起，西塘古镇的保护与开发进入了加速期。通过"有序更新"，对集镇区 4 条主要道路的立面改造工程和步行街改造工程，沿街房屋新建马头墙，店招店牌按照古风设计。通过"厕所革命"，将古镇景区 15 个卫生间全部改造成 3A 等级，路面保洁频率达到一小时一次，提升了西塘旅游体验的舒适度。通过"微整容"，在不"大拆大建""伤筋动骨"的前提下，让小镇的面貌恢复传统风貌，古镇居民既能感受千年古韵，又能享受现代科技的成果。

如今，古镇核心区仍有 2600 多户普通居民生产生活，"狗吠深巷中，鸡鸣桑树颠"的村居生活仍在西塘古镇上演。

图 3-112　小镇建设在保护中谋发展

　　"我们希望把原有的旅游产业做实，同时进一步挖掘历史文化底蕴，将文旅事业深化。"嘉善县西塘镇负责人表示，对古镇的保护，对老百姓生活质量的提升，对西塘小城镇环境整治，是西塘在建设特色小镇中的重点。

　　2017 年住房和城乡建设部发文公布了第二批全国特色小镇名单，西塘镇成功入选，成为嘉善首个国家级特色小镇，这座"生活着的千年古镇"再添"国字号"荣誉。

　　第二批全国特色小镇评审更加注重文化建设，这恰恰是西塘镇的"加分项"。作为古代吴越文化的发祥地之一，西塘镇历史绵延 2000 多年，已被列入世界历史文化遗产预备名单、中国首批历史文化名镇，保存完好的 25 万平方米明清建筑群是江浙古镇之最。

　　"文化是城镇的特色与灵魂，也是西塘镇能够脱颖而出的关键，在现场答辩时给评审组留下了深刻印象。"西塘镇负责人参与了此次申报全国特色小镇的全过程，"这也是对西塘镇始终坚守历史建筑和传统文化传承保护的肯定。"

　　从古镇景区走到镇区，建筑风格一脉相承，西塘镇保持着和谐统一。在古镇景区保护与开发以及镇区改造中，西塘镇始终坚持规划引领，尊重历史沿袭，把握建设尺度，实现了长三角地区难得一见的低矮小镇格局，并致力于培育江南水乡独特的文化标识和小镇精神，传承古镇之魂（见图3-113）。

图 3-113 西塘镇

三、产业布局

1. 以双业并举为体，小镇生机勃勃

与西塘古镇景区相邻的互联网通信小镇，围绕电子信息、光通信、跨境电商、保税物流等新兴产业，这里集聚着 5 个"世界 500 强"项目，成为西塘镇新一轮经济发展增长极。同时，牢牢占据全国纽扣市场"半壁江山"的纽扣产业，在内育外引中加快转型升级创新发展的步伐。

信息经济产业提速、传统纽扣产业提档，西塘旅游业也在提质升级。按照国家 5A 级旅游景区的标准、"全域旅游"的发展思路，西塘镇推进古镇景区的品质提升，先后引进了央企恒天集团文创产业园项目、保利地产旅游养老项目、康辉首旅集团旅游综合体项目、上海智集团五星级酒店等一系列旅游三产服务业项目，加速产业的集群、集聚、集约发展。

"除了文化特色，西塘镇还有鲜明的产业特色，在工业领域形成了优势产业与新兴产业，在产业之间又有工业与旅游业的联动，双业并举驱动着西塘特色小镇发展。"小镇负责人说，西塘镇还高度关注镇富与民富的关系，不忘产业富民，仅旅游业就提供本地居民就业岗位超过 5000 个，古镇居民年可支配收入超过 6 万元，超出全县城镇居民人均可支配收入，让本镇居民享受到了"旅游红利"。

2. 以转型升级为导，小镇后劲十足

对西塘镇全国特色小镇的发展，专家组给出了"继续加强规划建设管理，保持和彰显小镇特色"的评审意见。结合"全省看嘉善，嘉善怎么干"的主题大讨论，西塘镇已在谋划特色小镇怎么发展的路径。

"获评全国特色小镇，多了一份荣誉，更多了一份发展责任，西塘镇将继续做好转型升级的文章，念好'拆治归'，增创特色小镇发展新优势。"小镇负责人表示，在旅游业发展中，将以"镇区景区化、景区全域化"为理念，提升景区品质与内涵，以 5A 级标准打造镇区，向"美丽乡村"延伸，推动全域旅游创建；在工业领域，继续加快互联网通信小镇从制造业为核心向制造、研发、服务综合转型，并按照纽扣"二次创业、转型发展"三年行动计划，建成一个生产、生活、生态三生融合和工业、商贸、旅游三业同步的纽扣特色产业园区，夯实西塘特色小镇的发展动力。

3. 以友好缔结为机，小镇前景广阔

为了进一步深化与上海市的友好往来、经济协作和文化交流，寻求双方在经济、社会发展各个领域更为广阔的合作，2018 年 4 月 28 日上午，西塘镇与上海市浦东新区泥城镇签订缔结友好城镇协议书。

随后，双方将本着"互惠互利、平等协商、联合发展、共建共享"的原则，以促进两地经济繁荣、社会发展为目标，坚持党委政府"搭台"，社会各界"唱戏"，在城镇发展、经济、技术、文化、旅游、人才、教育等方面建立长期友好合作关系。

四、产业发展

产业方向之一：旅游业

镇区景区化，景区全域化，是西塘旅游业发展的主攻方向。目前，西塘结合小城镇环境综合整治，对镇区环境、步行街以及立面进行改造。

更重量级的是与演绎"千古情"的宋城集团合作，政府以"逢山开路、遇水架桥"的姿态，持续推进双方的合作项目。通过优势互补，宋城集团将用好文化创意、科技创新等新动能，与古镇西塘的独有历史文化有机结合，打造"西塘宋城演艺谷"项目，用中国文化讲好中国故事，共同体现国家文化软实力、国际旅游竞争力提升的历史使命（见图 3-114）。

图 3-114 西塘宋城演艺谷效果图

旅游业的深度发展，是西塘人一直思考的课题。

2017 年 6 月 9 日，旅创小镇创始人孟一新在西塘举行的"旅创新时代"主题研讨会提出了他的观点。他从传统文化情结讲到创业初心并阐述了旅创小镇项目的概念及模式。"旅创"是将旅游度假（应用场景市场）、文化创意（内容产品服务）、创新创业（方式方法模式）三者有机融合，从而提出的产业融合发展概念，"旅创小镇"也不是一个传统概念的特色小镇，而是针对文旅产业发展升级的创新综合服务体系平台。

旅创小镇股东 MNT 传媒 CEO 王晟也有自己的设想，他在"旅创小镇未来市场及其核心竞争力"的演讲中，提出旅创小镇构建了一个核心平台，连接目标市场的供求两端：一端汇集内容资源，一端汇集市场资源，创建旅创产业特有的 O2O 模式，实现线上线下相互促进，文创与旅游业的相互转化与快速商业变现。

　　"旅创"是"文创＋旅游＋创新创业"的全新概念，旨在通过整合众多优势资源及技术，将旅游、文创、创新创业相融合，打造"旅创小镇"核心品牌及全方位发展模式（品牌平台＋云资源＋线上APP＋线下实体小镇），并成为全球超级文旅产业生态IP。

　　在浙江"特色小镇"模式全国性输出的背景下，"旅创小镇"将在泛文旅产业领域里，凭借整合浙江经验、浙江模式、浙江资源、浙江创新、浙江智慧，融会贯通，探索另一种产业升级发展的新模式，或者说"特色小镇"的另一种版本。

　　"旅创小镇是诞生在西塘古镇的一个创新项目，以整体创新理念和强大的产业资源为驱动力，抓住文艺复兴和黄金旅游时代的历史机遇，推动西塘创建文化产业的发展。"西塘人有了新的想法。

　　斗转星移，西塘古镇的粉墙黛瓦之间，重现广袖飘飘、衣袂摇摇的缤纷景象。身着深衣的姑娘翩然而过，身穿儒服的男子昂首缓行。这不是穿越，这只是"汉服文化周"期间的西塘。"汉服文化周"这一活动由著名词人方文山发起，每年十月底至十一月初于西塘举办，引进汉服文化周，便是西塘探索深度体验旅游的又一种尝试。

　　产业方向之二：互联网通信

　　做大做强互联网通信小镇，发挥好综合保税区的作用是西塘发展的第二个方向。

　　以现有3万平方米保税仓库和在建的保税仓库二期为基础，积极吸引重点保税物流、保税仓储、跨境电商项目入驻，实现区内区外联动、线上线下联动，加快生产性服务业和生活性服务业发展，争取保税物流业务实现跨越式发展，年销售收入达到100亿元。未来小镇信息经济产业将从制造业核心园区向制造、研发、服务方向发展。

　　西塘打造互联网通信小镇，除了区位交通、平台政策等优势外，还有着扎实的产业基础，其中富鼎、富通两个龙头大项目"双百亿"的支撑作用尤为明显。

　　小镇的龙头企业富通光通信全产业链项目正在全速推进中，到2019年达产后年产值超100亿元。富通将在西塘打造全球最大光通信产业研发中心，富通集团（嘉善）光通信智能制造研发中心正式投入运行。这个 2.0 版的研发中心集研发、生产、展示于一体，是富通集团在全国最大的光通信产业和技术研发基地。这意味着,嘉善西塘今后将成为富通光通信产业链的"最强大脑"。

一个龙头项目入驻，带进了相关项目的"葡萄串"。据西塘镇负责人介绍，富通项目落户西塘后，已带动 15 个与之配套的上下游产业项目入驻，其中包括住友光导、住友光纤两个世界 500 强项目。这也使得嘉兴全市上半年共引入 5 个世界 500 强项目，而西塘独占 3 个。

富通及其上下游配套项目，形成了一个完整的光通信全产业链，将极大提升中国光通信产业链的全球竞争力。"这是一个'航母'级全产业链的存在，在同一个行业内很难复制。"西塘镇负责人介绍说，建成后的富通项目每年生产光纤预制棒、光纤、光缆各 3000 万芯公里，体量为全球之最。项目全部投产后，预计年销售额将超过 100 亿元。

而富士康旗下富鼎电子科技（嘉善）有限公司，则已经落户西塘十年，取得了跨越式发展。富鼎是苹果、微软的全球合作商和生产基地之一，2015 年营收已突破 50 亿元。而 2017 年上半年，富士康又将其转型升级重要战略落子西塘——富士康旗下电商品牌富连网在西塘开出了华东地区首家科技体验店，希望与拥有每年 750 万人次游客的西塘景区融合发展。"富连网科技体验店的到来，会给我们的古镇旅游带来更多遐想空间。"西塘镇负责人认为，富连网还将开启嘉善互联网通信小镇工业旅游、商贸、体验等多种可能性。

据了解，"两富"项目预计到"十三五"末年产值将双双破百亿，这两个百亿级产业龙头将成为支撑互联网通信特色产业发展的"双子塔"。而除此之外，全市唯一一个综合保税区 B 区就设在西塘，得益于"境内关外"优势，综保区管委会和红菱等企业投资的互联网保税物流（跨境电子商务）产业则将贡献另一个"百亿"。此外，中粮集团等"中"字号大企业已摩拳擦掌，在西塘布局起跨境电商。

产业方向之三：纽扣业

虽然西塘的纽扣产业占据了全国的半壁江山，但是 1300 家纽扣企业仅有 3 家规模以上企业。面对纽扣产业仍是以制造为主的低端产业的实际，西塘编制了《西塘大舜纽扣"二次创业、转型发展"三年行动计划》，培育 10 家"小升规"示范纽扣企业。

西塘还与上海大学合作,成立浙江省纽扣产业研究院,培育共赢合作平台。并建设纽扣国际大厦,培育品质纽扣城市客厅。建成后的纽扣大厦将纽扣博物馆、国家纽标委、国家级纽扣检测中心等整合进入,将其打造成为纽扣特色小镇的城市客厅。

【特色分析】

有一种说法,有文化、有特点、有体量,成就了如今小而美、特而强、新而活的古镇西塘(见图 3-115)。

图 3-115　西塘古镇的小桥流水人家

1. "四小四大"特色鲜明

古镇西塘的"四小四大",即小城市大发展、小古镇大旅游、小区域大平台、小纽扣大产业。2016 年西塘实现地区生产总值 54.4 亿元,近三年来年均增长达到 11.1%,位居嘉善第一。实现公共财政收入 6.06 亿元,其中可支配收入 3.33 亿元。规模以上工业产值 93.59 亿元,同比增长 23.9%。在旅游业上,2016 年,西塘游客接待量达到了 778.6 万人次。

在平台建设上,西塘规划了面积 1.65 平方公里的西塘国家级出口加工区,2015 年 1 月正式升格为国家综合保税区,2016 年 9 月通过国家验收。目前区内入驻有富士康科技集团、中粮集团、富通集团等龙头企业；在产业上，作为"中国纽扣之乡"的西塘，拥有纽扣生产企业 1300 余家，年生产纽扣 1600 个品种共约 600 亿颗，产量占全国需求量的 50%，行业年产值 65 亿元。

2017 年，西塘镇景区成功列入国家 5A 级旅游景区。2018 年，西塘与宋城集团合作启动百亿级的"西塘宋城演艺谷"项目。

2. 规划目标明确细致

入选国家级特色小镇，对西塘而言既是一种肯定又是一种责任。

嘉善作为县域科学发展示范点，西塘又是嘉善县的"一份子"，在其指导下，西塘的发展方向非常明确，即以国家 5A 级景区的标准、"全域旅游"的发展思路推进古镇景区品质提升"再出发"；围绕电子信息、光通信、跨境电商、保税物流等新产业，全力形成新一轮经济发展的增长点；结合《西塘大舜纽扣"二次创业、转型发展"三年行动计划》，努力把西塘大舜打造成最先进的全国服装辅料生产基地，最顶尖的纽扣文化中心和最时尚的纽扣旅游目的地。西塘将把接轨大上海、融入长三角，落实长三角一体化发展国家战略作为首位战略。

3. 配套服务便捷完善

硬件上，西塘镇大力推动城市路网等基础设施的建设，完善服务设施配套。启动邮电东路延伸段建设，高标准完成城市北外环线绿化种植，完成南苑路立面改造工程，完成宏福路、祥符北路立面改造工程，以及大舜老集镇综合改造工程、下甸庙老集镇综合改造工程等。推进公共服务设施建设，如完成嘉善二院迁建工程、西塘镇中心幼儿园迁建工程、农村文化礼堂提升工程等。此外，建设完善酒店、民宿、艺术中心、美食和湿地公园等旅游配套设施。

软件上，西塘镇创新规划建设管理，成立西塘规划分局，坚持一张蓝图绘到底；创新社会管理服务，建立"四个平台"管理体系，将社会服务、市场监管、行政执法集成；创新镇村融合，推行网格化管理模式，保障大型活动、助力平安镇街创建。

4. 历史文化底蕴浓郁

西塘历史悠久，人文资源丰富，自然风景优美，是古代吴越文化的发祥地之一。在春秋战国时期是吴越两国的交壤之境，素有"吴根越角"和"越角人家"之称。西塘与其他水乡古镇最大的不同在于古镇中临河的街道都有廊棚，总长近千米，就像颐和园的长廊一样（见图3-116）。在西塘旅游，雨天不淋雨，晴天太阳也晒不到。古镇区内有保存完好的明清建筑群多处，具有较高的艺术性和研究价值，尤其是马头墙、美人靠、河埠、船鼻子、西系缆石、花墙、高阶沿、观音兜等古建筑元素簇集其间，为国内外研究古建筑的专家学者所瞩目。

图3-116　古镇中临河的街道都有廊棚

【各界评述】

　　浙江省在引领经济发展的新常态中，把建设特色小镇作为推进供给侧结构性改革的新路径。在西塘成立"旅创小镇"就是紧紧围绕省委政府中心工作，使文化与互联网达到深度融合，在泛文旅产业领域里，探索另一种产业升级发展的新模式。

——徐燕峰（民盟浙江省委会负责人）

　　将文化旅游作为助推嘉善经济发展新主题，将创建旅创小镇项目全国示范区作为西塘古镇的新节点，通过旅创联盟、旅创app、旅创小镇概念孵化器等重要内容，来全面推进、带动西塘文创、旅游业实现产业更新和转型升级。

——金长征（中共浙江省委统战部常务副部长）

打造世界级的文化新地标，助力浙江文化旅游万亿产业，西塘宋城演艺谷将无愧于嘉兴这座伟大的城市，给我一天，还世界千年！

——《宋城集团》公众号

继续加强规划建设管理，保持和彰显小镇特色。

——第二批中国特色小镇评审时专家意见

【同类链接】

嘉善西塘古镇是长三角平原上的一个江南水乡小镇，可以比照其他特色小镇又是如何建设的呢？

同处于江浙沪"金三角"地带的江南古镇——乌镇，素有"鱼米之乡、丝绸之府"之称，并且是首批中国历史文化名镇、中国十大魅力名镇、全国环境优美乡镇、国家5A级景区。乌镇除了是一个千年古镇外，还是一个非常现代化的小镇。乌镇自20世纪90年代发展旅游至今，在保留原有古典建筑的基础上增加现代化建设的投入，经过将近20年的发展，乌镇基础配套建设完备。同时又是世界互联网大会的永久举办地，是中国五千年悠久文化的一个缩影，又是引领国内互联网行业发展的一个窗口。

3.4.5 苍山墨岭，绽放出幸福健康之花——以桐庐健康小镇为例

许多特色小镇的缘起和发展都是对传统文化的传承和发扬，他们有着扎实的文化根基和发展后劲。浙江桐庐健康小镇就是这样的典型小镇（见图3-117）。

桐庐，意为桐君老人于桐君山下，结庐采药、治病救人。相传桐君老人是上古时期药学家，黄帝臣，以擅长本草著称，被称为中药鼻祖。作为长寿之乡，又有桐君老人的传说，在此得天独厚的传统文化基础上，桐庐以养老养生产业为核心推出桐庐健康小镇品牌，向大众讲述属于自己的健康故事。

图 3-117　桐庐雪景

【标志性事件】

一、人居宝地佳环境，瞄准目标话健康

"钱塘江尽到桐庐，水碧山青画不如"。这是一个关于很久以前桐庐的故事。600多年前的一个清晨，78岁的画家黄公望流连于此，在富春江隐居了二十多年的他，仍然被这每天能见到的山水所震撼，眼前有景，胸中有墨，黄公望用了三四载光阴，绘出了长卷《富春山居图》。将桐庐富春江最美的一段山水，定格在了永恒的时空中……

当历史的年轮转至2000年，时代的车轮也推动着"生活进化"，人们由享受山水、享受风光，逐渐转向追求对生命本身的要求。"大健康"概念关注度渐渐升温，成为一个高频词。

桐庐在人们心中一直是"中医药鼻祖圣地"，又占据"风水宝地"和"人居佳境"之利。医药与健康本为一脉之源。"桐庐本就是长寿之乡，有最好的山水，这儿的老人，不知道什么雾霾。"桐庐的父母官敏锐地"闻切"到健康产业这一时代脉搏，一张蓝图悄然在心中构成：在富春山居图的实景地成立富春山健康城，主打健康服务业。设想中的富春山健康城位于县城5公里的富春江南岸，苍山墨岭间，九个古村落掩映其中，是隐秘的"世外桃源"（见图3-118）。

　　"桐庐成立了富春山健康城，在这个区块划了 2.6 平方公里，核心区块做桐庐健康小镇，而且刚好是全省 37 个首批特色小镇之一，着重以生命科技产业为主，这样调整之后的好处，就是产业不会分散，比较集中。"桐庐富春山健康城管委会负责人介绍说。

　　"桐庐健康小镇"在找准自身定位之后，逐渐受到了各类高端人才的青睐，纷纷前来洽谈，随之带来了一大批健康产业关联的高端优质企业。小镇负责人说："原来我们在招商引资的过程中，接触的都是一些房地产老板，有钱，却不知道怎么做，现在他们没钱，但都是高新科技，都是科学家，生物医药领域的佼佼者。到目前为止，有六七位工程院院士到这里落户，还有三十多位教授博士，以及国千省千来进行洽谈，这个在整个产业布局调整以后，兴起了一个高潮。"

　　说到兴奋之处，小镇负责人憧憬起未来健康小镇的景象："很好的一个产业构成，大奇山国家森林公园，4A 级景区就在健康小镇，早上我爬爬大奇山，呼吸一下新鲜空气，下午可以做一个体检，晚上可以到去养养身，一天下来，产业链就转起来了。"

图 3-118　桐庐健康小镇

二、君山引凤求若渴，院士落户大健康

　　桐，梧桐，庐，美庐，桐庐的县名就和人才相关。"栽得梧桐常青树，聚

引金凤筑巢来。"桐庐县委主要领导说,"我们的桐庐靠科技求出路,靠人才求未来。"

郎景和,中国工程院院士、中国医学科学院北京协和医院妇产科主任,受聘为桐庐县科技顾问、荣誉市民。说起和桐庐县的缘分,70多岁的郎景和说,2013年他到访当地一家医疗器械企业,对其宫腔镜、腹腔镜等器械制造水平甚感意外,"我们妇科会用到内镜器械,这些器械原来大多数从德国进口,真正国产的很少,没想到桐庐内腔镜的独立制造水平走在了国内同行前列。"

从那时起,郎景和携专家团队与桐庐县展开了合作,建立起康基医疗省级院士专家工作站,指导企业开发了一系列新产品。在前期合作基础上,郎景和妇产科培训中心落户桐庐富春山健康城,用地面积15亩,总投资5000万元,建成后成为国内最权威的妇产科医疗培训基地。

俞梦孙,中国航空生物医学工程的开创者和学术带头人,空军航空医学研究所航空医学工程研究中心主任。俞梦孙院士是继郎景和院士后在桐庐县建立院士专家工作站的又一"高精尖"人才。俞梦孙将钱学森系统科学思想与健康医学相结合,提出并发展了通过恢复人体自组织能力来增进人体整体健康水平的思想,并将其称之为"健康系统工程"。俞梦孙院士工作站建立后,其团队与"青蜓健康"协同发力,通过3年努力将俞梦孙医学系统工程技术与"青蜓健康"3369健康促进体系结合,形成针对睡眠障碍、高血压、高血糖、高尿酸等一整套标准化健康管理工程体系,通过6年努力形成更年期综合症、骨关节病、骨密度和肿瘤等标准化健康管理工程体系。"人民健康系统工程"在桐庐产研结合成为示范。

吴祖泽,中国实验血液学研究的先驱。他在国际上首次获得人缘性干细胞生长因子,完成了世界首例胎肝造血干细胞移植治疗急性重度骨髓型放射病人,被誉为"中国造血干细胞之父"。由吴祖泽院士带领的项目团队立足再生医学、蛋白等生物医药领域,经过多年发展已成为一支集新药研发、药物生产、质控、药理、临床医学、药品注册管理等专业为一体的一流团队,成为中国干细胞再生医学产业的领军企业。桐庐瞄准大健康产业发展新蓝海,抓住时机,运用产业引导基金以股权方式及让利性投资方式组合投资吴祖泽团队的高科技生物医药项目,使得桐庐有望建成首个干细胞新药产业化项目基地，有助桐庐生命健康产业的大发展。

君山引得凤常来。郎景和院士工作站、俞梦孙院士工作站以及吴祖泽院士项目落地，为桐庐"君山引凤"政策注上了浓浓一笔。这期间，国家"千人计划"专家刘刚，中国科学院上海生命科学学院遗传学博士马晖，中国科学院上海生理所神经科学博士、耶鲁大学医学院生物技术博士后魏继业分别将项目落户桐庐。第五批"千人计划"特聘专家、江苏省异种移植重点实验室主任戴一凡博士与留美博士脐血干细胞创始人之一、中国工程院自体干细胞项目组专家王健博士共同领衔的爱唯（国际）细胞工程与再生医学产学研基地、郎景和健康管理中心、光华国际医学精准中心等纷纷入驻。中国医药生物技术协会也主动与桐庐接洽，在生物医药产业人才引进、项目孵化、活动策划、产业服务、产学研促进、国际合作等方面开展深入合作，并于2017年将"中国医药生物技术十大进展评选"发布的会址永久落户桐庐。

【发展历程】

一、小镇概况

桐庐健康小镇，位于杭州市区西南面的桐庐县境内，紧邻富春江，北至桐庐城南路转至杭新景高速，南至大奇山脚，西至规划路转至大奇山路，东至天井坞区块（见图3-119）。整个区域环境优势明显，森林覆盖率超过80%，全年有340天的空气质量达到或优于二级标准优良天数，PM2.5浓度年均值低于35，空气中富含丰富的负氧离子，每立方厘米达到2578个，远超国家6级标准。区域年平均气温在15度，酷暑天的气温也平均在26度左右，比起避暑胜地庐山也不遑多让。守着富春江，健康小镇的水资源达标率为100%。

健康小镇系全省首批37个特色小镇之一，也是全省最早一个从事健康产业的特色小镇。内有大奇山国家森林公园、巴比松米勒庄园、杭州潇洒运动休闲公园、大奇山郡、凤川玫瑰园、桐君堂医药博物馆等旅游健康休闲综合体，以及颐居养生园、大奇山村落风景区等。还有江南养生文化村、达利健康博览中心、爱唯（国际）细胞工程与再生医学产学研基地、郎景和妇产科教育培训中心、莱茵体育、中科纳泰4P医疗项目等重大项目落户健康小镇。

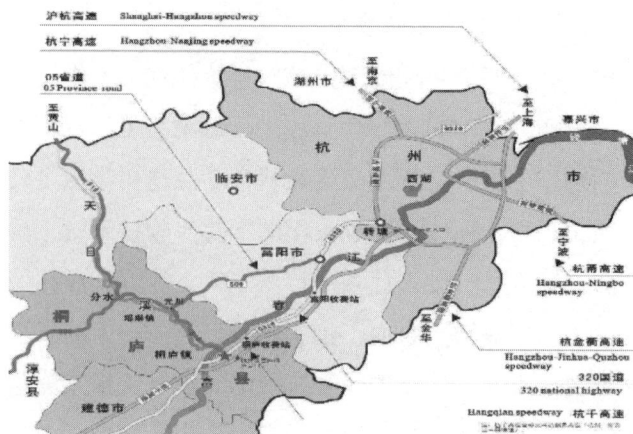

图 3-119　交通便利

　　健康小镇在桐庐山水最秀美的环境中，在健康城的核心区块，遵循"生态为基、产业为王、项目为要"的三大要求，围绕健康养生、生命科学、中医药保健、体育旅游休闲四大特色产业，做深做足"健康服务业＋"文章。通过规划建设，"健康小镇"将成为桐庐健康产业集聚发展核心区、引领示范区和"三融"（产业融合发展、产城融合发展和城乡融合发展）创新试点区，为桐庐创新发展、特色发展提供平台支撑（见图 3-120）。

图 3-120　健康小镇规划图

二、发展理念

国家政策驱动大健康产业发展。

随着人们生活水平的提高及医疗保健意识的增强，人们对于保持健康的需求显著提升。同时，"健康中国"战略的推进，助力大健康产业进入蓬勃发展期。

以人口健康促进经济增长，是一种既稳增长又调结构、既利当前又利长远的战略选择。对于老年人口庞大的我国，推动健康产业发展意义重大。而且我国大健康产业规模占 GDP 的比例不到 5%，未来可增长空间巨大。

在国务院《关于促进健康服务业发展的若干意见》明确提出，到 2020 年，大健康服务业总规模达到 8 万亿元，占到 GDP 的 8% 左右，成为我国新的支柱性产业之一。

从政策面来看，国家政策对大健康产业的支持力度在不断加强，也驱动大健康产业的快速发展。健康概念是根据社会需求与疾病谱的改变提出的一种全局的健康理念，它追求的不仅是个体身体健康，还包含精神、心理、生理、社会、环境、道德等方面的完全健康，是世界上最前沿的健康理念，必将成为时代发展的主流。从行业生命周期理论来看，大健康产业不久后将会步入快速发展期，行业需求也将会迅速增长。

三大理念贯穿健康小镇建设发展。

健康小镇是指以"健康"为小镇开发的出发点和归宿点，将健康、养生、休闲、旅游为一体的，并融入健康养生、运动体验、生态农业、休闲旅游等多样化功能为一体的主题型小镇。通过规划建设，桐庐健康小镇将集聚发展健康产业、创新产城融合发展和城乡融合发展。建设中贯穿三大理念：

中医养生文化理念——全面引入中医养生文化以及儒释道的修心养身理念、民间养生产品，通过洁净空气、优美环境、有机食品、中医中药、保健理疗、康体运动、养生互动等各种养生产品及方式，使生活其中的银发一族能够融于自然、调节身心、平衡阴阳、恢复机能、固发精气，实现从精神、起居、饮食、运动、医疗等方面综合调养的养生目标，实现养生与养心的完美结合。

环保节能绿色理念——在环境保护方面，需要针对废气、废水、废物、噪声等制定一系列的环保防治措施，比如构建小型湿地，小型花园等。

景观园林设计理念——景观规划设计中将贯彻"以人为本，自然优先，生态营造，环境优美"的思想，突出生态养生、中医养生的主题，将自然景观与人文景观有机融合，营造宁静、舒适、恬淡、幽雅、柔美的现代养生休闲居住胜地。

三、空间规划

健康小镇规划建设用地面积 2.6 平方公里，处于桐庐富春山健康城的核心区块（见图 3-121）。健康小镇背靠大奇山国家森林公园，与桐庐县城无缝对接，三面环山、一面临着富春江，宛如世外桃源。

图 3-121　桐庐县健康小镇规划鸟瞰图

小镇东侧区域规划建设为富春山居医疗养生基地，这里将建成一个敬老院、一个体检中心、一个疗养中心，方便老人安享晚年，并在一步之遥就有配套设施完善的医疗保健机构。

小镇中间区域未来则会成为智慧健康产业孵化园，通过提高、扶持、孵化、扩展和集聚发展引进一批信息经济、智慧经济、健康产业、文化创意、电子商务、体育休闲、总部经济等新兴经济业态，将智慧健康产业、孵化园培育成桐庐经济新增长点。

小镇西侧区域规划建设为健康细胞园，这里将会是一个细胞"银行"。所谓银行，就是指将人体目前健康状况良好、活跃的人体干细胞、脐带血等进行低温保存，等到将来有需要时，再提取出来以备不时之需。

整个健康小镇按特色功能区布局，重点项目主要有：

1. 健康小镇会客厅

作为健康小镇的线下门户，可以作为健康小镇对外宣传的窗口，让来宾能够直观地了解健康小镇整体的建设情况、入住企业的发展，同时作为桐庐县对外宣传的一张名片。会客厅占地 400 平方米，分为形象展示区、核心展示区、VR 生态体验区、互联网＋健康体验区等四大功能区块，主要承担规划展示、参观接待等功能，通过 LED 大屏等硬件设备全方位展示富春山健康城整体的规划；同时结合 Wi-Fi、云、移动互联网等信息化通信技术，以打造一个集现代化与信息化为一体的先进性会客厅。

2. 江南养生文化村

江南养生文化村是国内首个将中医药"治未病"理念和健康管理科学体系有机结合的落地服务项目，联合中国中医科学院等权威科研机构，自主研发江南健康促进体系，通过精准检测、系统评估、全面干预的全流程服务，辅以"健康促进信息系统"，提供个性化健康管理方案，并融入日常生活，将健康干预手段融入日常生活，带来了健康促进服务的新模式（见图 3-122）。同时，江南养生文化村一直致力于打造以"绿色""系统"为根本，以中医药调理为特色的睡眠服务产品。在睡眠诊疗上，江南养生文化村摒除化学药物干预，从环境、医疗、饮食、运动、心理、生活习惯六大方面帮助客户养成良好睡眠习惯，并同步结合线下度假村式园区服务，让治疗与身心舒压完美融合。

图 3-122 江南养生文化村开园仪式

3. 富春山居医疗养生基地

瑞金·富春山居医疗养生基地，总投资 10 亿元，规划用地 300 亩。将建设为集高端医疗和第三方检测中心、体检中心、护理中心、中草药种植等为一体的养生综合体。

4. 养生养老旅游综合体

万向养生养老旅游综合体，投资主体为万向集团。规划用地约 500 亩，总投资约 15 亿元。规划将建设成乐养中心、五里画廊、乐活两园、心宿五村等养生养老旅游综合体。

5. "庐境"项目

巨星控股集团"庐境"项目，总投资 3 亿元，总规划用地 27000 平方米，计划利用两自然山谷间的缓坡平地建设一个自然生态、幽静私密为特色的高档个性化景观度假养生酒店。

四、业态规划

产业定位：健康小镇充分依托规划区域内优良的生态环境和健康产业基础，以富春山水原生态和"桐君"国药文化为依托，打造以健康服务业为核心，以健康养生（养老）产业、健康旅游、中医药保健产业、健康管理等项目为载体，促进产业融合、产城融合和城乡融合，宜居、宜业、宜养、宜游的健康服务业集聚区。

发展目标：成为长三角重要的健康服务业的集聚区、浙江省健康产业发展示范区。

运作思路：产业发展体系为"4+2+X"，其中"4"：以健康养生（养老）服务、中医药医疗保健服务、健康旅游、健康食品四大特色产业；"2"：以医疗服务和健康管理两大支撑产业；"X"：以健康制造、总部经济、物联网、电子商务、文化创意、体育休闲等几大配套产业。

三个功能区块，即核心区——重点集聚健康医疗、健康管理等医疗服务和研发机构；配套区——培育壮大保健护理、养生养老、健身休闲等健康服务机构；拓展区——提升丰富中药材、保健品、有机农产品、药膳美食等健康药食品产业。

招商政策：一是代办服务。小镇落户企业，管委会对其进行全程代办服务。

二是人才政策。对紧缺的高层次人才，提供 100 ~ 120 平方米、设施完善的人才专项房；企业引进的高级企业经营管理人才，且年龄在 55 周岁以下，在桐庐首次购买住房的每人可申请享受购房补助 20 万元。三是平台政策：对企业建立并被批准为市级院士专家工作站的，除享受杭州市一次性 50 万 ~ 100 万元奖励外，给予一次性 20 万元建站经费。

【经验分享】

一、健康概念成为最大亮点

"得天独厚的自然资源，水到渠成地成就了'健康小镇'。"富春山健康城管委会负责人的话语中，底气很足（图 3-123）。

图 3-123　健康小镇效果图

桐庐的健康小镇是浙江省唯一以"健康"命名的特色小镇。"以桐为姓以庐名，世世代代是隐君。夺得一江风月处，至今不许别人分。"药祖故里的桐庐，有着"中国最美县城城""国际人居环境示范城市""国际花园城市""中国养生保健基地""华夏养生福地""中国长寿之乡"等众多美誉。总规划面积 2.6 平方公里的"健康小镇"，因其三面环水一面临江，地形宛如一把太师椅，山木繁盛，绿意葱茏，成为得天独厚的风景佳地。小镇空气常年清新，空气中负氧离子浓度每立方厘米 5130 个以上，是普通城市的 50 倍，区域年平均气温在 15 摄氏度, 酷暑天的气温也平均在 26 摄氏度左右, 守着富春江, 小镇的水资源达标率为 100%。

自 2013 年以来, 桐庐通过舒展"山水长卷"打造生态产业, 健康概念已经成为桐庐的最大"卖点"。以健康养生(养老)服务为主导, 以医疗服务和健康管理为支撑, 以中医药医疗保健服务、健康旅游和文化、健康食品为特色, 一座国际化健康小镇越来越清晰地展现在人们面前。

二、起早走稳力求特色常青

醒得早, 爬得快, 走得稳。这是健康小镇的一个心得。从牙牙学语摇摇迈步, 到一路高歌阔步前行, 健康小镇已从一个新生的婴儿成长为一个翩翩少年。如今的健康小镇"特而强", 核心产业紧紧围绕健康服务业, 重点培育核心层、配套层、拓展层三大层次产业集群; 如今的健康小镇"聚而合", 未来仍然是非镇非区的发展平台, 却有山有水有人文; 如今的健康小镇"小而美", 生态优势凸显, 整体规划超前, 风格韵味独特, 以高颜值的姿态傲立于富春江畔。

先有城, 后有镇, 健康小镇真正做到了"离尘不离城"。从小镇成立之初的几年间, 固定资产投入增幅 44.5%, 税收增幅 8%, 旅游人数增幅 8.4%。在成为浙江省健康服务业示范区与长三角健康服务业集聚区的发展行程上, 美丽乡村与健康小镇相辅相成, 在不久的将来, 集聚产业、文化、旅游、社区四大功能的健康小镇, 将会绽放最绚烂的健康产业之花。

三、开放包容助力产业集聚

健康养生养老、中医药保健、健康旅游、健康食品、医疗服务、健康管理等多类型关联产业的集聚, 让小镇大健康的格局日趋清晰。自主投资、混合经营、产业基金、项目孵化等灵活多样的合作方式, 点式供地、资源入股、产业扶持、项目奖励、人才吸引、全程代理等多重优惠的政策服务也吸引着越来越多的项目。

江南养生文化村建设有健康管理中心、养生度假中心、国际交流中心三大模块。其功能定位于养生度假与医疗旅游相结合的国际化医养结合体验中心。颐居养生园围绕"互联网 + 旅游 + 养生"的平台化运营思维, 构筑集健康、文化、旅游、度假、众创、隐居为一体的复合型健康养生区块。

达利健康博览中心项目倡导生态自然，建筑风格采用天然丝绸的波浪外形，数十棵千年古桑树错落有致，使之成为一座森林氧吧。爱唯（国际）细胞工程与再生医学产学研基地包含爱唯国际生物康复疗养中心、爱唯国际生物医美中心、组织细胞体外制备工程产业化研究中心、生物化妆品研发生产中心等四大板块。郎景和妇产科教育门诊中心项目是由中国工程院院士郎景和及其带领的国内著名妇产科专家团队组建的妇产科专科门诊中心和妇产科教育培训中心。中科纳泰项目是一家肿瘤早期筛查和个性化诊断服务商，通过"肿瘤捕手"技术，能高灵敏度检测到 1 ~ 5 毫米肿瘤，进而提供预防监控、精准医疗等。

重大项目的落户，让小镇这个健康产业集聚发展的平台更加广阔，微瑞生物、佰辰医疗等一大批高新生物科技技术企业也纷至沓来。传统山水文化与现代健康产业在这里真正交融并会，健康服务业＋的产业链网在这里生根发芽。

四、高端引智筑就发展引擎

"招才引智"成为"一号工程"。桐庐先后出台了《关于大力引进高层次创新创业人才实施意见》《发展众创空间推进大众创业万众创新的实施意见》等一系列政策，全面提升对人才创业创新扶持力度，到桐庐县创业的高层次人才可享受最高 500 万元的创业资助、500 万元贷款全额贴息，500 平方米免费办公场地；享受最高 100 万元的人才奖励。同时，做好"店小二"服务，在涉及人才住房保障、医疗保健、子女入学、旅游休闲等方面提供一站式服务，提升人才归属感和幸福感。

领头羊带来"群羊效应"。桐庐以健康小镇为引智主要平台，以院士、"国千"专家为引入重点，累计引进和培育"千人计划"专家、杭州市"521"计划专家 11 名，引进清华大学、浙江大学等国内一流名校硕士以上紧缺人才 200 余名，建立院士专家工作站、博士后科研工作站、市级以上企业研发（技术）中心等各类人才创新平台 70 余家，桐庐县已逐渐成长为杭州市科技西进的新地标。尤其是俞梦孙院士工作站暨人民健康系统工程示范基地的成立，标志着桐庐县在推进产学研合作、引进聚集高层次人才方面探索出了柔性引才的新路子，在重大项目开发、高层次人才培育、科技合作交流等方面搭建了新平台，为持续推进科技人才工作体制机制创新、助推桐庐经济社会发展积累新经验。

五、目光长远敢于规划留白

"只做健康服务业，做健康人的健康"这是桐庐健康小镇人的心愿。

从富春山健康小镇成立之初的前三年，小镇管委会接待了不计其数的客商，也拒绝了不计其数的客商，只留下极少数与健康小镇拥有相同理念、相同信仰、相同情怀的落户在这里。十年树木百年树人，一棵小小的树苗长成可用的木料需要十年之久，而成长为参天大树则需要百年的光阴。管委会负责人表示："我们现在所做的每一件事与每一个决定，都不只对我们自己负责，更要对得起家乡，对得起子孙，对得起生我们养我们的这片土地。因此，我们拒绝污染，拒绝排放，我们只做健康服务业，做健康人的健康。"县委县政府提出"生态为基，产业为王，项目为要"，这不仅仅是对健康小镇未来发展的要求，更是一种期望和愿景，把桐庐的生态保护好利用好，将生态产业化、产业生态化，紧紧围绕高端健康服务业形成一个闭环和链接，宁缺毋滥，而不是填鸭式无原则招商。

既要有长远的目光，也要有留白的勇气。健康小镇，作为桐庐供给侧结构性改革的新平台，一贯坚持着"绿水青山就是金山银山"的发展理念，实现"打造美丽经济美好生活"的热切向往。这世上本没有路，走的人多了也便成了路，正如健康产业的发展，在前进的长途中有花香弥漫更有荆棘丛生，只有坚守本心，才能看见明朗的远方，才能绽放明艳的花儿，结出丰硕的果实。健康小镇在日后的规划中围绕大健康产业链进行立体式的高端前沿布局，既加大招商引资力度，做好选商引资，又严把项目准入关口，并着力引进生命科学和生物工程领域高端项目。

希望十年之后，百年之后，健康小镇的天还是这么蓝，山还是这么绿，水还是这么清。

【各界评述】

对桐庐的"一见钟情"

我的项目主要以肿瘤检测与精准医疗为特色，桐庐是中国长寿之乡，健康小镇又是中国首个健康产业集聚区，在交通上无缝链接杭新景高速、杭黄铁路等,具有区内集聚生态环境优、产业基础实等发展健康服务业的众多优势。

——中国科学院大学教授、博导 胡志远

特色小镇走出"不特"怪圈

在面对拥有众多竞品的市场上,首先需要一个有故事力的产品品牌。特色小镇也如此。没有好的小镇品牌,没有故事力的小镇文化做支撑,一个小镇的品牌很难传播出去。在小镇品牌上,要做到"不第一则唯一"。

桐庐,意为桐君老人于桐君山下,结庐采药、治病救人。相传桐君老人是上古时期药学家,黄帝臣,以擅长本草著称,被称为中药鼻祖。作为长寿之乡,又有桐君老人的传说,在此得天独厚的传统文化基础上,桐庐县以养老养生产业为核心推出桐庐健康小镇品牌,向消费者讲述属于自己的健康故事。

桐庐健康小镇在两年多的建设里,截至 2017 年 5 月,累计完成税收 2.02 亿元及旅游人数 187.6 万人次,为当地特色化建设打了一剂强心剂。

——《商界评论》杂志

健康小镇案例入围金奖

《基于桐庐健康小镇实践的健康产业要素与政策创新探索》入围第七届钱学森城市学金奖、西湖城市学金奖。该报告通过研究健康小镇建设动因,结合桐庐健康小镇的实践经验,解读分析如何通过高端要素聚集、核心健康业态筛选和健康产业集群结构生态圈构建,发展"小而美""特而强""聚而合"的健康小镇。在对政府角色准确定位的基础上,从政策供给角度研究健康小镇建设中的政策创新,具有较强实践价值。

——手机人民网

客流量是保证特色小镇有稳定现金流,保持活跃的基本条件。同时小镇应该与大城市之间有便捷的交通联系。例如浙江桐庐健康小镇,交通区位优势尽显,正合乎"超然于城市之上,归隐于园林之间"的慢生活体验。

——中国农林科技网

4.0 特色小镇建设之再出发

4.1 引言

特色小镇的创建是国家政策推动下的城镇化发展新趋势，也是城乡产业调整、发展的必然结果。

随着社会经济大环境的多元化，区域性的产业发展已经从单一的大城市集群演变成多点集聚的格局，特色小镇的兴起正迎合了这一趋势。

然而，在特色小镇创建热潮下，部分地区也出现了偏离"初心"的问题。

一些地方政府由于对特色小镇的发展定位模糊，把建设特色小镇当作政府的融资平台。

也有些地方缺乏思路，未能透彻把握当地小镇的"特色内涵"，创建过程中生搬硬套出现同质化或者伪特色。

还有些地方市场介入不规范，被企业所左右，"房地产化"趋向严重，等等。

为此，2018 年初中央经济工作会议上明确提出要"引导特色小镇健康发展"。

特色小镇作为经济转型发展、新型城镇化发展的重要载体之一，不能依靠原有城镇体系分工进行，也不能依赖既有的小城镇版图进行。

它是应运而生的，要顺势而为。

特色小镇的健康发展重点在于"产城人文"融合，强调"因地制宜"，其重要的是紧扣本地区产业链的关键环节，重视资源集约，重在引导灵活多样的发展模式。

站在今天，作为新型城镇化与乡村振兴的重要结合点，特色小镇的创建不仅仅是创新创业的平台，更上升为促进经济高质量发展的重要平台。

据已建成或已投运的部分小镇统计，一个特色小镇投资额约为 50-60 亿，规模较小的约为 10 亿，而较大的可达百亿。由此推算，1000 个特色小镇将产生 5-6 万亿投资额，占全国总 GDP 的 7%；若按 31 个省市的规划总和，2400 多个特色小镇将产生 12-15 万亿投资额，可为经济增长提供强大推力。

特色小镇已然成为区域竞争力的新生力量，在今后的区域竞争中其核心竞争力的作用发挥愈加显著。

按照"至 2020 年将培育 1000 个左右的特色小镇"的总体目标，特色小镇的建设将迎来新一轮健康发展的机遇期。

4.2 促进经济高质量发展的重要平台——特色小镇发展的新方向

"特色小镇和特色小城镇是新型城镇化与乡村振兴的重要结合点，也是促进经济高质量发展的重要平台。"

2018 年 8 月 30 日国家发展与改革委员会正式发文，开篇第一句就如上所述。

国家发展改革委一直是国家宏观经济发展方向的引导者。这一次关于建立特色小镇和特色小城镇高质量发展机制的通知，至少为"特色小镇"的发展解决了两个根本性问题。

一是特色小镇在经济建设中的地位问题。

特色小镇已经不单单是一种区域经济的"现象"，而是具有"释放城乡融合发展和内需增长新空间"的作用，把它作为"促进经济高质量发展的重要平台"。此地位不低。

二是特色小镇的未来发展方向问题。

特色小镇的未来发展方向，是小镇大产业，能集聚高端要素和特色产业，兼具特色文化、特色生态和特色建筑等鲜明魅力，是高效创业圈、宜居生活圈、繁华商业圈、美丽生态圈的多维结合体，是产业特而强、功能聚而合、形态小而美、机制新而活的创新创业平台。

4.2.1　依靠大湾区，长安智能手机小镇再起航——以广东长安手机小镇为例

湾区可以说是近现代国家运数之所系。

不同的湾区浓缩的历史时期、其所代表的人类能够达到的高度不同：大航海时代四百年，工业革命一百五十年，信息革命六十年……

能感觉得到，湾区在引领世界。

目前，依然耀眼的是纽约湾区、东京湾区、旧金山湾区，它们集人类文明之大成。

如今，随着人工智能、区块链……这些可与互联网技术比肩的高技术密集爆发，人类似乎又站在了一个巨变前夜。

迎头赶上的后来者依旧是湾区，这一次它们中间有属于中国的粤港澳湾区。

长安正借助地处粤港澳大湾区东翼之优势，谋求打造全球智能终端产业带。

【标志性事件】

2017 年 8 月 29 日，广东东莞长安镇产业发展再传捷报——广东省发展改革委公布了特色小镇创建工作示范点名单，东莞市长安镇凭借雄厚的产业基础和完善的智能手机产业链，成功入选省特色小镇创建工作示范点，长安将投入约 140 亿元打造"产、城、人、文"一体发展的智能手机小镇（见图 4-1）。

图 4-1　长安智能手机小镇

　　为何长安镇能入选广东省特色小镇创建工作示范点？其得益于长安镇优越的区位优势和雄厚的产业基础。近年来，长安是中国电子信息产业重镇，智能手机产业发展迅猛，拥有 Oppo 和 Vivo 两大龙头手机品牌，出货量全国第一，占全球的 12%，产业配套率超 99%，是全国重要的智能手机产业基地。2016 年，东莞诞生了两个千亿级企业，使东莞的智能手机从原来的全球 18 部有其一部，上升到全球每 5 部智能手机便有东莞 1 部，这两家千亿级企业，一个是深圳华为，另一个则是东莞长安本土企业——步步高。

　　长安镇生活居住了近 100 万人口，广泛吸纳了全国创新创业者和劳动力。长安现有市场主体 8.5 万家，拥有步步高、Oppo、Vivo、小天才、金宝、光宝、加多宝、东阳光、劲胜、祥鑫、捷荣等一大批知名企业，形成以智能手机为核心的电子信息和五金模具两大创新型产业集群。

　　长安镇有关负责人表示，与智能手机相配套的信息服务业发展迅速，软件研发、移动互联网等相关产值以年 300% 增长。智能手机小镇规划区内集聚了各类高端要素，落户国家模具产品质量监督检验中心、国家轨道交通工程技术研究中心华南基地、步步高（Oppo、Vivo、小天才）全球研发总部、香港大学——长安镇联合研究中心、东莞理工学院长安先进制造学院、长安国际快速成型创新中心等产学研创新服务平台。

【发展历程】

　　长安镇位于东莞市南端，东邻深圳市，南临珠江口，西连虎门港，G107 国道、S358 省道、广深高速、虎岗高速、广深沿江高速等纵横贯通全镇；区域面积 98 平方公里，下辖 13 个社区，常住人口 66.2 万人，其中户籍人口 5.1 万人；旅港同胞 3 万多人。

　　40 年前的长安，放眼望去除了田地还是田地，农业就是经济支柱，靠天吃饭。不过，招商引资给长安带来机遇与转变（见图 4-2）。

　　20 世纪 90 年代，长安镇大力招商引资电子信息产业，积极承接港台等外资企业及深圳的电子信息企业转移，而这一系列招商也成了构建长安智能手机版图的开端。

图 4-2　长安镇优美景色

一、段永平其人其事

说到长安镇智能手机小镇的发端，就必须要介绍一个人，那就是被中国媒体誉为"中国的股神沃伦·巴菲特"的段永平（见图 4-3）。

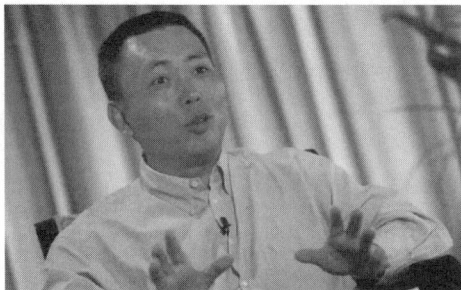

图 4-3　段永平

段永平是隐居在 Oppo 和 Vivo 两个智能手机品牌背后的亿万富豪创始人。他创立的这两大智能手机品牌，曾经被嘲笑为山寨版廉价 IPhone，但在 2016 年中国智能手机出货量排行榜中却击败了全球市值最高的公司苹果（见图 4-4）。

出生在江西南昌的段永平非常有智慧，懂营销。1977 年，年仅 16 岁的他考入浙江大学无线电系，毕业后分配到北京电子管厂。随后，他又攻读了中国人民大学的经济系研究生、计量经济学硕士。

在改革开放风起云涌的 1989 年，段永平意识到，只有站在潮头最前沿的人才能有所作为。因此，1990 年前后，他出人意料地打碎了人们眼中艳羡的"国营铁饭碗"，前往广东求职，在中山市怡华集团下属一家只有十几个人、亏损 200 万元的小厂当厂长。

在别人还在琢磨什么东西好卖就组装什么时，段永平已决心要做品牌，并推出了小霸王学习机和游戏机。

段永平推出的第一款产品是拥有双墨盒插槽的"小霸王"游戏机，与任天堂经典的"红白机"FC 游戏机共同争夺市场。因为缺少本土竞争对手，小霸王很快在市场中热销。到 1995 年时，小霸王的营收已经超过人民币 10 亿元。

图 4-4　Oppo 手机生产流水线

就在这一年，段永平向集团公司提出的小霸王股份制改造方案未能通过。这也使他立刻意识到，自己能力再大，也只是怡华集团的一个"打工皇帝"。于是，当年在小霸王最巅峰之时，段永平毅然离开了怡华集团，来到了东莞长安镇。

1995 年 9 月 18 日，段永平创立了属于自己的公司——步步高集团，迅速开启了另一段传奇生意。从早期的无绳电话、VCD，再到手机、学习机，几乎很少失手，每进入一个领域，都迅速成为该领域的领军品牌之一。

凭着"无绳电话"，步步高杀入市场，并在此后两度成了央视"标王"，先后成为复读机、电话机、VCD、学习机的中国市场第一。

2000 年前后，步步高旗下的子公司步步高通信设备公司成为了中国最大的功能手机制造商之一，与诺基亚、摩托罗拉等公司展开直接对抗。

2001 年，40 岁的段永平决定放手实业，前往美国加利福尼亚，专注于投资和慈善事业。但智能手机时代的倒逼，让这位企业家重新披挂出场，二次创业。

时间转眼来到了 2005 年，随着功能手机销量的下滑，步步高已处在破产的边缘。当时华为、酷派等公司向市场推出了售价在千元人民币左右的智能手机，几乎把步步高逼向绝境。

段永平与手下展开了密集的头脑风暴会议，结果催生了两家"蓝绿兄弟"企业，继续取得巨大成功。2005 年，段永平和门生陈明永决定创办一家新公司。这家名为 Oppo 的新公司最初销售音乐播放器，并从 2011 年增加了智能手机业务。2009 年，步步高自己创办了 Vivo，由段永平的另一位弟子沈炜负责。

数据显示，仅 2011 年，步步高旗下这两个手机品牌的广告费用超越 10 亿元。那一年，步步高旗下双品牌运作的步步高音乐手机、Oppo 音乐手机的广告将国内电视节目收视冠军一网打尽，堪称"开着飞机撒钱"的营销经典。

尽管挂着步步高董事长的头衔，并在 Oppo、Vivo 均持有较大比例的股份，但段永平实际只负责制定大的战略和方向，不过问具体细节。他每年只回国参加两、三次董事会，是最悠闲的"甩手掌柜"。

即便如此，他带出来的战士们各个都骁勇善战，成绩斐然。继小霸王、步步高之后，智能手机也"纠缠"着人们。

"制造手机不是我的命令。"段永平说，"但我认为我们能够在这个市场做得很好。"

2018 年第一季度中国手机市场整体销售数据显示，Oppo 以 1852 万台的销量位居第一，紧随其后的分别为 Vivo、苹果、华为等。

二、手机特色小镇顺势而起

正是由于 Oppo 和 Vivo 两个智能手机品牌的强势崛起，相继将企业研发总部等设置在东莞长安，这就奠定了东莞长安智能手机小镇的基础。

2017 年 3 月，长安镇顺势而为，把握机遇，推出了一个非常有力举措——在广东省特色小镇发展研讨会上，长安镇委书记何绍田宣布，该镇将依托科技商务区改造，规划建设 8 平方公里的手机特色小镇（见图 4-5）。

图 4-5 长安智能手机小镇规划图

按照"政府指导、名企引领、双创联动"的工作思路,手机小镇重点通过"规划为先、产业为根、城建为基、服务为上、文化为魂和改革为重"的"六为"路径,建设企业成长的助推器、企业总部的孵化谷,力争打造特色小镇示范工程和产城人融合的新平台。

长安镇以发展智能手机产业为核心,以名企为带动,以创新为动力,整合周边资源,着力打造全球智能终端产业带。近年来,该镇全力扶持以步步高为核心的手机企业发展,Oppo、Vivo、小天才全球研发总部落户,建设步步高的生产基地、全球培训中心和高级人才公寓,力争3~5年打造2家千亿级企业(见图4-6)。

图 4-6 Vivo 厂区

同时，长安镇按照构建全产业链生态的要求，加大对手机芯片、高端显示屏、摄像模组等产业链关键环节或缺失环节的引进，大力发展智能手机产业链高端环节；加强源头创新，与美国麻省理工学院、香港大学工程学院等国内外知名院校建立合作关系，国家模具产品质量监督检验中心、长安国际快速成型创新中心、东莞理工学院长安先进制造学院等相继落户，开展智能手机产业前沿性研究，推动智能手机产业高级化发展。

该镇联合中国城市规划设计研究院和香港大学开展智能手机小镇规划建设，形成城市服务、创新研发、企业总部、乐居生活和创企工坊等5个相对清晰的功能组团，重点规划企业孵化培育、企业成长加速、企业总部核心三个区域，从而搭建一个全周期服务的"企业社区"。实现产业和优秀人才等生产要素聚集，成为长安镇参与湾区经济带建设的核心动能。

三、营造良好人文环境和营商环境

特色小镇不仅追求经济目标，更追求人与自然和谐目标。手机小镇依托北依莲花山、南面珠江湾的"山湖河海"地貌，规划若干与山水连通的景观廊道，形成连通莲花山、中心区到珠江湾的"长安轴"，建设莲花湖绿道公园，使人与环境、城市与生态融为一体（见图4-7）。

图4-7　长安镇优良人居环境

为此，长安镇通过高标准规划建设，打造一批高品质、高水平的公共基础设施，创造优良的人居环境。投入10亿元规划建设高端公共服务配套区，集聚医院、学校等高品质公共设施和服务,引入投资达60亿元的文化尚城项目。为手机小镇打造一个"高大上"的人文生活环境。

此外,小镇积极打造良好的营商环境。改造建设1万平方米的行政办事大厅,实行一门一网式政务服务,推行产能券＋创新券政策,建立产业基金,为智能手机小镇建设提供良好的政务服务。在广东省推出第一个镇级的人才绿卡——长安优才卡,改造建设长安高级人才公寓,为手机小镇引入更多优秀人才。

四、GDP 突破 500 亿元大关

2017年3月5日,全国"两会"《政府工作报告》首提"粤港澳大湾区"。李克强总理提到:要推动内地与港澳深化合作,研究制定粤港澳大湾区城市群发展规划,发挥港澳独特优势,提升在国家经济发展和对外开放中的地位与功能。粤港澳大湾区,意味着深圳、东莞在内的珠三角核心区,包含港澳的11个城市都包纳其中。粤港澳大湾区一下被提升到国家战略的层面。东莞的长安镇也恭列其中,遇到了发展的最好契机。

2017年8月,随着长安智能手机小镇成功入选广东省特色小镇创建名单,特色小镇建设加快了步伐,智能手机研发中心和总部接二连三地落地生根。

2017年10月,东莞长安镇首个"工改工"项目——小天才研发中心正式启用(见图4-8)。截至2017年9月,项目累计投资4.98亿元。投入使用后,每年综合效益可达5000万元。

图 4-8 小天才研发中心建成

小天才研发中心建成后面积达到 18 万平方米。初步预计，广东小天才科技有限公司可通过该项目的实施，使公司年产值在原有基础上增加约 20 亿元，促使公司加快从制造业向高新技术产业发展转型，还有利于提升周边地区城市环境和周边社区统筹区域集体物业升值空间，实现多方共赢的良好成效。

数据显示，长安镇 2017 年 GDP 实现 550.36 亿元，全镇新增高新技术企业 211 家，总数达到 360 家，40 多家世界知名品牌企业。2017 年，长安镇规模以上电子信息产业产值 1466.5 亿元，增长 24.5%。长安 40 家"倍增计划"试点企业主营业务收入同比增长 29.7%，重大项目建设完成投资 11.81 亿元，是年度投资计划的 130.5%。

长安镇在 2018 年的《政府工作报告》提出，长安镇 2018 年 GDP 预期目标为增长 8.5%，达到 598 亿元，工业总产值达到 2200 亿元，外贸进出口总额达到 2388 亿元。

《报告》显示，2018 年将以建设富裕文明新长安为目标，牢牢把握高质量发展的要求，紧抓粤港澳大湾区和广深科技创新走廊建设的重大机遇，加快推进步步高研发生产基地、长发光电等 10 个市重大项目的建设，以及 Oppo、Vivo 研发总部等的建设。

为进一步融入粤港澳大湾区城市群，长安镇积极拓宽对外连接通道，重点加强与滨海湾新区、深圳、松山湖和虎门等周边地区的道路交通对接；加强与深圳的合作对接，推动创新走廊共建、交通互联互通、生态环境联治，参与滨海片区建设发展。

为了实现对深圳的无缝对接，长安镇已经行动起来，计划未来新建三座大桥直入深圳腹地。未来长安还将在轨道交通方面，努力实现与深圳的"亲密"接轨。长安镇将打造分别由穗莞深城际轨道、东莞地铁 2 号线——深圳 20 号线和中虎龙城际轨道、东莞地铁 3 号线——深圳 11 号线构成的"两横两纵"的轨道网络；同时，长安将积极对接大空港、融入大湾区，将充分利用轨道交通、高快速路网，进一步拉近与深圳南山、前海、宝安的距离，共同构筑莞深产城融合圈。

【特色分析】

作为制造重镇，长安镇智能手机小镇的最大特色在于立足粤港澳大湾区建设，搭建长安对接湾区、联系深港的平台通道，为深圳外溢辐射、本地企业转型、本地人才创业提供重要的空间。所处滨海湾新区的长安镇，有着背靠深圳的区位优势，完全可以成为东莞参与湾区竞争合作的桥头堡（见图4-9）。

图4-9 智能手机小镇概念规划

虽然占全国土地面积不足1%，人口数量不足全国总人口的5%，但粤港澳大湾区却创造了国内生产总值约13%的奇迹，国际一流湾区有纽约湾区、旧金山湾区和东京湾区，而粤港澳大湾区未来的目标就是成为国际第四大湾区（见图4-10）。

据2017年统计数据，粤港澳大湾区经济总量已突破10万亿元，远超旧金山湾区，逼近纽约湾区。更重要的是，粤港澳大湾区近年来总体经济增速一直保持在7%以上。

东莞，湾区发展核心驱动，前拥深圳、香港，背倚广州，被三大国际都市环绕，已然成为粤港澳大湾区核心区位。同时，东莞主动承接广深港产业转移，2017年，东莞实现地区生产总值7582.12亿元，GDP增速高于同期全国全省平均水平。

图 4-10　长安镇倚靠粤港澳大湾区

　　滨海湾新区与深圳前海蛇口自贸区、广州南沙自贸区、珠海横琴自贸区、中山翠亨新区并列未来粤港澳大湾区 5 大发展平台，滨海湾新区作为重中之重，直接串联广州南沙和深圳空港新城，被誉为"决定东莞未来 30 年发展的核心片区"。

　　滨海湾新区放入更大的战略背景来看，它为东莞的产业转型、国际化提供了便利，随着大湾区发展的加速推进，滨海湾新区未来前景一定更加广阔。

　　在粤港澳大湾区一体化进程中，长安智能手机小镇与深圳前海、大空港、沙井中心、松岗中心和东莞滨海湾新区等共同形成珠三角东部湾区发展带，具有重要的战略地位。

　　另一方面，长安镇立足全球智能手机产业的发展态势，通过连通周边镇街，整合智能手机产业资源，打造全球智能终端产业带，带动广东省智能终端产业发展。

　　目前，特色小镇处于风口，被疯狂追逐，粤港澳大湾区各种小镇纷纷挂牌，这些小镇是否会燃起虚火被一些专家和媒体审慎提出来了。他们认为，东莞要建特色小镇，就需要像长安镇一样在"特"字上做文章。

"发展先进制造业也好，抓传统产业的转型升级也好，都离不开现代服务业的发展与提升，离不开各类人才的引进与驻守。而要补齐现代服务业、人才招引这些短板，却又尴尬地发现城市的生态环境、管理水平还没跟上。"中山大学岭南学院经济学系教授林江说。

值得关注的是，以制造业升级为主的智能手机小镇，和以地方特色资源开发为主的莞香小镇，恰好正是国内特色小镇两种最主流模式的代表。相同的是，二者都走向了"产城融合"的道路。

长安镇的规划，智能手机小镇要实现"产城人文"一体化发展，建成集约发展示范区、产城融合样板区。既有补足产业链环节的引入国内外大学机构、创建国家级研发检测中心等；也有城市服务、创新研发、企业总部、乐居生活和创企工坊等5个清晰的功能组团；还有投入10亿元规划建设高端公共服务配套区，集聚体育公园、医院、学校等公共设施和服务。

林江分析，东莞有发达的制造业为根基，属于特色小镇中十分稳健的一种，打造起来风险很小。因为已经有二产的产业积淀，只需要把第三产业的要素再往上叠加，做加法，比如增加创新要素，引进人才，改善生态环境，增加基础配套设施，就很容易发展起来。

【各界评述】

对东莞而言，特色小镇建设是一个实现产业转型升级、提升城市化水平的机遇。通过小镇建设聚焦特色产业、运用结构化金融手段、以产城融合开发建设，重构特色产业价值链和生态圈。

——广州市社会科学院党组副书记 朱名宏

建设小镇与统筹发展并不矛盾，因为小镇本身就是可以打破传统建制镇的隔离。在未来的粤港澳大湾区城市群的建设中，多圈、多核、叠合、共生是必然趋势。在此背景下，东莞首先要着力打破内外行政边界的壁垒，使得各要素联系更加紧密，进而构建公共服务、就业、消费等均衡发展的生态系统。

很多问题还有待探索，但有理由相信，东莞特色小镇不会是村村点火、处处冒烟的再现，也不再是"一镇一品、一村一业"式的发展格局。立足于经济新常态和新型城镇化的大背景，背靠粤港澳大湾区城市群和广深科技走廊，身处城市品质提升和迈向万亿 GDP 的关键期，东莞这座城，将细述更多值得期待的故事。

——区域经济学专家、广东省委党校教授　陈鸿宇

根据著名经济学家钱纳里对不同经济发展阶段的划分，从生产总值、三次产业结构、制造业产值比重等指标来看，长安、虎门、厚街三镇已进入由工业化后期向工业化时期转变的"窗口期"，面临着传统制造产业转型升级的迫切需求。

如何推进工业化与信息化的深度融合，从研发创新、提效降支中完成供给侧结构性改革，重塑全球竞争力和比较优势，都是摆在东莞众多传统专业镇面前的迫切命题。这些命题的破解，都离不开金融创新、服务创新、贸易创新等高端生产性服务业。

——《南方日报》

【同类链接】

长安镇属于珠江三角洲的粤港澳大湾区小镇，可以比照世界其他湾区特色小镇。

产业湾区——东京湾区是世界上第一个主要依靠人工规划而缔造的湾区。2016 年，该湾区 GDP 就达到了 1.3 万亿美元。其拥有横滨港、东京港、千叶港、川崎港、横须贺港和木更津港等六大港口，是日本最大的工业城市群和国际金融中心、交通中心、商贸中心和消费中心。我们耳熟能详的佳能、三菱电机、三菱重工、索尼、东芝、富士通等大企业及其研究所就在该湾区。

金融湾区——纽约湾区位于大西洋西岸，由纽约州、新泽西州、康涅狄格州等 31 个县联合组成。其 2016 年 GDP 总量已达到 1.4 万亿美元，全美最大的 500 家公司，1/3 以上的总部设在该湾区。而纽约市曼哈顿区更是被形容为整个美国的经济和文化中心，著名的华尔街正位于此。

科技湾区——旧金山湾区是美国西海岸加利福尼亚州北部的一个大都会区（见图 4-11），陆地面积 18040 平方公里，人口超过 760 万人。该湾区拥

有全美第二多的世界 500 强企业总部，是世界上最重要的高科技研发中心之一，世界著名高科技研发基地硅谷就位于湾区南部，包含着谷歌、苹果、Facebook 等多家互联网巨头的公司总部。

图 4-11　旧金山湾区

纵观纽约湾区、旧金山湾区和东京湾区这世界三大湾区，快速发展的共同点就是：经济开放，自由贸易开放；它们成功的另一个原因，是必须具备"拥海抱湾"的独特地理条件。由于"拥海抱湾"，湾区具有更优越的生态、地理位置，同时其港口具有避风、水深、防冻等优点。由于湾区共享，且由不同主体共有，湾区经济的不同主体，就可以依托湾区，建设港口群。这就是湾区经济与沿海经济区域，最不同的地方。

世界三大湾区，之所以能发展壮大，是因为它们内部有金融中心：东京国际金融中心、纽约华尔街国际金融中心，同时，旧金山的金融业，也非常发达。不仅如此，许多湾区发展还有实体经济做支撑的。像世界第一大湾区——美国旧金山湾区，很多特色小镇就是依托一个企业总部发展起来的。

又如美国的硅谷，其实就是一连串的科技总部型小镇聚集而成。同样位于旧金山湾区的山景城小镇，美国人均最富有的小镇之一。

地处东京湾区的日本静冈县磐田，是雅马哈集团所在地。其从 1900 年后开始生产钢琴，20 世纪 50 年代开始生产摩托车，逐渐成为一家综合经营的跨国公司。如今，磐田市几乎家家户户都有人在雅马哈工作。

4.2.2　中西合璧，融合激荡迸发新奇迹——以沃尔沃汽车小镇为例

十里长街昔日容，依山傍水走神龙。

邮亭驿递汉朝令，妙智寺敲宋代钟。

话月巷中新市客，巢糠桥上旧田农。

台州六县繁华地，要数路桥第一重。

这是涩水赞美台州路桥旧时"十里长街"的诗，描绘了当年路桥车水马龙运转、各路客商众多、十里长街的繁华景象。

当年的路桥"走神龙"，到如今，与老牌的欧洲名车融为一体，不失为一次有趣的巧合。

【标志性事件】

路桥沃尔沃小镇于 2015 年 6 月成功列入全省第一批特色小镇创建名单，是 37 个第一批省级特色小镇创建名单中唯一一个工业小镇。小镇以吉利 V 汽车项目为核心，兼具休闲旅游与宜居社区功能（见图 4-12）。

万里情缘一车牵，路桥与汽车工业的深层关系，源于"汽车狂人"李书福。李书福，台州人，放过牛、开过照相馆、造过电冰箱、做过造车梦，白手起家创办了中国第一家生产轿车的民营企业——吉利集团。2018 福布斯中国富豪榜李书福以 979.8 亿元位居第九。

沃尔沃与路桥结缘，缘于吉利与沃尔沃（Volvo）的联姻。沃尔沃，瑞典著名的汽车品牌，于 1927 年在瑞典哥德堡创建，创始人是古斯塔夫·拉尔森和阿瑟·格布尔森。沃尔沃集团是全球领先的商业运输及建筑设备制造商，主要生产制造车辆、建筑设备、船舶和工业应用驱动系统以及航空发动机元器件。

吉利集团动议收购沃尔沃时，相当一部分业内人士是不看好的。他们认为，无论从年销售额、资产规模还是发展历史、品牌影响力上看，吉利与沃尔沃

都不在一个档次。上汽那样的实力连个双龙都收拾不了，沃尔沃也亏损严重，瑞典人自己也经营不好，吉利又如何收拾得了这么一个烂摊子。

然而，吉利收购沃尔沃，李书福是认真的。为这起收购，李书福组建了强大的中介团队。无论是融资方案，还是对核心技术技巧性的处理，以及与工会的协调，李书福都赢得了本来充满敌意的对方的信赖和认可。

吉利集团收购沃尔沃轿车公司后，李书福在沃尔沃品牌的"血统"上，给了对方相当的尊重。为此，他组建了一个国际化的董事会，既关照到了瑞典人的自尊心，也让他与瑞典人的关系融洽了起来。同时，他不仅在老家路桥建设沃尔沃基地，还把瑞典等北欧的优秀文化带进了台州路桥，这为当前路桥建设"沃尔沃小镇"创造了优良条件（见图4-13）。

图4-12　沃尔沃汽车小镇

图4-13　沃尔沃小镇展示中心

【发展历程】

沃尔沃小镇是路桥"两极、一带、两组团"新格局的重要组成部分，是路桥工业、文化、旅游产业发展的一个标志，更是转型升级再次腾飞的重要里程碑。

2010年8月2日，一场迄今中国汽车行业最大的一次海外并购案画上了圆满句号。

经过多年复杂艰难的谈判，吉利控股集团正式完成对福特汽车公司旗下沃尔沃轿车公司的全部股权收购，获得了沃尔沃轿车品牌的拥有权。众多国外媒体均将这一"蛇吞象"的重大新闻事件搬上了头条。

收购沃尔沃轿车公司后，吉利集团不仅在路桥建设沃尔沃基地，还把瑞典等北欧的优秀文化带进了台州路桥，这为路桥建设"沃尔沃小镇"创造了优良条件。

2013年12月，吉利汽车台州路桥基地迁建暨"V汽车项目"正式开工。该项目总投资121亿元，建成后具有年产20万辆乘用车的生产能力。在未来，它将成为吉利汽车中高端整车及核心零部件生产研发应用基地，为路桥企业树立"超级现代工厂"的标杆，引领路桥零部件配套企业围绕沃尔沃的产业分工体系。

2014年启动汽车整车生产基地和汽车零部件产业园区建设。

2015年6月，浙江省人民政府批准了台州市路桥区创建"沃尔沃小镇"的方案，成为浙江省第一批特色小镇。

2016年启动生活功能区建设。

2017年3月28日，小镇年产20万辆整车的吉利V汽车项目竣工。11月28日领克01汽车上市，在预售抢购活动中，6000台量产版在137秒内抢购一空。

2017年底初步建成以汽车产业、汽车文化、汽车旅游为三大特色的小镇，三年间沃尔沃小镇投资达124亿元。

建成的路桥沃尔沃小镇面积2957亩，分为三大功能区：

一是吉利沃尔沃整车生产基地，总建设面积约40万平方米；二是汽车零部件生产基地，涵盖零部件产业园区、物流园区、办公研发区等；三是体现北欧风情的生活区，涵盖吉利 V 项目生活配套区、汽车主题公园、北欧风情街、汽车创意产业园、休闲娱乐区、滨河绿带等（见图 4-14）。

整个小镇展现在你面前的是：中国先进的沃尔沃汽车生产和研发基地，中国东部重要的汽车零部件生产基地、贸易中心，以汽车为主题的滨海旅游休闲基地和宜居的城市新区（见图 4-15）。

图 4-14 北欧风情的生活区

图 4-15 滨河绿带

【特色分析】

1.区位优势明显

路桥沃尔沃小镇位于台州路桥，浙江沿海中部，中国黄金海岸中段，境域东濒东海，南接温岭，西邻黄岩，北连椒江。地理位置优越，环境得天独厚，距离县城 15.5 公里、市区 13.3 公里，距上海 230.5 公里，距杭州 295.1 公里，距高速入口 29.2 公里，距高铁站 19.7 公里，距火车站 19.7 公里，距机场 10.4 公里。

小镇位于台州湾循环经济产业集聚区。台州湾集聚区是浙江海洋经济示范区的重要组成部分，是浙江省重点规划建设的 14 个产业集聚区之一，也是台州实施沿海开放、大力发展海洋经济的重要平台。台州湾集聚区的加快开发建设，交通条件的日趋优越，路网、水网、电网等基础设施和生活娱乐设施的加快完善，为建设沃尔沃小镇提供了重要的保障。

2. 产业特色显著

一是引入高端，促进当地汽车及零部件企业转型升级发展。路桥本身就有拥有吉利、吉奥、永源、彪马四家整车生产企业，是中国经济型轿车的出口生产基地。吉利引进了沃尔沃，可以发挥显著的品牌效应。已有 82 年历史的沃尔沃，是欧洲著名的豪华汽车品牌，与奔驰、宝马、奥迪齐名，被誉为"世界上最安全的汽车"，品牌认知度和美誉度较高。沃尔沃生产基地的建成将成为世界上最先进的整车生产基地之一，这对路桥整个汽车产业会产生重大影响，这也是路桥经济结构转型升级的一次重大机遇。随着国内消费水平、消费层次的逐步提升，沃尔沃作为国际知名品牌，其品牌效应就是意味着质量，就意味着高标准严要求。沃尔沃整车在国内生产，具有价格和品牌优势，市场前景广阔，这为沃尔沃小镇发展提供了良好的产业基础。

二是构建汽车产业的生态，促进小镇强链接产业的形成。除整车项目外，还在沃尔沃小镇规划建设汽配园区，汽车贸易中心等项目，涵盖了从产品的设计、工业化方案的策划，包括项目管理、生产制造、质量控制以及售后服务体验的全过程，打造了一个完整的产业系统。

三是构建了产业创新体系，促进小镇的可持续发展。小镇将建设汽车创业产业园，搭建资本和市场的对接平台，发挥政府资金"四两拨千斤"的效应，吸引有创新梦想的人才，培育和孵化了具有前沿科技和全新商业模式的创业创客企业，在未来几年内，力争培育一批汽车行业的"独角兽"。这是沃尔沃小镇的一个产业特色，既符合当地的产业形态，又促进了当地产业的转型升级发展（见图 4-16）。

图 4-16　沃尔沃小镇鸟瞰图

3. 建设思路领先

沃尔沃小镇坚持产业、文化、旅游"三位一体",生产、生活、生态"三生融合",工业化、城镇化、信息化"三化驱动",借用沃尔沃品牌的文化优势,打造集汽车、休闲、娱乐、商务等功能于一体的特色功能区,"以产促镇,以人促镇",打造成台州市域宜业宜居宜游的新地标。

小镇坚持"一带一核一轴"的总体构思:

一带:指汽车主题的城市公园带,自西向东占据着整个小镇的中心区块。

一核:指小镇精神核心,位于主轴与汽车主题公园带交界处,是小镇核心精神所在。

一轴:指沿海虹桥路的交通联系轴,自北向南联系串联小镇的三大功能区块。主轴线上涵盖了吉利沃尔沃整车生产基地、汽车零部件产业基地、以体现北欧风情的生活区等功能区。

至 2020 年特色小镇基本形成。建成后将形成年产 20 万辆沃尔沃汽车的产业特色小镇,集聚人口约为 3 万人,年产值将达 1000 亿元,实现税收 45 亿元以上,每年吸引各地旅游人数 25 万人次以上。

届时,沃尔沃小镇与城市开发、现代商贸、文化旅游的一体化、融合式发展,将成为产业集聚、产业创新和产业升级的样板小镇。

4. 产业文化独特

特色小镇建设，首要的是有一个明确的产业定位，其次还必须具有一定的文化内涵。

沃尔沃小镇从吉利集团的发展历程，以及台州企业家的创业精神入手，结合沃尔沃欧洲品牌企业的文化，走出了一条中西结合的文化创新之路。

吉利汽车从小到大，从低端走向高端，从国内走向国际，从白手起家到收购名车沃尔沃，本身就是一个传奇。

核心人物李书福，他代表了台州当地企业家能吃苦、敢闯、敢干、敢为天下先的一种创业精神。这次引进的沃尔沃汽车品牌以及配套厂商，是在欧洲传承了百年的知名企业，他们身上的品牌意识、专注意识、传承意识、工匠精神，都是台州本土企业值得学习的。

把本土文化与外来文化完美地融合在一起，打造出小镇独特的产业文化精神，这也是一种奇迹，也是一次文化的创新，是小镇未来发展的一种方向。比如引进的汽车零部件的制造商是瑞典的希捷零部件汽车制造商，该公司生产的是汽车上最简单的零件，汽车油门踏板和刹车踏板，就是这最简单的零件，在欧洲却传承了百年，传承了几代人，形成了一个知名的品牌，包括最高端的几家汽车整车生产商都向该公司订购零件。这种专注精神、工匠精神是沃尔沃小镇所需要学习和吸纳的，需要发扬的一个文化特色。

5. 设施配套齐备

基础设施配套建设。启动海虹路、滨十二路、滨十三路等主干路网建设，全面建成小镇路网、通信网络、排水、排污等基础设施。

人文旅居的大环境配套建设。一是汽车主题公园建设。通过汽车产业与旅游、文化等产业的有机结合，打造一个占地约800亩、投资8.2亿元的集汽车教育、休闲、娱乐、运动、商务等功能为一体的汽车主题文化公园，提升小镇形象。汽车主题公园功能包含开展汽车文化交流，举办汽车知识公益教育，传播汽车文化和加强青少年汽车知识普及等，定期举办具有一定影响力和知名度的汽车文化活动，建设赛道，组建汽车俱乐部，举办汽车拉力赛、场地赛等比赛，大力推动汽车运动的发展。二是北欧风情街建设。投资4.1亿元，占地约200亩的风情街项目，将体现北欧风情的建筑群，力求原汁原味地还原瑞典小镇风格；功能定位为汽车研发、办公、创意研发、临街商业等行业。三是建设小镇城市客厅、吉利生活区，以及骑士酒店、骑士教堂等大配套设施。

6.政策机制完善

小镇推进综合服务功能建设。创新特色小镇的商业、服务业、文化事业招商机制和运作机制，吸引社会资本参与小镇公共配套基础设施、公共服务平台以及创新孵化平台建设，确保小镇持续繁荣。

出台多项扶持政策。沃尔沃小镇围绕产业链、创新链打造，出台扶持政策，吸引国内外高端汽车研发机构和人才入户汽车创意产业园，集聚和融合产业资本、人力资本等高端要素（见图4-17）。

图4-17 沃尔沃汽车小镇零部件产业园区

【各界评述】

路桥沃尔沃小镇位于台州市路桥区，是首批列入省级特色小镇名单中唯一的汽车小镇。小镇以吉利V汽车项目为核心，紧扣"汽车"和"北欧"两大元素，建设全国先进的汽车整车及零部件生产、研发、贸易中心，以汽车为主题的北欧风情旅游休闲基地、宜居城市新区，打造"现代汽车的标杆地，汽车文化的体验地和特色风情的游玩地"。

——浙江发改官方微信

"小镇的规划做得很漂亮，希望今后建得也一样漂亮"。

——时任浙江省省长 李强

沃尔沃小镇：打造国产汽车标杆产地。（小镇）既要有产业，又要有文化和旅游，同时要把生产、生活、生态结合起来，所以必须走产城结合的道路。结合路桥的实际情况，他们综合考虑目标定位、功能布局、产业发展、基础设施与"一都三城"的协调性，坚持项目引领，以产促城、以城兴产相结合。

——《中国改革报》

建成后的沃尔沃小镇不仅会向全世界输出一批又一批的"路桥制造"，还会定期举办北欧风情特色的瑞典文化周、"挪威森林"音乐节等体现北欧历史文化的活动。这些极具北欧文化底蕴的活动都将深深熔铸在小镇的血脉中。这个兼顾江南与欧洲风情、中西合璧的特色小镇，将会以美丽的容貌，迎接中外客商和游客的到来。

——《科学 24 小时》专刊

【同类链接】

1. 顺德新能源汽车小镇

顺德新能源汽车小镇位于佛山市顺德区。小镇聚焦汽车创新产业，专注新能源化和智能网联化发展方向，致力于建设和运营创新、绿色、开放、共享的小镇。

小镇聚焦汽车创新产业，围绕新能源化和智能网联化两大方向，大力发展新能源整车、核心零部件、车联网、无人驾驶，以及与之关联的云计算、大数据、电子信息、人工智能等科技产业和生产服务业，打造集新能源汽车"高端研发、创新运营、前沿示范、创新孵化"于一体的汽车产业创新生态圈。

小镇着力打造创新中心和智造中心。

创新中心：位于顺德大良核心区，占地约 1000 亩，以高端写字楼、总部独栋办公、商业配套为主，主要发展高端研发、前沿示范、创业孵化、大数据业务运营、总部经济等产业。

智造中心：位于顺德龙江镇佛开高速以西、龙高路以北朝阳片区，占地2000 亩，以高端工业厂房、工业研发楼宇及商住配套为主，主要发展新能源整车、改装车、电池电机电控等核心零部件产业。

启动区：启动区占地 178 亩、建筑面积 53 万 m^2，于 2018 年开放。

顺德新能源汽车小镇采用"立体交通"和"垂直绿化"设计理念，按照 4A 级景区标准打造，将城市设计成一个高效复合、生态环保的有机体。

2. 华北汽车文旅小镇

华北汽车文旅小镇，由河北环城国际集团携手碧桂园物业集团共同打造，项目地处石家庄鹿泉北部新区，位于河北省政府批复的西北物流产业聚集区中心地带。项目总规划 7500 亩，核心占地 2500 亩，总投资 120 亿元。致力于打造石家庄第一个汽车交易综合区，华北区第一个都市产业生活区，打造华北区首个以汽车为元素的特色小镇。

小镇以汽车、商业、商务三大核心驱动，汽车运动、汽车文化、汽车生活、汽车产业为主题特色。汇集吃、穿、住、行、玩、乐、购等全方位体验。新北方汽配城是华北汽车文旅小镇的商业部分，2018 年 5 月 19 日，随着北方汽配城入驻华北汽车文旅小镇暨新北方汽配城启航揭牌、汽车嘉年华活动的盛大开启，新北方汽配城正式面世。

华北汽车小镇·新北方汽配城被授予 2018 中国汽车后市场"优秀市场"称号，这来之不易的荣誉是对华北汽车小镇在汽车后市场所做的突出贡献的认可，也是华北汽车小镇的骄傲。华北汽车小镇·新北方汽配城凭借强大的品牌实力，良好的口碑以及完善的服务体系在汽车产业蓬勃的发展浪潮中奋勇前行，华北汽车小镇也将会成长为华北汽车产业业界最具有潜力的市场，带来巨大得经济价值。

4.2.3 横钢蝶变，飞向未来发展的新高地——以建德航空小镇为例

一座具有 1800 年历史，人文荟萃，风景名胜得天独厚，江南悬空寺大慈岩、灵栖洞天等国家级风景旅游区，以及浙江省首个天然"硫"温泉，坐落在此。它就是有浙西名镇之称的寿昌古镇。

一座辉煌近 50 年，冶金部唯一定点的铬铁合金生产专业企业——横山钢铁厂。

一座开通 10 年以上的通用机场，浙江省首家获证并至今唯一正常运营的

千岛湖通用机场。

貌似互不搭界的古镇、钢厂、机场，在一、二、三产融合发展的今天，找到很好的嫁接点、契合点，孕育出一座颇具特色的航空小镇。

【标志性事件】

大事件一：横钢，航空小镇不能忘却的历史

2017 年 6 月，建德航空小镇管委会收到一封来信，信中赋诗一首，题目为"期盼未来"：

横钢蝶变，旧貌换新。工业遗址，改造提升。

新安温泉，休闲健身。火车旅馆，精致温馨。

腾腾升起，航空小镇。万人瞩目，前景光明。

赛车公园，引擎轰鸣。飞艇高悬，勇士攀登。

千岛机场，蓝天白云。空中旅游，飞翔银鹭。

期盼未来，游客如云。声誉中外，旅游乐镇。

一生横钢人　见证辉煌

"最好的经历，大概是投身一项可以为之倾尽所能的事业中去。"来信人名叫裘之凡，他在建德航空小镇所在地生活了一个甲子。84 岁的他，矍铄健谈，他的"芳华"要从横山钢铁厂筹建说起。

1958 年，中专毕业后的裘之凡，从绍兴嵊州前往浙江西部山区寿昌，参与浙江横山钢铁厂的建设。白天，联系职工、跑工地、做花名册、跑考勤；晚上，和近 700 名来自全国各地的同事，居住在由猪圈改造的职工简易宿舍。"不犹豫，很纯粹，就是响应国家号召。"尽管已经过去 60 年，裘之凡的眼中仍然流露出当年的激情。

还有一位老横钢人冯沛卿，他 1968 年从中南大学金属压力加工专业毕业后就来到横钢工作，分配于横钢五车间从事钨钼生产技术管理工作，此后还曾在总厂技研处、厂研究所工作，在横钢工作的 25 年里，一路从技术员干至厂研究所副所长。

时隔数十载，当从网上看到公开征集建德市横钢纪念馆档案材料启事后，冯老先生立即将自己精心收藏的横钢物品进行了整理编号，手写一封长信"夏国彪（横山社区书记）先生：您好！选寄去一些物品，供横钢纪念馆酌情使用。依编号分别简注如下……以上个人藏品，全都无偿捐赠，这是她们最好的归宿"随信附上的九张已经泛黄的老照片，以及几本虽显陈旧但依旧被精心保管的书籍资料，看得出是一位老人对横钢的记忆和浓厚的感情。

图 4-18　工人正在炼钢

横钢建厂之初，从全国各地调集了大批干部、技术人员和工人。作为国家二级企业，它曾辉煌过，也曾失落过。它是冶金部唯一定点的铬铁合金生产专业企业，第一批国有大型企业和国家"双保"企业，曾为我国的军事工业、钢铁工业、援外项目、国际贸易和地方发展做出过巨大的贡献。虽然现在已是个历史名词，但在许多人的心里都刻下了深深的烙印。2003 年，盛极一时的横山钢铁厂正式宣告破产。破产后的横钢，整体环境日渐破败，各类建筑闲置浪费（见图 4-19）。

时至 2013 年，建德市借浙江省"三改一拆"行动之东风，以发展的思路重点整治横钢区块，把改善横钢面貌、盘活存量资产，以及改造旧厂区等工作结合在一起。2016 年 1 月，建德寿昌航空小镇正式获批省级航空特色小镇，这是全省唯一的以通用航空产业为特色的小镇，也是国内第一个以官方名义

269

命名的真正意义的通航小镇（见图 4-20）。以横钢为核心改造而成的航空休闲旅游区块被纳入到航空小镇规划范围中，老横钢从此焕发出新的生机。

图 4-19　横山钢铁厂专线铁路

图 4-20　建德千岛湖通用机场

大事件二：《建德共识》成为通航产业的行业标准

"未来，要把《建德共识》作为全行业的标准，成为样板。"中国航空工业文化中心副主任、中航文化有限责任公司副总经理冯柏林在 2017 中国·建德通航产业国际论坛上如是说。2017 年 12 月 18 日，以"新时代、新产业、新崛起——通航产业与区域经济转型升级"为主题的国际论坛在建德召开，论坛聚集了国内外通航领域的专家学者、行业权威机构和知名企业代表 300余人。论坛期间集中发布了一批通航产业方面的重要成果，尤其是《通航产业发展中国·建德共识》，非常具有战略意义。

地处浙西山区的建德之所以能受到通航产业的眷顾是有原因的。早在2006年建德就建成并投入使用千岛湖通用机场，同时取得A类民用机场许可证，当时国内只有为数不多的几家通用机场获得此类许可证。《民用机场使用许可规定》由中国民用航空总局于2005年11月7日颁布施行。通用机场属于民用航空机场，主要承担公务出差、空中旅游、气象探测、农林喷洒、消防警巡、空中救援等特殊的民用飞行任务。通用机场分A类、B类、C类，其中A类为最高级，必须符合"具有10-29座航空器经营性载人飞行任务，或最高月起降量达到3000架次以上"的要求。

建德千岛湖通用机场是浙江省首家获证并至今唯一正常运营的通用机场。可满足全重5250公斤以下A类飞机起降，建有500米×18米的跑道和可停放17架航空器停机坪和15-20架航空器机库，机场占地约580亩，其中飞行区占地175亩，等级为1B级。机场拥有全国通用机场中最大的报告空域条件，高度1200米以下、面积约4500平方公里。

【发展概况】

一、小镇简况

航空小镇所在地寿昌位于浙江省建德市西南部，距新安江13.2公里，铁路金千线（金华——千岛湖）在镇东南通过，320、330国道在城东交汇，是一个交通便捷，工、农、商各业综合发展的中心集镇（见图4-21）。寿昌历史悠久，人文荟萃，风景名胜得天独厚，江南悬空寺大慈岩、灵栖洞天等国家级风景旅游区享誉浙东南，更有浙江省首个天然"硫"温泉在此，素有浙西名镇之称。

航空小镇地处寿昌的西北面，规划范围包括横钢区块和寿昌镇的四个村，规划面积3.57平方公里，建设用地1.39平方公里。内有千岛湖通用机场，与周边萧山机场、黄山机场、庐山机场、井冈山机场、武夷山机场、温州机场和普陀山机场的空中距离都在300公里以内（见图4-22）。

建德航空小镇于2015年12月获批杭州市第一批特色小镇，2016年1月获批浙江省第二批特色小镇。

图4-21　建德航空小镇

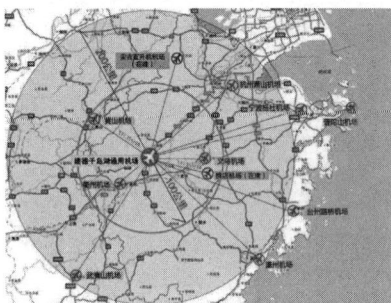

图4-22　建德航空小镇区位图

二、发展历程

1. 带着翅膀的浙西小镇

寿昌镇坐落于浙江西部山区中的一处盆地，这里有广袤的空间，也有平缓的山丘。其所具有的空域环境和地域条件，用于建设民用机场在华东地区甚至是全国实属罕见。大自然赋予寿昌一个航空的基因。

早在1999年建德政府就着手组建通用航空机场，经过八年努力，于2006年底建成建德千岛湖通用机场并取得了许可证，成为浙江省首家取得A类民用机场许可证的通用机场。2012 年结合低空空域的改革试点，部队空军将寿昌以及千岛湖上空 4500 平方公里、1200 米以下的空域划设为报告区域，为通航飞行松绑。从此，吸引更多的像上海东方、浙江浩恒等航空公司和飞行单位在这里从事飞行训练和通用航空作业飞行，如警用航空、护林防火、国网巡线、紧急救援等。截至 2014 年底，这里累计起降总数已经超过 8 万架次，仅 2014 年机场飞行日达到 265 天，飞行 7300 多架次。

2014 年年底，全国低空空域管理改革工作会议确定了 12 个城市为 1000 米以下空域管理改革试点。这也进一步打破了通用航空产业的平静：包括私人飞行、公务飞行、旅游、农业、海洋开发等在内的低空飞行应用市场将逐步打开。更领寿昌人惊喜的是杭州被列为试点之一，这意味着在杭州，私人飞机使用 1000 米以下空域，除了"禁飞区"，不必得到军方的批准。

时隔一年，千岛湖机场完成一期改建，将跑道延长至 800 米，加宽至 30 米。这样运 12、大篷车 208 等 B 类飞机，就可在机场起降。千岛湖通用机场成为开展低空转场飞行、旅游包机和私人飞行的绝佳低空航线节点。

随着低空领域的进一步开放，通航产业发展环境也更加宽松，私人飞行时代也将来临。

2015 年，全省上下正在积极创建"特色小镇"，这一个绝佳的发展契机，被寿昌人敏锐地捕捉到，于是一个灵感闪过寿昌人的脑海：打造"航空小镇"，进军私人飞行、公务飞行、旅游、农业等在内的低空飞行市场！时至年底寿昌即获批杭州市第一批特色小镇，2016 年 1 月获批浙江省第二批特色小镇。

这些让所有寿昌人非常激动。要知道，从寿昌起飞，周边的萧山机场、黄山机场、庐山机场、井冈山机场、武夷山机场、温州（雁荡山）机场和普陀山机场的空中距离都在 300 公里以内，是开展低空转场飞行、旅游包机和私人飞行的绝佳低空航线节点。而且，更有意思的是，只需要花 5 分钟，山的那边就是千岛湖，其 9 成以上的水域，都在飞行范围内，"空中游览千岛湖"这项让人心动的旅游项目就在眼前。

2.腾笼换鸟的老工业基地

虽然有着"飞"的天赋，寿昌发展航空小镇，到底靠不靠谱？很多人还是会质疑的。因为这是全新的领域，国内也没有现成的经验。航空小镇的布局必须和通航产业相关,比如航空器组装制造、通用飞机维修养护及装备制造,拓展开来还可以有休闲航空体验、航空主体乐园、航空文化馆等。于是,寿昌把目标锁定在 130 多公顷的横钢区块,那里拥有丰富的工业遗产和浓郁的生活气息。

在浙江,特色小镇不是传统意义上"镇"的概念,它是一种全产业链融合、各种创新要素聚合的产业升级和经济转型平台。围绕着通航产业,航空小镇应该是宜业、宜居、宜游,是一个带有产业特色的生活社区。一个具有年代感的小镇,稍作改造,就能散发出浓郁的小镇风情。

通过规划设计,把原横山铁合金厂闲置体育馆、电影院、横山医院升级改造为篮球馆、羽毛球、室内攀岩、影剧院、康体理疗中心等。利用原横铁厂区闲置铁路资源,建设火车小站、轨道自行车。利用旧绿色车厢改造火车旅馆、咖啡吧,将铁路沿线闲置土地建设成火车露营基地等,形成新奇、独特的铁路风情公园。利用分散在项目区域内的闲置厂房、仓库,设立工业和民俗博物馆……充满风情的航空小镇,正从纸上走进现实(见图 4-23)。

图 4-23　建德航空小镇示意图

3. 有着梦想的航空小镇

拥有 1800 年历史的寿昌,最吸引全国乃至世界"眼球"是这座千年古镇的航空产业巨大的发展潜力。热爱航空的朋友知道,美国的"世界飞机城"——威奇托市,在那里,有一组经验数据:一个航空项目发展十年后给当地带来的效益，投入产出比可达 1：80，通用航空的就业带动比是 1：12。照此测算，寿昌计划投资 50 多亿元，打造一座集飞机制造、维修、培训、航空旅游及航空体育赛事为一体的特色航空小镇，也是值得期盼的。

如今，国内通用航空发展需求日渐旺盛，是一个潜力巨大、亟待开发的新兴产业和新的经济增长点。通航产业，是一片充满商机的蓝海，有望成为建德经济转型升级的未来引擎之一。应急救援、护林防火、空中观光游览、保障政务、私人飞机托管、航空器飞行驾驶执照培训、航空器维修加油、航空器组装和制造、航空金融……在建德航空小镇的这片蓝天，正孕育着一个宏大的产业梦。

规划中的航空小镇将开辟出自贸区，专门用以飞机零部件的经营和销售。在自贸区内，至少可以汇聚海内外 50 家以上的供应商。规划建设的航空博物馆，准备从世界各国引进 50 架以上具有收藏价值的历史飞机，供市民、游客一睹航空业的风采。在规划蓝图上，千岛湖机场新建一条 1800~2200 米跑道、新建三条 100 米左右的联络道、安装仪表着陆系统和夜航灯光系统、扩建油库和购置加油设施、新建机场办公楼等项目赫然在列。

2015 年 3 月，北亚通航率先与千岛湖通用机场签订战略合作协议。根据协议，在建德千岛湖通用机场，北亚通航还将建成融汇国际通用航空产品保税展览、飞机娱乐体验、地面运营服务、进出口国际贸易、金融服务、商业投资、科技教育、航空主题活动、航空文化艺术、环境改造升级、低碳生活等多要素于一体的通用航空综合示范区（见图 4–24）。

此外，航空小镇也吸引着不少航空公司的青睐。先后有浙江东华、上海东方、中国飞龙等 18 家航空公司使用该机场，共计超过 40 架飞机、直升机在此从事飞行训练和通用航空作业飞行。"航空产业园肯定是寿昌当前和今后一个时期内发展的战略支点。"寿昌镇主要领导信心满满地说，该镇正在加快各项基础设施的建设步伐，太空鹰俱乐部、东方通用 145 部机务工程维修等 9 个项目也在有序推进中。

建德还将利用国家重点技工学校——建德市工业技校与航空背景的高校合作培养和孵化通航产业专业技术人才；加大科研投入，利用航空研究院所优势加快科技成果转化和产业化进程；同时发展旅游休闲产业，利用航空小镇带动产业转型升级。

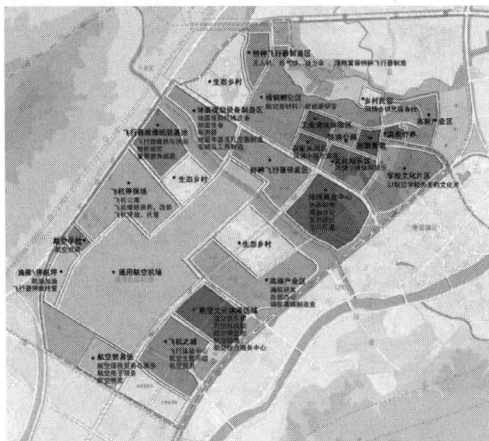

图 4-24　航空小镇规划图

三、空间规划

建德市于 2013 年编制了《建德市通用航空产业基地概念性规划》，后续又编制了建德市通航小镇总体规划、航空休闲主题公园规划等。初步形成了包含以建德千岛湖通用机场为核心的通航服务区、以卜家蓬工业平台为核心的通航制造区、以横铁航空主题公园和新安江玉温泉为核心的通航休闲区三大特色产业区块的航空小镇概念，产业定位和空间布局逐渐清晰。

其中，通航服务区块：以千岛湖通用机场为核心，围绕通用航空飞行器运营，开展集飞行程序报批、起降服务、飞机托管、飞机保养、航油服务、飞行俱乐部等相关通航服务业。该产业为航空小镇的核心基础，是其他产业延伸和发展的前提要素。

通航制造区块：以卜家蓬区块为核心，围绕"产业引领，航空驱动"的发展思路，主要开展航空器组装、航空器贸易、特种飞行器研发、飞机零部件供应保税区等通航制造业，通过招引一批行业龙头企业，大力发展能耗排放低、产业质态好、科技含量高的产业，打造航空器制造相关上下游产业链，形成以航空产业集聚为特色的建德新工业增长极。

通航休闲区块：以横钢区块为核心的航空休闲旅游业。以航空体育、航空旅游、飞行体验等为核心业务，结合新安江玉温泉、横钢工业遗址将通航与休闲完美契合，打造航空主题乐园；同时以飞行员培训、通航技术人才培训、无人机驾驶员培训等业务为主，打造通航人才培训基地（见图4-25）。

图4-25　通航人才培训基地

四、业态布局

依托千岛湖通用机场这一独特优势，围绕"航空＋旅游"的发展理念提升产业价值，在一、二、三产融合发展方面建德航空小镇找到很好的嫁接点、契合点，引领工业由中低端向中高端转型。围绕"产业引领，航空驱动"的发展思路，航空小镇以"飞行器组装、地面援助设备制造、特种飞行器制造和研发"为主要产业，通过招引一批行业龙头企业，大力发展能耗排放低、产业质态好、科技含量高的产业，在构建稳固的产业体系的同时，实现自身产业的转型升级。

服务业是航空小镇的重点和亮点。小镇旨在打造以"航空飞行服务、社会公益应急救援服务、航空停保服务、航空俱乐部"为四大特色的航空空服品牌，实现服务业由传统模式向新兴模式跨越。

为形成一种适宜"航空文化"快速生长的气候和土壤，小镇建设了航空主题公园、航空科技馆、航空博物馆及航空联盟俱乐部等项目，并吸引了大批了解航空、热爱航空、参与航空、支持航空的"铁杆粉丝"。同时，通过飞行器制造、组装、试飞等现代工业，开展航空工业旅游，使游览者在体验过程中融入现代航空工业文化（见图4-26）。

图 4-26　跳伞

随着北亚通航、中民飞、汇融顺泰等通航公司相继在建德落地注册，预示着小镇即将形成包括航空器组装、航空器贸易、特种飞行器研发、飞机零部件供应保税区、航空器飞行保障、飞机驾驶执照培训、航空器维修托管、航空休闲旅游、航空人才培训及航空体育赛事等服务内容的航空全产业链。

【经验分享】

一、在转型中寻找发展契机

迈入 21 世纪，"城镇化"成为地方政府发展社会经济的关键词。"关停并转""退二进三"，以及"三改一拆"的新政释放出支持新经济发展的信号。一方面，地方政府必须面临计划体制遗留下来的产业迭代，需要对接市场经济条件下孕育出的新型产业；另一方面，从城镇化发展角度看，正处于从单一重视"大城市"建设，转向重视"小城镇"的建设，尤其在探索新型城镇化路径上更加不遗余力。政策的驱动、认识的更新、技术的升级，在新旧动能转换过程中，使得地方政府在捕捉发展时机、把握发展切入点变得尤为凸显，进而借道"特色小镇"创新建设分享经济社会的转型成果。

横钢区块，是航空小镇的重要组成部分，曾经红火一时的横钢于 2003 年由盛转衰，宣告破产。彼时，建德政府苦于寻找新的发展路径。2006 年建德千岛湖通用机场的投运，为后来的航空小镇打造埋下了伏笔。

自 2014 年杭州被列入国家 12 个 1000 米以下空域管理改革试点，这意味着私人飞机可以在 1000 米以下的空域自由飞翔，这也说明私人飞行快速发展时期的来临。作为杭州市所辖地的建德深知这是重新开拓发展的绝佳契机。

本来就拥有通用机场的建德，自然而然孕育出一个颇具特色的航空小镇（见图4-27）。

图4-27 航空小镇规划鸟瞰图

二、独特资源转化为发展优势

先发优势：建德千岛湖通用机场，是全省首家取得A类民用机场许可证的通用机场，也是全省唯一正常运营的通用机场，这是航空小镇建设的核心资源。相对于其他通用机场"审批——取证——建设——运行"至少五年以上的周期来说，已经在机场运营管理和产业发展集聚方面积累了十年以上经验的千岛湖机场，作为浙江省4个试点之一，无疑具有先发优势。

区位优势：航空小镇地处"杭—金—衢"三市交界之地，是三市交通、资源互通的重要枢纽。杭新景高速在航空小镇附近设有寿昌和航头两个出入口，东邻金千铁路与浙赣铁路相联通，陆上区位优势明显。千岛湖通航机场空域达到4500平方公里（1200米以下），基本覆盖千岛湖区域，如此广阔的空域范围在全国数一数二。以建德千岛湖机场为核心，可形成100公里、200公里、300公里三大飞行圈，对接省内外十余个机场，飞行圈范围覆盖全省，是开展低空转场飞行和空中短途旅游的绝佳节点，空中区位优势也很明显（见图4-28）。

配套优势：千岛湖机场基地内已有800米跑道，中航油华东地区第一家标准油库，机库、飞行俱乐部、航空办公楼、飞行停机坪以及工业学校等资源为通航产业多元化发展奠定了良好的基础。以横钢为基础的老工业区内的水、

电、气等工业资源配套相对完善，原有的制造、金属加工、材料等产业基础
为发展飞行器组装、飞机零部件制造、地面飞行体验设备制造以及航空主题
公园等通航产业提供了有力的支撑。

资本优势：一直以来，浙江资本市场发展走在全国前列，在中国资本市场
这个大舞台上，浙江板块始终是一个非常活跃的群体。单从IPO看"浙江速
度"，全国每5家就有一家。另据资料反映，浙江是全国经济最发达的省份之一，
也是私人飞机最集中的地方之一。根据《2015胡润浙江地区财富报告》发布，
浙江每380人中，有一人是千万富豪；每6200人中，有一人是亿万富豪。早
年仅温州市就一次性订购私人飞机39架。这为航空业的发展做了一个很好的
背书。

图4-28 千岛湖通行机场空域图

三、在全产业链中有"取"有"舍"

随着国内航空业发展需求日渐旺盛，通用航空成为一个潜力巨大的新兴
产业和新的经济增长点。国际经验表明，一个航空项目发展十年后给当地带
来的效益，投入产出比可达1：80，通用航空的就业带动比是1：12。通用航
空全产业链包括上游基础产业、中游研发制造、下游通航运营和保障。对此，
建德航空小镇也有冷静思考，在通用航空的全产业链中"取舍"有度。

立足于建德的发展基础，通航产业与第一产业的关联度，如蔬菜、茶叶、

草莓等优质生鲜果蔬需要快捷运输，可以支撑航空农产品物流、航空食品制造、航空农业林业休闲旅游；通航产业与第二产业的关联度，如利用原有工业基础启动通航制造业发展，引进通航零部件制造市场中的特种飞行器制造、地面援助及空管设备制造，舍弃通航飞机主要零部件制造，以及工业运营市场；通航产业与第三产业的关联度，如利用千岛湖机场已经覆盖千岛湖空域的有利条件，发展空中旅游，进而带动相关服务业、金融业发展，引进私人、旅游、体育通航市场，拓展通航配套商业、航模赛事、航空会展等（见图4-29）。

图 4-29 通用航空潜力巨大

四、充分运用政府那只有形的手

政府是特色小镇发展的最主要推动者，特色小镇的发展不仅可以推动地方经济的快速发展升级和就业人口的聚集，也给地方政府带来了巨大税收收益，还能为地方带来更多无形的收益，如城市环境的优化、民生的改善、城市影响力的提升、产业生态圈的形成，以及更多高素质人才的聚集等，这些难以用金钱衡量的社会经济环境改善，是政府大力推动特色小镇开发的重要动力。

有鉴于此，在探索特色小镇建设过程中形成一种认识，即政府引导、企业主体、市场化运作。这样既凸显社会中企业主体地位，充分发挥市场在资源配置中的决定性作用，又体现政府引导和服务保障，在规划编制、基础设施配套、资源要素保障、文化内涵挖掘传承、生态环境保护等方面的作用。

在建德航空小镇的建设上也是坚持以政府为主导、以企业为主体、社会共同参与。尤其在小镇建设初期运用好政府那只有形的手很重要。

首先是运用政府主导，规划未来。早在2013年借浙江省"三改一拆"的东风，建德市着手编制了《建德市通用航空产业基地概念性规划》；2014年，又与南京军区空军勘察设计院一起对千岛湖通用机场一期进行扩建设计；2015年，委托杭州市城市规划设计院编制建德市通航小镇总体规划，委托中国美院编制航空休闲主题公园规划；2016年，由中天设计院对各项规划进行整合提升；时至2018年，在《杭州市拥江发展战略规划》中进一步明确了建德的发展定位：建德在既有千岛湖机场的基础上发展为一类通用机场，结合航空小镇建设，形成钱塘江上游地区重要的对外交通特色枢纽。

其次是政府搭台，招商引资。2017中国·建德通航产业国际论坛在建德召开，作为这次论坛上的一大亮点，建德航空小镇与中国航空器材集团、浙江省机场建设集团、浙江传媒学院、杭州电子科技大学、中国民航管理干部学院、美国太平洋航空集团等国内外10家单位签订了重大招商项目，意向总投资达80亿元，未来将开展深度合作。

特色小镇建设已经成为势头强劲的产业风口，为经济创新发展带来新的机遇。政府、企业因其介入角色的不同，在特色小镇的建设中形成了不同的利益诉求及作用发挥的方式，只要充分发挥各自的作用，应该可以让特色小镇焕发生机，可持续发展。

【各界评述】

建德航空小镇：打造航空界的"迪士尼"

从公输班的木鸟到达·芬奇的飞行器，从莱特兄弟的双翼飞机到马斯克的载人飞船，人类对于飞行的探索从未停止，从体验紧张刺激的空中飞行、开启奇幻有趣的热气球之旅，到品味文艺小资的飞机餐厅……在建德航空小镇，飞天梦已然成为现实。

——《杭州日报》

产城融合 特色小镇为寿昌赋予新动能

一个城市如果没有产业支撑，即便再漂亮，也就是"空城"；反之，产业没有城市依托，即便再高端，也只能是"空转"。寿昌就是一个很好的范本。特色小镇如一颗种子，在寿昌乃至建德生根发芽。

——浙江新闻客户端

打造通航产业"浙江样板"

定位要高端、要抢占发展的制高点，立足杭州服务全省乃至长三角，打造通航产业浙江样板……要通过集聚各类要素资源，将建德航空小镇打造成全省乃至全国通用航空产业的领军者和示范区。

——浙江省省长 袁家军

延伸和扩展通航产业，创新、实践投融资平衡的商业模式，小镇风貌塑造应与当地环境和文化特色相衔接。

——全国特色小镇专家组评审意见

4.2.4 借力冬奥，打造一张"白色明信片"——以崇礼县太舞滑雪小镇为例

我们熟知的城镇化，已经经历了三十多年的快速增长，以年均约 1% 的增速向前发展。

然而，城镇化也并不总是以一种姿态上升的，它与很多行业的"二八定律"一样，也是呈 S 形曲线发展。

未来的城镇化发展，未来的"特色小镇"一定是告别土地换发展的模式，是让要素集聚发展成为一个新的常态。

更多的是，关注一个城镇活力的打造、城镇的产业发展。

关于产业怎么发展？其实国家层面已经给了答案，就是"大城小镇"，大城就是指城市群，小镇就是指特色小镇或者特色小城镇的统筹发展，就是我们理解的有发展条件的小城镇以及"特色小镇"，这其中自然包括"体育小镇"。

【标志性事件】

2015 年 7 月 31 日，马来西亚吉隆坡会展中心，国际奥委会主席巴赫手中的信封，成为人们目光的焦点（见图 4-30）。

图 4-30　巴赫宣布北京张家口申办 2022 年冬奥会成功

"北京"，2015 年 7 月 31 日 17 时 57 分，国际奥委会第 128 次全会上，当巴赫轻声读出 2022 年冬奥会举办地的一刻，整个会场瞬间沸腾……

对北京和张家口来说，历时 635 天的申办圆满完成，今后长达 7 年的筹办踏上征程。这也是中国与奥林匹克盛事第三次"握手"。

对于张家口的崇礼县太舞滑雪小镇来说，这个时刻更是具有里程碑的意义。这个拥有我国目前规模最大综合滑雪度假区的小镇，成为 2022 年北京张家口冬奥会项目主场，申冬奥的成功，给这个冰雪小镇发展增添了一飞冲天的双翼。当地居民聚集在广场上扭起了秧歌，舞动了彩扇，笑啊唱啊，庆祝这个来之不易的成功。

对于崇礼县驿马图乡村民孙金凯来说，成功申办冬奥会意味着再也不会有采沙场截断他蔬菜大棚的水源。他可以安心种菜了，还能卖个好价钱。

张家口崇礼县曾是个贫穷的塞外山城，距北京三个多小时车程。在北京举办夏季奥运会的 2008 年，崇礼县农民人均纯收入只有 2918 元。乘着申办冬奥会的东风，近两年崇礼的滑雪业迅猛发展。2014 年冬天，200 多万游客来到崇礼滑雪，是全县人口的20倍。就在这一年，崇礼终于摘掉了贫困县的帽子。

距离云顶雪场两公里的崇礼县太子城村，被规划为奥运村所在地（见图4-31）。"最近几个月，村民们谈论最多的话题就是冬奥会，大家都盼着申办成功"，54岁的村民吴斌说，以前村里很穷，连口粮都解决不了，现在来山里滑雪的人多了，自己种的菜也能卖个好价钱，近年来每年收入在三四万元。另一位太子城村民、65岁的李果老人则憧憬着到北京城逛一逛："高铁修通了，太子城村有一站，到北京只要47分钟……"

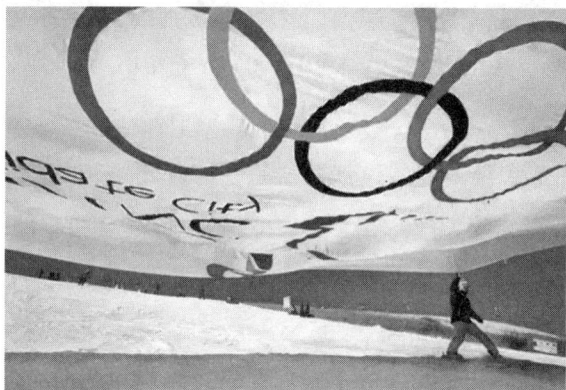

图4-31　北京张家口申办冬奥会成功

太子城村民们只是京张联合申办冬奥会的受益群体之一。据张家口市相关政府部门估算，冬奥会可为当地带来3500亿元投资，增加20万个就业岗位，同时为地方带来数十亿元的税收。根据规划，属于京兰（州）高铁一部分的京张高铁将于2019年开通，届时北京城区到崇礼赛区只需要50分钟。

【发展历程】

太舞滑雪小镇位于河北省张家口市崇礼区（见图4-32），拥有崇礼县最高山峰玉石梁（海拔2160米），总用地面积40平方公里，山体垂直落差高达510米，积雪时间长达150天，与世界著名的落基山、阿尔卑斯山同处于北纬40～50度之间，是世界公认的"山地度假"黄金地带。该小镇是我国目前规模最大的综合滑雪度假区，更是 2022 年北京张家口冬奥会项目主场，投资总额超过 200 亿元。

图 4-32 崇礼太舞滑雪小镇图

　　小镇由五届冬奥会场地的设计公司——加拿大"ECOSIGN"公司整体规划，由世界顶级滑雪度假管理集团、2014 索契冬奥会指定服务商 CDA 集团参与雪场的运营管理。雪场总占地面积 400 公顷，规划雪道 200 条，总长度达 138 公里，是目前国内规模最大的综合滑雪度假区之一（见图 4-33）。

　　崇礼地区在长江以北的城市中空气质量排名第一，坐落于其中的太舞滑雪小镇更是拥有得天独厚的地理条件和自然环境，背靠海拔 2160 米的崇礼最高峰——玉石梁，冬春滑雪，滑雪季可长达 150 天；夏秋可开展山地自行车、定向越野、徒步登山等 18 项户外运动。

　　太舞滑雪小镇核心区建有滑雪场、酒店群、餐厅、滑雪学校、电影院、小剧场、商街、篮球场、棒球场及后勤配套，总建筑面积约 36 万平方米，总投资约 50 亿元。雪场每天最多可接待游客 5790 人次，拥有酒店房间数为 768 间，另有酒店式公寓 1100 套（见图 4-33）。

　　太舞滑雪小镇距北京 220 公里，京藏—张承全程高速，车程约 2.5 小时；京张高铁通车后，从北京北站可乘坐高铁直达太舞滑雪小镇门口，仅需 50 分钟。更有多个国内城市如上海、厦门、哈尔滨等可以直飞张家口机场，交通便捷，发展前景广阔。

　　2014 年 4 月，太舞滑雪小镇核心区启动建设。2015 年 12 月 15 日，滑

图 4-33　太舞滑雪小镇规划图

图 4-34　滑雪场

雪场正式开始运营。一期共开设 28 条雪道，初、中、高级雪道占比 3:4:3，总长度 20 公里，造雪面积约 72 公顷。针对国内滑雪人群特点，建设了亚洲最大的独立的初级区，充分满足了游客初次上雪的场地需求，2015—2016 年雪季，滑雪人次超过 6 万（见图 4-34）。

　　与国内很多滑雪场不同，太舞不仅是面向大众推广冰雪运动的滑雪场，还肩负着2022年冬奥会将作为雪上竞赛项目核心区的重任，承办部分赛事。为了顺利完成这一任务，从2015年正式运营开始太舞就在为大赛练兵，以检验提升办赛能力和水平。

　　太舞先后承办了中韩自由式滑雪雪上技巧对抗赛、全国自由式滑雪雪上技巧锦标赛、全国自由式滑雪雪上技巧冠军赛、国际雪联自由式滑雪雪上技巧世界杯等赛事。特别是成功举办的国际雪联自由式滑雪雪上技巧世界杯，被国际雪联评为"难度系数最高、配套设施最好、保障能力最强"的世界杯赛事。2016—2017年雪季接待滑雪人次超过16万。

　　一直以来，国内的滑雪场一到夏季就进入淡季，与欧美的火爆气氛完全不一样。究其原因，是因为国内滑雪场对于四季运营理念的滞后。太舞滑雪小镇率先提出"冬春滑雪、夏秋户外"的四季运营理念，并在2016年7月1日开始了夏季运营的实践和探索，建设了定向越野、山地自行车等多个专业运动场地，同时进行了山地度假旅游、团队拓展、青少年户外营地等多方面的运营实践。

　　2016年11月，太舞滑雪小镇核心区建设初具规模。酒店、商街、滑雪学校、电影院、小剧场等配套设施全面投入运营，特别是建设了国际一流的自由式滑雪雪上技巧场地，该场地被国际雪联一次性认证通过（见图4-35）。

图4-35　滑雪学校

2016 年 12 月，第四届"世界滑雪大奖"在奥地利基茨布赫揭晓，太舞滑雪小镇荣膺中国年度最佳滑雪度假胜地大奖。

世界滑雪大奖创立于 2013 年，是世界滑雪旅游业最负盛名的大奖。当年，来自中国的滑雪场首次参加了评选，其中，位于黑龙江的亚布力阳光滑雪度假村，吉林的北大壶滑雪场，万达长白山国际度假村，万科松花湖度假村，北京怀北国际滑雪场，北京南山滑雪度假村，以及位于张家口市崇礼区的太舞滑雪小镇和密苑云顶滑雪场等 8 个滑雪度假村被提名。经过评选，最终太舞滑雪小镇荣膺 2016 中国最佳。

2017 年 6 月，冬奥会张家口赛区的系列规划已经基本编制完成。2022 年冬奥会张家口赛区需要新建改建 8 个场馆，包括 5 个竞赛场馆，3 个非竞赛场馆。考虑赛事需求和赛后利用，将张家口竞赛区竞赛场馆和奥运村分为云顶、太子城和古杨树三个组团进行规划（见图 4-36）。

图 4-36　太舞滑雪小镇夜景

张家口奥运村所在地太子城位于赛事中心区域（见图 4-37），建设以冰雪为特色的旅游小镇，小镇以奥运村和高铁站为中心，连接云顶和古杨树两个场馆群，设置交通枢纽、商业服务、会议交流、运动培训、康复医疗等功能组团，全面建设国际标准的无障碍系统，为冬奥场馆及周边雪场提供共享服务，引领冬奥遗产的传承与发展。新建崇礼奥林匹克森林公园，赛时作为基础设施保障，赛后将成为面向大众的户外体育主题公园。

图 4-37　崇礼区滑雪场分布图

太舞滑雪小镇从 2015 年开业至今，客流量实现翻倍增长，从最初的 5 万人次增长至 20 万人次。预计在 2022 年北京冬奥会之前，年游客人次将突破百万，而按照小镇远期设计规划，未来太舞日接待游客能力将达到 5 万人次，年接待能力超 500 万人次。

【特色分析】

一个体育特色小镇，要有高水平国际体育赛事的引入（见图 4-38）。承办国际一流赛事，对整个小镇硬件设施、软件服务有着极高的要求，同时，国际体育赛事带动小镇的"观赛＋旅游"的经营模式。以太舞承办的国际雪联自由式滑雪雪上技巧世界杯为例，提升小镇的知名度，带来近 5000 人的观赛旅游人群，拉动了周边一系列服务行业消费水平。

一个体育特色小镇，要有服务于广大户外爱好者的产品模式。以太舞国际体育运动学院为例，与法国 CDA 合作，引入先进的滑雪教学体系，打造属于太舞的滑雪文化，真正从理念上、技术上向欧美冰雪强国靠齐，大力推动

图 4-38　承办国际一流赛事

国内滑雪运动的普及与发展。

　　一个体育特色小镇，要拓展与体育关联的内容。太舞只有冬季可以滑雪，这是远远不够的，从运营之初，就确定了"四季运营"发展方向，不仅大力开展夏季户外山地项目，还同时引入教育、文化、艺术等项目。2017 年夏季太舞山地艺术季的成功举办为小镇注入了更多特色。

　　一个体育特色小镇，要有创新发展模式。

　　在未来，体育特色小镇将成为体育产业发展的新动力。以太舞自身优质资源，不断创新与实践，打造独具特色的"体育 + 旅游"的产品模式，并拓展"文化 + 旅游""教育 + 旅游"等模式，组合项目，创新驱动，向着国际一流滑雪小镇的目标稳步前进。

【各界评述】

　　冰雪特色小镇是具有明确冰雪产业定位与冰雪文化内涵，生产、生活、旅游、居住等功能叠加融合，呈现产业特色化、功能集成化、环境生态化、机制灵活化，具有明确空间边界的体育功能载体平台。

　　　　——亚洲体育产业协会副主席、北京体育大学管理学院副院长　林显鹏

　　崇礼依托得天独厚的自然条件，抓住机遇，将距离北京 220 公里的河北小城打造成全省乃至中国的一张"白色明信片"，呈现在世界面前。

　　　　　　　　　　　　　　　　　　　　　　　　　　　　——长城网

从实践的角度来看，虽然太舞滑雪旅游小镇是目前国内最大的滑雪训练基地和综合性滑雪旅游度假区，发展优势依然明显，但是综合分析国内环境，随着中国冰雪产业的兴起，一些相继产生的滑雪旅游度假村也给太舞滑雪小镇带来很大的竞争。

——《关于太舞滑雪小镇发展模式的研究》

【同类链接】

体育小镇在中国的发展处于刚刚起步阶段，国内没有太多经验可以借鉴，但体育小镇在国外有丰富的案例可供参考。从美国圆石滩到新西兰皇后镇的户外运动胜地，再到法国沙木尼小镇的滑雪天堂，有太多成功经验可以汲取。

新西兰皇后户外运动镇：位于新西兰东南部，瓦卡蒂普湖北岸，被南阿尔卑斯山包围的美丽小镇，依山傍水，其海拔高度为1202英尺。特色是聚焦户外专业运动，发展综合性运动旅游，每年都有上万名的游客前来此地观光旅游，冠名"新西兰最著名的户外活动天堂"（见图4-39）。

图4-39　新西兰皇后户外运动镇的 Nevis Swing——全球最大秋千

借鉴意义：做精品牌，拓展产业。由单一运动引爆，做专运动体验；做好赛事节庆推广，打响运动品牌，融合其他运动，做大延伸体育旅游产业链。

沙木尼体育旅游小镇：位于法国中部东侧，毗邻意大利和瑞士，阿尔卑斯山主峰勃朗峰下，市中心海拔1035米，是法国高度最高的镇之一。它是现代登山运动发源地，体育旅游服务与设施完善，包括登山缆车，山地救援及登山向导。沙木尼设有高山救援队，负责该区域山区救援，全天候值班巡逻。目前有超过 150 名的高山向导，每年服务超过数以万计的各地游客。此外，小镇还设有国家滑雪和高山警察培训中心、高山军校、高山医学研究所等相关的高山机构。

借鉴意义：借助知名国际体育赛事，打造特色体育旅游品牌。该地区登山运动经历百余年发展已经逐步成熟，为现代山地运动奠定了坚实的基础。1924 年第一届冬季奥运在此举办，世界性的滑雪教练训练中心也在这里落户。

德清莫干山"裸心"体育小镇：位于浙江德清莫干山，目前德清本地有体育产业企业 70 多家，均以体育健身休闲、场馆服务及体育用品的销售和制造为主，实现体育产业销售收入过百亿元，体育产业集群效应明显。2016 上半年，德清乡村旅游接待游客 176 万人次。

小镇以打造"裸心"体育为主题，规划"一心一带两翼多区"全力打造体育特色小镇。将体育、健康、文化、旅游等有机结合，以探索运动、户外休闲、骑行文化等为特色，带动生产、生活、生态融合发展。

借鉴意义：依靠体育产业传统优势，活化"体育 + 旅游"产品。体育小镇长期将打造辐射长三角地区的户外休闲运动品牌，将体育产业、文化、旅游三元素有机结合，打造成为具有山水特色的"户外运动赛事集散地、山地训练理想地、体育文化展示地、体育用品研发地、旅游休闲必经地和富裕民众宜居地"。

绍兴柯桥酷玩小镇：坐落在绍兴市柯桥区柯岩街道，小镇建设面积 3.7 平方公里，总投资 110 亿元，核心项目东方山水乐园投资 80 亿元，计划打造"旅游小镇、运动小镇、产业小镇"。小镇区域内有国家 4A 级风景区柯岩—鉴湖—鲁镇景区、乔波滑雪馆、鉴湖高尔夫球场等旅游休闲资源，还有在建和在规划中的天马赛车场、若航直升机场、毅腾足球训练基地、酷玩城市体育综合体、鉴湖水上运动基地等项目。

小镇聚焦在体育设施方面，柯岩"酷玩小镇"包括八大体育休闲类项目，乔波滑雪馆、若航直升机场、天马赛车场，另外还将新建环鉴湖慢行道、鉴湖码头、酷玩乐园、综合体育场等，可满足大众康体休闲和专业高端运动的需要。

借鉴意义："政府＋企业"合作，打造体育旅游新概念。柯岩街道建设"酷玩小镇"已具备山水环境、产业基础等先天优势，经过政府、企业之间的接洽形成小镇蓝图。打造一个涵盖低中高端游乐特色，融合基础服务、休闲旅游、运动体验于一体的特色小镇，为柯桥和绍兴带来经济、社会和生态多重效益。

4.2.5 城乡融合，美丽中国新模式——以浔龙河生态小镇为例

"保护好青山绿水，就能换来金山银山。"这句话在浔龙河小镇得到很好的印证。

一个既生态环保又原味浓情的乡村小镇形态，以景观农业＋旅游产业＋生态居住构成产业核心，让农村既拥有优美的生态环境，又享有和城市一样的便捷。

这是解决"三农"问题的新途径，也为城乡一体化发展探索出新道路。

浔龙河生态小镇作为典型的都市近郊型特色小镇，毫无争议地成为湖南省乃至全国新型城镇化的典范（见图4-40）。

图4-40 浔龙河生态小镇

【标志性事件】

2018年6月23日，在北京会议中心举办了"首届中国特色小镇与乡村振兴峰会"，来自全国各地的政府负责人、企业家代表、专家学者、新闻媒体代

表等共计 500 余人参加了此次峰会。大会由全国人大常委会原副委员长、中国城镇化促进会主席蒋正华致开幕词。

峰会以"融合、创新、协调、共享"为主题，紧扣党的十九大精神和习近平关于加强特色小镇建设的重要指示精神，聚焦"特色小镇与乡村振兴"的相互关系，体现创新发展的时代特色。峰会立足国内、放眼世界，把特色小镇和乡村振兴战略与一带一路战略结合起来，与国际顶级智库深入合作，积极探讨特色小镇与乡村振兴的国际合作新模式、新路径。峰会还聚焦基层，聚焦特色小镇建设和乡村振兴第一线。

峰会邀请到吴基传（原国家信息产业部部长）、张军扩（国务院发展研究中心副主任）、尹成杰（原农业部常务副部长、中国农业经济学会会长）等专家发表主旨演讲。会议深入研讨了特色小镇建设如何为实施乡村振兴战略服务，乡村振兴战略如何助力特色小镇发展，以及如何充分发挥特色小镇和乡村振兴双重战略优势实现双轮驱动、协同发力、共同推进城乡融合发展等重大课题。作为全国知名特色小镇和乡村振兴的代表，湖南长沙市郊浔龙河与浙江乌镇、陕西西安袁家村进行了大会交流。

浔龙河按照"产业兴旺、生态宜居、乡风文明、治理有效、生活富裕"的总目标实施乡村振兴战略，通过村企共建，以产业发展为核心，引导社会资本，做活产业经济，实施产业带动，壮大集体经济，"生态、文化、教育、康养、旅游"五大产业齐头并进，拓宽增收渠道，增加农民收入。浔龙河的实践经验，成为特色小镇建设与乡村振兴发展充分融合的鲜活案例。

浔龙河在如此高规格的会议上交流已经不是第一次了。

1 月 13 日在长沙举办的 2018 中国特色小镇博览会上，浔龙河小镇获得了"2018 中国特色小镇博览会优秀示范案例"奖项，并受邀大会交流。

9 月 27 日在湖南国际会展中心举办的首届中国乡村产业博览会上，浔龙河作为乡村振兴产业兴旺的典范受邀参展，并被授予"十佳乡村产业发展模式"奖。

此外，浔龙河小镇还是"2015 年中国城市化典型案例"获得者，获得如此多的荣誉，获得社会各界如此多的关注，成为如此瞩目的明星，它有着怎样的奥秘呢？

【发展历程】

一、小镇概况

1. 交通便捷的都市近郊小镇

浔龙河小镇是以湖南省长沙县果园镇浔龙河村14700余亩原生山水资源为基础打造的都市近郊型特色小镇。其位于长沙县果园镇双河村，区位优势明显，为长株潭城市群、长株潭旅游圈所覆盖，距长沙市三环线8公里，处在长沙县"一心三片"中经济核心区东北部，距长沙县城10分钟车程，距市区25分钟车程，距黄花国际机场、武广高铁南站均在半个小时车程以内，交通是十分便捷，区位优势明显（见图4-41）。

图4-41 浔龙河生态小镇区位图

2. 资源丰富的生态小镇

浔龙河小镇气候宜人、地形秀美，自然资源丰富，山清水秀，大片竹林、树林层岚叠嶂；水系尤其发达，浔龙河、金井河、麻林河三条河流交织环绕，与典型的江南丘陵地形地貌互为映衬。现有土地总面积11584亩，其中耕地1177亩、林地6645亩、水塘197亩、宅基地573亩、公共道路512亩、其他2472.95亩；有13个村民小组、472户、户籍人口1562人。该村地形地貌独特，整体呈现出"两多两少"的特点，即"山多、水多、田少、人少"。同时，拥有众多源远流传的民间传说和古迹，如关帝庙、拖刀石、义云亭、华佗庙等，历史文化资源丰富（见图4-42）。

图 4-42 自然资源丰富

依托得天独厚的资源优势，把握推进城乡一体化发展战略形势，生态小镇开发建设项目依山就势进行规划、布局和建设，坚持少开挖、不填塘，将人造景观与自然景观完美融合，通过科学的规划理念，切合实际的打造手法和与 PPP 模式的城市基础建设充分结合，形成了以农业休闲、山水观光、文化旅游、健康养生为特色的近郊短期旅游度假形态。

3. 城乡融合的田园综合体

长株潭城市群作为我国长江中游经济活动和资源配置中枢，位于京广经济带、泛珠三角经济区、长江经济带的结合部。浔龙河地处这样一个门户优越、产业集群、城镇化率高、生态环境优越的长株潭城市群经济核心区内，具备发展成为区域性的城乡融合示范点的优势。

浔龙河小镇依托生态农业基础，与政府 PPP 模式的城市基础建设充分结合，以景观农业 + 旅游产业 + 生态居住构成产业核心，颐养产业、第二居所、亲子产业、文创产业、农业产业作为项目的辐射产业为项目注入更多的发展空间，在整体规划中保存乡村风貌的同时，加入前沿生态规划理念，打造一个为当地农民提供城市生活品质，为都市人提供田园生活需求，以生态旅游为主导产业的田园综合体，一个既生态环保又原味浓情的乡村小镇形态。

通过乡村就地城镇化，推动空间与生态格局的统筹、产业的统筹、基础设施和公共服务的统筹等，打造人人均向往的、城市文明与农村文明相结合、宜居宜业宜商宜游的生活方式和生活空间，打破城乡二元结构，促进城市居民下乡，缓解大城市集聚效应，成为区域性的城乡融合示范点（见图 4-43）。重点打造"城镇化的乡村，乡村化的城镇"，激活乡村资源价值，创享美好田园生活，辐射和吸引整个湖南以长株潭城市群为主的人群，充分体现全域旅游的文化特色与内涵，满足游、玩、吃、住、购、学等多方需求。

图4-43　城镇化的乡村

【特色分析】

浔龙河小镇按照"城镇化的乡村、乡村式的城镇"的发展目标，走出了一条城乡融合发展的新路子。其创新亮点是哪些呢？通过一系列复杂、细致的工作，浔龙河小镇已逐步形成了由企业为主投资建设、政府主导推动、基层组织参与决策、农民意愿充分表达的"四轮驱动"模式。这样的驱动模式又是如何形成的？

1.推进土地改革，挖掘乡村资源价值

浔龙河打造特色小镇，是以原双河村为主体，土地总面积约772公顷。此前，浔龙河存在权属不清晰、分配不公、效益不高等问题，特别是林地、宅基地产权不清晰问题较为突出。为了解决这一问题，村里形成调查组，通过调查核实各户土地使用共有人、宅基地、耕地、林地情况，测量各组范围内塘坝、河流、道路等公共用地面积。整个调查工作分为入户调查和组界调查两个阶段。土地调查确权工作结束后，形成了《双河村土地调查报告》：明晰了土地产权关系。调查结束后，双河村每个组、每户农民的土地承包经营权、集体土地所有权和宅基地的永久性使用权都进行了明确，权利属于谁都十分清晰。同时，对双河村的土地经营状况、土地的具体情况（包括面积、区域、生产条件、生产价值、经营中存在的问题）等，有了全面的掌握，为开展规模经营、发展现代农业提供了准确的参考。

之后，村里又成立土地合作社，根据依法、自愿、有偿的原则，对村民土地进行集中流转后再统一流转给浔龙河公司，推进农业的现代化、规模化经营。开创性地推出土地增减挂钩政策，即通过腾退的农村建设用地，等面积置换城镇新增建设用地指标，并明确将土地增减挂钩置换用地土地收益全额返还，用于小镇项目区内农民搬迁安置。通过该政策推动村民实行集中居住，农民可实现旧房换新房。新房具有集体土地产权证和房产证，可抵押融资，具有资产价值。进一步推出集体经营性建设用地上市交易试点，由村集体成立资产管理公司，对300亩集体经营性建设用地进行经营，获得长期收益对村民进行分红。

2. 以民生为本，实现村民就地城镇化

城镇化的关键在于人的城镇化，只有打破城乡二元结构，解决农民居住、就业、发展等问题，才能调动广大群众参与城镇化的积极性。浔龙河小镇建设过程中，始终以人的需求为核心，着力推动本地村民就地居民化的同时，不断拓展村民的增收渠道。

先是推进乡村基础设施城镇化。浔龙河小镇全面引进城市公共配套设施，让公共设施与社会保障城乡一体化成为可能。小镇通过推行"农民集中居住、环境集中整治、公共服务集中推进"，促进城市资本向农村聚集、城市公共服务向农村覆盖、城市基础设施向农村延伸、城市现代文明向农村辐射，完善水、电、路、气、网等基础设施和学校、医院、污水处理厂、垃圾站、公交车站、农贸市场、文体公园等配套公共服务工程（见图4-44）。

其次是推进当地村民就地市民化。综合利用土地改革、户籍制度改革等政策，做足土地这篇文章，让村民就地市民化。村民集中居住区充分考虑村民生活习惯和长远生计需求，按照"前临街道下有门面，后有院子旁有菜地"的标准进行设计，建成具有一定综合承载能力、生态宜居的集中居住区，至

图 4-44　公共服务配套完善

少在硬件上使得村民与市民无异。

最后是推进农民的资源资本化。农民手上最大的资源是宅基地，通过宅基地的置换，让农民可获得"一栋别墅、一个门面、一个车库、一个院子"，办理房屋产权证和集体土地使用权证，享受与城市相同的公共配套设施，大大提升村民的幸福指数和农民的资产价值。浔龙河小镇作为发展现代农业、乡村休闲旅游、文化教育和小城镇生态商居等宜游宜业宜居的田园综合体，一方面针对市场良好的预期，成立浔龙河众创基金，鼓励村民共同创业致富；另一方面，针对小镇产业发展能够提供更多的就业岗位，成立浔龙河农民就业服务中心，吸引大量常年在外务工人员返乡就业、创业，实现人力资源资本化。

3. 市场主体投资，形成特而强的产业

新型城镇化的推进，关键在于充分调动企业的积极性，使市场在资源配置中起决定性作用，浔龙河小镇以企业为主体，运用市场思维进行规划设计、资金运作、平台搭建等，因地制宜做强做特产业。

小镇在建设初期就十分注重多规合一。小镇项目形成了以民生规划、生态规划、产业规划、建设规划、土地利用规划多规合一的规划体系。民生规划充分考虑当地百姓的需求，从改善生活品质、提升居住质量、劳动就业、教育医疗、社会保障等各个方面进行全面的规划，并制定详细的可落地方案。生态规划是在坚持"环境友好、资源节约"的基础上，坚持不破坏生态环境、不减少耕地面积的原则，确保"看得见山、望得见水、记得住乡愁"。产业规划是在分析本地区的交通区位、资源、市场需求等基础上，确定项目发展生态农业、文化、教育、乡村休闲旅游和市民农庄等农业综合产业。建设规划则邀请了国内外一流的规划设计机构，确定了较高的标准，将把浔龙河项目打造成为国际一流的文化、艺术、生态小镇。土地规划则是根据产业发展和建设的需要，在坚持保护耕地和生态环境的原则下实现对土地的混合运营，形成了耕地全部保留、林地基本保留、建设用地则根据环境的需要呈点状、带状布局土地利用规划形态（见图4-45）。

图 4-45　浔龙河田园式生态小镇总体规划图

　　小镇建设改变以往由政府为主体投资、市场参与建设的模式，而由公司作为投资主体，政府主导推动，将政府与市场的资源优势有机整合，形成项目建设推动力。项目是由民营资本发起运作的，公司充分利用市场资源优势，主导了项目的顶层设计、资金运作、政策平台搭建、土地规划调整等要素破题，并负责项目区内的产业发展，最终形成了对土地资源、生态资源、人文资源的合理配置和综合利用。为确保项目建设期间资金运行安全、充足，公司制定了一整套科学稳健的投融资计划，以自筹资金和部分银行贷款作为项目建设启动资金，以土地增减挂钩、土地异地置换所产生的收益作为中期运转资金，以六大产业效益作为项目建设长期发展资金。

　　产业是浔龙河小镇可持续发展的根本动力（见图4-46）。浔龙河抓住长沙近郊农村独特的经济地缘优势，兼顾农业、农村、农民利益，统筹生态、文化与小城镇建设，布局生态产业、文化、教育、旅游和康养产业。截至 2016 年底，浔龙河项目已经累计投入社会资本 7.2 亿元，投向主要集中在生态农业、休闲旅游产业、文化产业、教育产业。可以说，浔龙河小镇的农业产业发展已由过去农户单独经营转变为企业的规模化集中经营，产业内容也由过去单一产业转变为生态农业、文化、教育、旅游和康养等产业融合的复合型。产业之间形成了互为依托、相互促进的互动关系，生态产业、文化产业、教育为基础产业，做到盈亏基本平衡。在中短期内小镇重点发展康养产业，实现盈利；长期则以旅游产业等形成持久稳定的收入来源。

图 4-46　浔龙河小镇街景

　　充分研究市场需求，规划了具有比较优势、有市场空间、有就业吸纳能力，一、二、三产协调发展的完整产业体系。浔龙河以蔬菜、花卉苗木和果木基地等为主的生态农业，不施用农药、化肥，生产健康绿色食品，为小镇居民和游客提供安全食品；以麦咭启蒙岛乡村儿童主题公园、地球村、农业观光、养生度假等为主的乡村旅游产业为项目聚集人气，拉动消费；以亲子教育、童勋营青少年国防素质教育、北师大合作建校等为主的教育产业，形成固定消费人群；以汉语桥、民俗文化、动漫产业、麦咭梦工场等为主的文化产业提升小镇的艺术气息和品牌影响力；以个性化、私人订制、众筹地产为特色的市民农庄，引导市民下乡居住，满足品质化生活需求。

浔龙河小镇依托互联网基础上的"平台思维"，形成众筹众创的发展模式。小镇立足自身优势，坚持高起点、高标准筛选，打造成为吸引高端特色产业入驻的开放平台，筑巢引凤。通过开放合作，设计创业项目，吸引创客投资。如浔龙河文旅公司与金鹰卡通频道联合打造麦咭启蒙岛乡村儿童游乐园项目，对其中的100多个乡村游乐项目和50多个美食项目采取了众筹众创的方式，吸引上千名不同的创客投资，汇集了大量的创意、特色产品和资金。

小镇的另一种思维就是"极致思维"，以工匠精神做产品，把最好的、最有特色的产品呈现给消费者。浔龙河"好呷街"的美食是湖南省各地最有特色的代表小吃，"地球村"甄选国内外最具代表性的区域，将建筑、美食、文化特色完美融合；麦咭启蒙岛项目设计了孩子们最喜欢的游乐项目，与乡村、自然相结合，对投资人实行严格的考核，确保项目运营安全、可靠；生态农业种植则坚持不使用化肥、农药，全程绿色生产，让大家吃出"儿时的记忆、妈妈的味道"。

4.村企融合发展，形成建设合力

浔龙河小镇的建设过程中，以"企业市场运作、政府推动和监督、基层组织全程参与、民本民生充分保障"成为全新模式。把小镇的基底原双河村按照"村企合一"基层管理模式进行打造，成立了浔龙河生态小城镇协调管理委员会，明确政府作为小镇项目区内水、电、路、气、网等基础设施，幼儿园、学校、医院、文体中心等基础公共配套设施、农民集中居住区基础设施的实施主体，其资金来源为项目区国有商业用地的土地收益返还及中央、省、市、县各级涉农资金和城乡一体化项目资金，并发挥对项目的监督职能；企业作为招商引资、产业建设运营的主体，其资金来源为企业自有资金、市场融资和银行贷款。明确村委会作为村民集中居住搬迁安置的实施主体，其资金来源是增减挂钩置换的土地收益返还资金。

在基层治理机制方面，完善了以党的领导为核心，以自治组织、监督组织为基础，把群团组织、经济组织、社会组织等充分调动起来，补充成为村级治理组织体系中的一员（见图 4-47）。围绕"依法治村、诚信立村、产业兴村、文化强村"目标，制定《村民公约》，建立村民信用评价体系，把企业文化建设与乡风民俗建设结合起来，通过目标共建、设施共享等形式，实现先进企业文化与优秀乡村文化的渗透融合、共同发展。

图 4-47　浔龙河生态小镇组织模式

【经验分享】

（一）好的小镇是有一个好的顶层设计的

浔龙河小镇无论是在宏观政策层面，还是在微观项目操作方式上，都十分注重顶层设计的科学性和规划的引领、支撑作用，从而避免了推进的随意性和发展的碎片化。

小镇没有忘记自身"三农"的特征，要让村民"离土不离乡，就业不离家"，要把农业推向现代化，要让农业增效和农民增收；围绕"四化同步"目标，小镇建设按照智慧村镇标准，加强信息化建设，为推进新型城镇化提供了有力支持。

我们知道，新型城镇化的发展过程是各种生产要素向城镇集聚、结构重组的过程。小镇对自身优势（如山水秀美、地处近郊等）有充分的认识，在构建现代产业体系方面，着重考虑以现代农业为基础产业，顺势延伸产业链，形成集教育、休闲旅游、文化创意、乡村地产等为一体的三类产业的协同发展体系。

浔龙河小镇的建设离不开它所依托的长沙县域工业经济发展的带动，但与单纯的城市边界向农村扩张，农村被动接受要素结构、生产方式、生活方式调整的外延式城镇化模式又是不同的。小镇的发展模式，更多展现的是一种政府引导推动下，社会资本参与，农村主动调整结构，与大城市形成功能互补、资源共享、良性互动的内生式新型城镇化模式。

可以这样理解，以农村区域居多的农业大省在推进新型城镇化过程中，既要注重提升大中城市经济首位度，又要探索因地制宜、趋利避害、顺势而为的小城镇建设路径。只有这样，才能形成大中小城市、小城镇两种路径并驾齐驱，协调发展的良好格局。

（二）好的小镇在主体权责上是理得比较清晰的

浔龙河小镇的建设能形成合力，一个重要的实践经验是明确政府、企业和群众三方主体权责。

在政府方面，重点在于加大政策支持，加快职能转变。具体表现在主导规划布局、基础设施建设、基本公共服务提供、生态环境保护等方面，整合多种资源，有力推动项目建设。

在投资主体方面，浔龙河小镇采取公司制模式建设，公司就是项目产业的建设者，通过将资本与农村现有资源进行有效融合，为经济发展注入了活力，提高了城镇化效率和质量。

在当地群众方面，大家普遍认识到自己既是新型城镇化的直接参与者，也是主要受益者。

有一个共识，推进新型城镇化，要明确厘清政府行为边界，不"大包大揽"，不"该管不管"。该市场化运作的，就要充分尊重企业市场行为，才能提高城镇化过程中的建设质量和水平。还有就是要听民声，解民意，集民智，汇民计，维护当地群众权益，发挥大家的积极性和创造性，真正做到让群众平等参建、共享成果。

（三）好的小镇在利益关系上也能处理得较好

浔龙河小镇在推进过程中，社会效益的好与坏是首位的。地方政府积极引导企业遵循市场机制不断壮大规模，提升产业层级和区域辐射能力，带动产业、消费结构升级，为未来培育稳定、可持续增长的财源打下了基础，推动基础设施和基本公共服务不断延伸，也赢得了良好的社会效益。

投资主体的效益是小镇建设可持续发展的重要保障。参与小镇建设的企业在政府政策引导、配套设施完善基础上，拓展市场空间，可以获得预期的资本回报。这可以带来更好的集聚效应。

当地群众的利益不容忽视。如何处理好当地群众的利益是一门艺术。对群众经济收入、生活水平提升的诉求，通过获得土地集中流转带来的固定收入、城镇化带来的就地就业机会以及合理的集体资产经营分红等来实现。

实践证明，推进新型城镇化，不能仅仅依靠制度刚性约束力，还需建立合理、稳定、可持续的发展红利分享机制，营造良好的多方共赢、红利共享发展模式，才能有效激励各方主体，确保政府、企业、群众参建的积极性。

（四）好的小镇在发展方式上有较强的包容性

浔龙河小镇在发展方式上有较强的包容性，在项目推进上得益于较好地理顺了民生、产业和建设的关系。

民生方面，土地资产化后农民有了稳定的收入，项目推进提供了大量就业岗位，实现了就地就业，养老等群众最为关心的问题也有了解决方案；产业方面，依据市场，建立了具有比较优势、有市场空间、有吸纳就业能力，一、二、三产协调发展的完整产业体系；建设方面，政府先行投资完善公共基础设施，改善人居环境，企业专注投资产业，创造盈利预期，二者的良好合作增强了群众参建的积极性和热情。

小镇的建设经验再次证明，新型城镇化的核心必须是人的城镇化，必须以改善民生为立足点，提升城乡居民生活品质，促进城乡基础设施一体化和基本公共服务均等化。必须坚持产业带动，把为农民创造均等的就业机会作为可持续发展的重要保障。必须坚持以重点项目建设为突破，形成有效示范，特别是应以投资效率高、带动效应大的项目建设为突破口，以点带面，推动基础设施、公共服务城乡一体化。

（五）好的小镇对各种要素的处理也是比较妥帖的

浔龙河小镇的新型城镇化推进过程就是一个各种要素的重新整合的过程。譬如：

在土地要素上，通过土地制度创新释放改革红利，在确保耕地不减、粮食安全不受影响的前提下，建立了城镇土地流转机制和城乡统一的土地市场体系，实施了土地出让、租赁、作价入股等多种方式相结合的土地有偿使用制度改革，加速土地流转，盘活土地资产，为农业增效、农民增收提供良好保障。

在管理、技术等要素上，鼓励、吸引城市有技术、懂管理的技术和经营型人才"上山下乡"，形成合理的激励机制。在农民向市民转化过程中，重视就业方式改变所带来的教育、职业技能培训需求，加大了职业教育培训力度，增强"农转非"人员的就业竞争力。

在资金要素上，完善政府引导、市场运作的多元化投融资体制，鼓励和吸引社会资本全面参与新型城镇化建设。坚持"谁投资、谁受益"的原则，形成合理投资回报，使社会资本乐于下乡。同时，建立科学系统的"资本下乡"公共风险评估机制，避免出现与民争利的掠夺式"资本下乡"。

【各界评述】

特色小镇的本质是基于新型城镇化基础上的民生。

浔龙河的顺利推进得益于理顺了民生、产业和建设的关系。兼顾了每个投资主体和每个村民的利益，真正做到了集体资源全体村民共享，为最终打造成村民富裕、产业兴旺、环境优美、设施配套、服务齐全的新农村奠定了坚实的基础，真正实现城乡一体化。对于生态、人文资源基础良好，民风相对淳朴的中西部大城市、东部地区大城市近郊的新型城镇化建设具有巨大的借鉴意义。

——前瞻产业研究院观点

如今，浔龙河通过众筹、入股等方式，引进各类企业商户200余家，覆盖绿色农产品、影视文化、民办基础教育、职业培训、儿童主题公园等各个领域，初步形成较为完善的产业集群生态。

可以预见，在不久的将来，一个山清水秀、环境优美、生产发展、生活富裕、乡风文明、管理民主的活力浔龙将进一步展现在人们面前。

——经济日报·中国经济网记者 常理

现实证明，以人为本的新型城镇化可以有多种路径探索，但核心都应是人的城镇化。具体而言，就是要真正解决农民居住、就业、社会保障等民生问题，把他们真正从土地上解放出来，收获更多的幸福感。浔龙河探索出的人口集中居住、产业集中发展、资源集约利用的最新模式和经典样板，无不彰显出其正是遵循这一路径。

——《长沙日报》

5.0 他山之石——国外优秀特色小镇

5.1 英国剑桥小镇（文旅）

剑桥小镇是英国英格兰东部剑桥郡所管辖的 5 个非都市区之一。位于伦敦东北部 60 英里，从国王十字火车站 50 分钟快车可达小镇。剑桥在过去曾是一个军事要地，公元前 60 年被罗马人占领，1000 年后丹麦人入侵，后来在公元 11 世纪即将结束之前，还来了由法国诺曼底公爵带领的最后一波入侵者。在和平年代，傍水的城镇总是贸易发达，相对富裕，所以剑桥吸引了很多修道院和基督教堂在此建址，逐渐繁华起来，成为一个很有吸引力的特色小镇（见图 5-1）。

图 5-1 河与桥

一、剑桥小镇的历史沿革

12 世纪，圣芳济修士、黑袍修士和卡莫修士，来到这片平坦、潮湿的沼泽区定居，剑桥小镇由此诞生。此后，小镇的发展一直离不开剑桥大学的创办过程。1284 年，艾利修道院的休·德·巴尔夏姆主教创办了剑桥的第一所学院——彼得豪斯学院。1491 年约翰·费希尔担任豪斯学院院长，并将文艺复兴领军人物之一伊拉谟斯（英文 Erasmus of Rotterdam）招来剑桥。1504 年费希尔担任剑桥大学校长并长达 30 年。这是一位学者和影响力巨大的组织者。他作为亨利七世的母亲玛格丽特·博福特夫人的忏悔神父，建议她将她的灵魂的救赎和剑桥联系在一起：先是捐助一个神学教授席位（1502 年），剑桥最早的教师职位，然后是一所学院，基督学院（1505 年），身后又捐建了第二所学院，圣约翰学院（1511 年建立，发现磁现象的物理学家 william Gilbert 毕业于该学院，1600 年当选为该学院院长）。

约翰·费希尔又鼓动亨利七世兴建国王教堂。巨额的捐助，学生人数的增加，人道主义的教学计划，这一切都使剑桥大学在几年内上升为一所欧洲级别的大学，逐步与牛津的水平持平。到了亨利希八世时期，王室需要牛津和剑桥充当可靠的管理人、法学家和牧师的储备力量，充当政府的学院支柱。就连对剑桥从来没有兴趣的国王也向大学捐赠了五个皇家教授席位。1546 年亨利希八世本人最终于创办了一所学院，将两座较老的学院合并成一座规模更大、超过了当时所有学院的新学院——三一学院。至今它仍是剑桥唯一的一所不由院士选举而由王室根据首相的提议任命院长的学院。

二、剑桥小镇的特色所在

剑桥小镇是全世界最有名的文化教育小镇之一。

从 1636 年兴办起，剑桥小镇一直是世界学术界的精英教育中心。说起剑桥小镇，剑桥大学无疑是个绕不开的话题。剑桥大学为英国历史第二悠久的大学，由 31 所独立自治书院及 6 所学术学院组成，是多个学术联盟的成员之一。剑桥大学校总共有 96 位诺贝尔奖获得者（位列世界第三），4 位菲尔兹奖得主曾为此校的师生、校友或研究人员。2016 年 9 月，泰晤士高等教育发布了第 13 版世界大学排名，剑桥大学排名第四。到目前为止，教育与高科技产业一直是剑桥小镇的两大基础产业。

剑桥小镇的建筑代表英国建筑艺术的最好成就（见图5-2）。在建筑领域，过去的1000年里，无论是剑桥这座小镇，大学或者是里面的单独的学院都有悠久的建筑历史，吸引了优秀的建筑师。因此，英国超过1000年的建筑都可以在大学的教学楼和镇上的教堂里找到。此外，因为大学是依靠富人和政府支持而兴建的，很多建设项目直接是由君主本人来监管，在建筑里它们已经代表了最高质量，代表英国建筑艺术的最好成就。

图5-2　剑桥小镇鸟瞰图

三、剑桥小镇的规划策略

剑桥规划借鉴了伦敦规划的绿化带政策，为了防止瘟疫传播，1580年英国国王伊丽莎白公告伦敦周边设立4.8公里的农田和森林隔离区，此后提出作为绿化带。1826年William Petty提出伦敦在城乡结合部保护农田和森林。1955年绿化带政策正式实施。至今，绿化带发展迅速，已经覆盖了英格兰13%的土地。绿化带在控制城市增长、保护乡村景观和塑造城乡土地格局方面起着极其重要的作用。

剑桥提出实现可持续发展的规划策略：

减少对自然资源的利用，包括对能源和水的利用；

更加有效地利用土地，优先及最大化利用贫瘠土地，每公顷至少建造30套住宅；

确保及促进历史悠久的建筑环境；

保护野生动物和自然环境；

最小化废物及污染源对土地、空气和水的污染（包括噪声、辐射和灯光）；

减少对私家车的依赖；

减少新建建筑物，尽量保留和重新利用现有建筑物。

剑桥小镇公园和绿化带占据 20% 以上的较大比例，注重体育设施与公共空间规划，依托剑桥大学配置优秀的高中，初中，小学和幼儿园。整体居住和办公都具有较好的景观，剑桥非核心镇区的建筑密集，景观略差。剑桥市严格保护绿地和公园，每年稳步供应土地，注重可持续发展，注重子孙后代的福祉。目前，剑桥小镇人口达到 12 万人左右规模，每年人口增加 11% 左右，相当于国内县城规模，镇区居民人均收入在英国位于前列。

四、剑桥小镇的产业特点

教育是剑桥小镇第一大基础产业，高科技产业是剑桥小镇的主导产业，旅游目前是辅助产业。

教育收入，国际研究生 7000 名，国际研究生每年为 42%。1 万名本科生，国际学生预计为 3500 名，国际学生带给剑桥大学和小镇的收入大约为 2 亿英镑以上收入。剑桥大学年收入 13 亿英镑，除去国际学生等交纳的学费以外，还有各项研究收入。

剑桥大学发展科技产业历史悠久，1881 年就成立了剑桥仪器公司。剑桥大学从 1967 年采取行动，建立大学评议会下面的小组推动大学科技成果和产业界联系的委员会，共同发展科技产业。20 世纪 60 年代剑桥大学附近科技企业有 30 多家，1984 年，剑桥大学科技园区就有 322 家科技企业。在过去的 30 年中，园区每年增加 5000 个就业机会，剑桥科技园区成为世界重要的科研中心，剑桥区域的 GDP 每年增加 6.3%，剑桥区域的 GDP 占到英国的 15.8%，研究与开发指出占据该区域 GDP 的 3.4%。剑桥科技园区累计为英国创造税收 550 亿英镑，出口总值达到 280 亿英镑（见图 5-3）。

每年来到剑桥小镇和剑桥大学旅游的人数为 400 万人，每年收入为 4.7 亿英镑。剑桥形成的主要旅游景点有：剑桥大学三一学院，国王学院，女王学院等历史建筑和剑河风光，剑河划船旅游（见图 5-4）。

图 5-3 剑桥大学校园

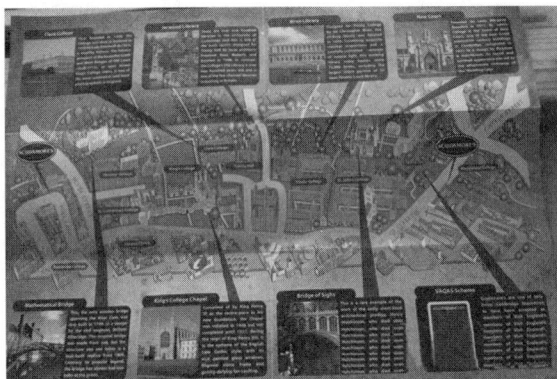

图 5-4 剑桥小镇地图

剑桥小镇拥有古老的商业街区，随着旅游业的发展，剑桥零售商业蓬勃发展，为剑桥小镇提供了大量就业机会。

商业建筑开发的要求：

1. 市中心购物场所开发

剑桥市区中心只允许零售场所开发，控制在一定的规模内，以增进城市活力和特色为目标。

2. 市中心购物场所用途变更

购物场所正面变更不能损及市中心特色。

3. 各区购物场所的开发及变更

如有益于地方社区并将开发控制在一定的规模内是被允许的。

4. 便利购物的扩展

只有满足以下条件：

现有购物中心中的小商店（面积在 1400 平方米以下）；

对现有商店的小的扩张（楼面面积的 10% 以内）；

是混合使用区的一部分，位于新的城市扩展区。

5. 零售仓库

零售仓库的开发只是为了现有零售仓库的更新和现代化，并且楼面须小于原仓库面积时才可进行。

临近国王学院的街区商场重点出售和剑桥大学有关纪念品。以教堂为中心的多个商业街区，玛莎百货店，sainsbury 超市，时尚服饰和两家主要书店，餐饮，星巴克等品牌咖啡厅，宾馆众多（见图 5-5）。

图 5-5　剑桥核心商业区布局图

五、剑桥小镇对打造文旅类小镇的启发

启发之一：要建立大学和周边镇区发展协作机制

剑桥小镇的公园和博物馆布局规划以及商业规划对我国大学园区附近的小镇规划很有启发，小镇规划需要充分考虑为大学服务，为大学科技园区发展提供便利。大学在科技成果转化方面，需要考虑带动小镇就业，为小镇居民进修学习提供便利，提高周边小镇的人口素质。

我们需要发挥大学和镇区的积极性和优势，形成协同发展的新局面，一流的学校可以作为旅游吸引物，通过教育和旅游产业结合共同带动城镇化也应该是部分城镇化的方向。

启发之二：小镇建设必须坚持高质量的原则

剑桥小镇在发展过程中，曾有一个比较有名的项目"西北剑桥"。该项目主要是针对剑桥大学西北角进行的开发。为促进剑桥大学的长期发展，运用可持续设计建设理念，通过早期对于社区设施，公园和学校的投资，聚集人气，孵化新的社区。南剑桥的新建小镇则为小镇空间，人车环境的设计提出新的方法，是对营造更高质量公共场所的探索。

"西北剑桥项目是剑桥大学西北角的延伸和开发，主要由学校、学术研究和居住区构成，是真正教育为主的小镇建设。"有到访的学者这样评价。

"质量宪章"的发起者和剑桥城乡规划专家罗宾教授在讲解剑桥小镇建设时，特别提到了"4C原则"，即（Community, Climate, Connection, Character）。剑桥小镇能够成为英国目前小镇建设质量最高的地区之一，这和它遵循的"剑桥郡质量宪章"息息相关。

启发之三：小镇生存与发展的核心是自我更新能力

到剑桥小镇学习交流的众多专家学者，对百年小镇的终极理想、培育小镇茁壮生长的元素和促进小镇长期发展的机制等进行了深入思考，得出一个普遍的认识，在历史长河中，英国的小镇成功地应对了经济环境的演变、科学的进步、人口的变迁等一系列无法在建成之初就遇见的变革，这原自强大的自我更新能力。这个自我更新能力来自于执行机制的弹性和自由度，建立于清晰的共同愿景和各方参与决策的基础之上。

启发之四：小镇的生命力来源于强大的"文化内核"

纵观国外那些生命力旺盛的特色小镇，无一不是有强大的"文化内核"支撑。每个特色小镇都有鲜明的文化标识，能够给游客留下难忘的印象。

较之于其他小镇有的就是一个"差异化"概念，"我就是我"，打造"人无我有"的区域特色文化。无论是日本的田舍馆村，还是英国的剑桥小镇，都彰显出独特的区域特色，打上只属于自己的文化标签。

目前，国内各地都兴起了风风火火的"造镇运动"，产业选择决定小镇未来。中国富有博大的历史文化底蕴，可挖掘的"文化内核"数也数不清，各地紧扣各自的"文化内核"，必能打造出具有强大吸引力的特色小镇。

5.2 美国硅谷高科技小镇

硅谷（Silicon Valley），位于美国加利福尼亚州北部的大都会区旧金山半岛南端，主要包括圣塔克拉拉县下属的从帕罗多市到县府圣何塞市一段长约25英里的谷地。而硅谷的总范围一般还包含旧金山湾区西南部圣马特奥县的部分城市（比如门洛帕克），以及旧金山湾区东部阿拉米达县的部分城市（比如费利蒙）。硅谷是高科技事业云集的圣塔克拉拉谷（Santa Clara Valley）的别称（见图5-6）。硅谷最早是研究和生产以硅为基础的半导体芯片的地方。

图5-6 美国硅谷高科技小镇鸟瞰

硅谷一词最早是由美国记者 Don Hoefler 在 1971 年创造的。从 1971 年的 1 月 11 日开始 "硅谷" 被用于《每周商业》报纸电子新闻的一系列文章的题目——"美国硅谷 (Silicon Valley, USA)"。之所以名字当中有一个 "硅" 字，是因为当地的企业多数从事与由高纯度的硅制造的半导体及电脑相关的产业活动，而 "谷" 则是从圣塔克拉拉谷中得到的。而当时的硅谷就是旧金山湾区南端沿着 101 公路，从帕罗奥多市 (Palo Alto) 经山景城 (Moutain View)、森尼韦尔 (Sunnyvale)，再经坎贝尔 (Campbell) 延伸到硅谷中心、圣塔克拉拉县的县府圣何塞市 (San Jose) 的这条狭长地带。后来，位于旧金山湾两岸地区包括费利蒙市 (Fremont) 等地的加入使硅谷迅猛地发展起来。

硅谷的主要区位特点是拥有附近一些具有雄厚科研力量的美国顶尖大学作为依托，主要包括斯坦福大学 (Stanford University) 和加州大学伯克利分校 (UC Berkeley)，还包括加州大学其他的几所校区和圣塔克拉拉大学等。结构上，硅谷以高新技术中小公司群为基础，同时拥有谷歌、脸书、惠普、英特尔、苹果公司、思科、英伟达、甲骨文、特斯拉、雅虎等大公司，融科学、技术、生产为一体。

硅谷是当今电子工业和计算机业的王国，尽管美国和世界其他高新技术区都在不断发展壮大，但硅谷仍然是世界高新技术创新和发展的开创者和中心，该地区的风险投资占全美风险投资总额的三分之一，择址硅谷的计算机公司已经发展到大约 1500 家。一个世纪之前这里还是一片果园，但是自从英特尔、苹果公司、谷歌、脸书、雅虎等高科技公司的总部在这里落户之后，这里就出现了众多繁华的市镇。在短短的几十年之内，硅谷走出了大批科技富翁。

硅谷拥有大大小小电子工业公司达 10000 家以上，他们所生产的半导体集成电路和电子计算机约占全美 1/3 和 1/6。20 世纪 80 年代后，随着生物、空间、海洋、通信、能源材料等新兴技术的研究机构在该地区纷纷出现，硅谷客观上成为美国高新技术的摇篮。硅谷已成为世界各国高科技聚集区的代名词。

硅谷的产业特点包括：

(1) 从业人员具有高水平的知识和技能，其中科学家和工程师占较大比例。

(2) 增长速度比传统工业快得多，并且处在不断的变化之中，产品更新换代的周期较短。

（3）研究开发费用在销售额中占的比例较高。

（4）产品面向世界市场。

（5）硅谷精神：允许失败的创新，崇尚竞争，平等开放。

天然优质的自然和社会因素，使得硅谷成为创业者的摇篮，高科技创业一片繁荣。

硅谷以高技术从业人员的密度而论，硅谷居美国之首，每1000个在私营企业工作的人里有285.9人从事高科技业。高技术职位的平均年薪亦居美国之首，达到144800美元。硅谷人均GDP多年居全美第一。硅谷的GDP占美国总GDP的5%，而人口不到全国的1%。

硅谷是美国高科技人才的集中地，更是美国信息产业人才的集中地，在硅谷，集结着美国各地和世界各国的科技人员达100万人以上，美国科学院院士在硅谷任职的就有近千人，获诺贝尔奖的科学家就达30多人。硅谷是美国青年心驰神往的圣地，也是世界各国留学生的竞技场和淘金场。在硅谷，一般公司都实行科学研究、技术开发和生产营销三位一体的经营机制，高学历的专业科技人员往往占公司员工的80%以上。硅谷的科技人员大都是来自世界各地的佼佼者，他们不仅母语和肤色不同，文化背景和生活习俗也各有所异，所学专业和特长也不一样。如此一批科技专家聚在一起，必然思维活跃，互相切磋中很容易迸发出创新的火花。硅谷高新技术公司的创立和资金投入方兴未艾，仍然呈现出发展的趋势。

硅谷对美国新经济的贡献不仅表现在经济增量上，更主要的还在于它发展了完善的市场机制和创立了有利于创新的文化。硅谷人在创业中营造了硅谷文化，而硅谷文化又进一步吸引、凝聚了各方优秀人才进入硅谷。实际上从长远看，硅谷文化凝聚人才、发展经济的示范效应和深远影响大大超过了其经济指标的增长。这种潜在影响是一种难以用数字表明的巨大财富和精神因素。美国各州也力求仿效硅谷，推出了一系列举措，实行经济结构调整，意在美国新经济勃起的过程中，搏取称雄地位。

硅谷文化概括起来就是"繁荣学术，不断创新；鼓励冒险，宽容失败；崇尚竞争，平等开放；讲究合作，以人为本"。

一是繁荣学术，不断创新。民主、宽松、自由的学术环境有利于人们交流思想、沟通信息。在交流过程中思想碰撞产生的火花，必然会启迪新思想、新创意。在硅谷发展过程中斯坦福大学等知名学府不仅源源不断地为之输入了各类人才，也把大学良好的学风和学术传统带到了硅谷，孕育了硅谷鼎盛的学术研究、学术探索风气，从而为硅谷提供了人才、智力和技术诸方面的强大支持。不断创新，则体现了硅谷人时时、事事、处处敢为天下先的创新精神。硅谷聚集了一大批来自世界各地的优秀创新人才，这些知识型移民带来了各国、各地的文化，而多种文化的不断交织、交融，形成了特有的创新理念，这些新理念有力地推动了制度创新和环境创新。

二是鼓励冒险，宽容失败。在硅谷，人们乐观向上的进取精神以及同业间、社会上的竞争都在不断激励人们勇于闯荡、敢于冒风险。近年来日臻完善的风险投资机制更是激发了硅谷人的冒险精神。越来越多的硅谷人体验到冒险与机会同在。没有冒险，就不可能有新的发展机会。硅谷人对失败极为宽容，他们对"失败是成功之母""创业的失败孕育着成功""失败对人的发展是一种财富"的理解和理念，已成为硅谷人普遍认同的明智态度，也成为人们冒险创新的一种内在精神动力。

三是崇尚竞争，平等开放。在硅谷，每个公司乃至每个人无时无刻不在感受着竞争、拼搏于竞争。在严密公正的市场竞争法则下，人们既着力于自身能力和水平的不断提高，又注重在竞争中向对手学习，崇尚尊重对手，在平等中交流。在竞争交流中产生的一些好创意，往往也较易得到赞助或风险资本的支持。硅谷人这种海纳百川的精神风格，使硅谷人可以毫无顾忌地充分发表个人的意见和观点，同事或上司不仅会予以鼓励，并会在充分评价的基础上，认真吸纳有价值的意见和建议。硅谷的高开放度也促成了人才的高流动性，这种高开放性、高流动性，对吸引、凝聚高素质的人才，对充分发挥他们的创造潜力，是至关重要的。

四是讲究合作，以人为本。硅谷人不仅具有强烈的个人、个体的创新精神和竞争精神，同时他们也十分看重团队精神。在硅谷高新技术产业得以蓬勃发展，根本上得益于人才的凝聚，而人才的凝聚则依靠"以人为本"的理念。人才受到普遍尊重，人的价值得到全面体现，让员工有更多更公平的机会靠自己的才能富起来，则是硅谷成功的最大秘诀所在。公司普遍实行持股分红制度，公司员工既是劳动者，又是所有者，这种激励机制大大强化了员工的主人翁意识，有效激发了员工的创造潜力和工作上的投入和追求。硅谷人普遍体悟到，任何事业的成功仅依靠个人奋斗难以实现，而必须依靠协同、合作和群体的力量。

硅谷的启示：

一是硅谷的发展离不开创新文化。硅谷在发展中形成了独有的硅谷文化，这是一种区域文化，它通过多国多民族移民带入的多国文化的交融，凝结成了一种新型的、充满生机和活力的创新文化。硅谷人正是依靠这种文化推动了硅谷地区经济社会的高速发展，形成了独特的硅谷模式，这正是当代先进的创新文化对现实社会产生重大影响的一个鲜活实例。

二是创新文化需要完善的市场机制。有学者对硅谷和128号公路产业带作了比较研究，发现在多项发展指标中，硅谷由原来的落后到后来居上，且保持了蓬勃发展的势头，在凝聚人才、吸引资金、产业化水平、对经济的拉动作用等方面，均远远超过了128号公路产业带。归根到底是硅谷模式从一开始就遵循市场经济规律，建立了完善的市场机制。政府、社会和产业界的分工也更加科学合理，更适应市场经济的要求。而128号公路产业带过多地依托政府的扶持，官方过多的参与导致相对僵化的机制和保守的观念，在创新文化的发展上处于弱势，因而表现为发展速度上日渐落后。硅谷模式一枝独秀，使包括美国在内的多个国家和地区纷纷仿效，但迄今仍难以"克隆"出第二个硅谷，根本原因就是难以把硅谷文化移植过去。而硅谷文化的诞生发展和完善的市场机制是互为依存、互为促进的，这就透示出一个道理，创新文化需要完善的市场机制。

5.3 德国高斯海姆（机床制造业）小镇

2010年，制造业强国德国正式推出的《高技术战略2020》提出未来工业生产的一种全新概念——"工业4.0"，将智能制造业作为德国政府十大未来项目之一。2016年6月德国总理默克尔女士访华，在外界看来这次与中国的亲密接触也是中国制造2025与德国工业4.0的完美融合。为什么德国可以在制造业内树立标杆，定义工业 4.0 的概念，原因就在于他们的制造业是世界领先的，我们众所周知的德国汽车品牌、德国高端医疗器械品牌，甚至是德国的许多日常家电和厨具品牌一直以来享誉世界。可是您知道为什么德国的制造业世界的领先吗？

原因就在于他们的机床行业（见图 5-7），先进制造行业直接领先，也为德国的整体工业发展输送着源源不断的动力。说到德国机床，不得不提哈默（Hermle）机床和其所在地高斯海姆（Gosheim）小镇。

图 5-7　德国机床

高斯海姆小镇位于德国西南部、阿尔卑斯山顶，自然景观美丽壮阔，从某些视觉角度看，这就是一座童话中的欧洲小镇，而不会让人觉得它是工业中心（见图 5-8）。细细寻访，你就会发现机械制造、车削零件加工业、医疗技术和手工业在这里都有深厚的根基。

图 5-8　高斯海姆小镇

　　高斯海姆小镇里最值得称赞的就是有着这座小镇灵魂之称的享誉世界的哈默机床，它有着70多年的历史。早在1938年哈默机床的创始人Berthold Hermle就在这里创立了螺栓和紧固件工厂，当时还没有人会预料到他会留下如此一篇精彩纷呈的成功故事。

　　第二次世界大战期间，英国战机曾对高斯海姆小镇进行过长达1400小时的轰炸，工业、农业、基础设施和交通基本被摧毁。战后，许多德国难民从南斯拉夫来到这里，从事小工业谋生，随后小工业从业人口迅速发展壮大。从1970年开始，因劳动力需求不断增加，意大利等国的外国居民迁移到高斯海姆（见图5-9）。

图5-9　高斯海姆小镇

　　如今，这座总人口只有3800人的小镇有以哈默机床为首的一些中型和小型工业企业，主要是金属加工业、机械零部件和手表，被誉为金属加工行业的"世界之都"，有相当的经济实力。全镇所有工业企业大约有2500名雇员，这其中许多工人每天往返于周边城市到高斯海姆通勤上班（见图5-10）。

图5-10　高斯海姆小镇全景

　　时至今日"切削之巅峰"是哈默的口号，无论从大型复杂零件到高科技领域最小的零部件，从医疗技术到赛车运动，他们都一路领先，无不彰显他们作为"世界冠军"的领袖气质。

　　曾经有人这样评价，欣赏从哈默诞生的世界级五轴联动机床整体叶盘的加工过程，能感受到他带给您的一种金属切削的艺术。没错，金属切削加工也可以上升到一种艺术层级，这就是工业的魅力。

　　今天的德国制造享誉世界，原因在于他们对技术工艺的要求，对技术创新的理解，在哈默公司，凡事都以铣削和卓越的成果为重，并将此贯穿在建筑、结构、工作、思路、发展、设计、装配和服务之中（见图5-11）。利用所能掌握、改进和优化的一切，更为优异、精准、迅速地完成任务。这也是精益求精的德国精神。

图5-11　德国制造享誉世界

　　德国在关键工业技术上有绝对的国际领先地位，拥有戴姆勒、大众、西门子、宝马、TyssenKrupp、博世、蔡司等不计其数的制造业巨头，而这些沉淀了百年基业的工业传奇却是由一个个中小企业缔造、始于一座座类似高斯海姆的小镇。

5.4　法国格拉斯（香水）小镇

一、格拉斯五月玫瑰

"五月玫瑰是花中女王，盛放于香氛之都格拉斯地区。我们必须竭尽所能，免让五月玫瑰的培育及其精粹提炼技艺就此遗憾失传。"Dior 迪奥首席调香师 François Demachy 如是说。产自格拉斯的五月玫瑰拥有无与伦比的魅力。自小生活在这香水之都的 Dior 迪奥首席调香师 François Demachy 深知这种花中女王所拥有的珍罕芳香魅力是无价之宝。

格拉斯镇是位于法国南部的度假小镇，一座宁静的溪谷若隐若现，蜿蜒的乡间小路从中间划开，一片平坦的玫瑰与茉莉花田就是世界著名的香水圣地。这座名为 Le Petit Campadieu 的花田，法语的意思为"上帝的小营地"，是世界上最著名的香水原料供应地。每年 5 月，从花田里都会固定的收割 50 吨的洋蔷薇运送出用作制作玫瑰香膏。这种 5 月蔷薇是这里最著名的香水玫瑰，也是探访香水之路的旅行者们争相拜访的花田之一。法国南部的一个小镇，为何能冠有"世界香水之都""法国香水的摇篮""世界上最香的小镇"等诸多美誉？

二、格拉斯小镇的概况

格拉斯小镇位于法国南部普罗旺斯区域内，尼斯和戛纳之间的一个山区小城，面对地中海、背靠阿尔卑斯山（见图 5-12）。距离地中海 20 公里，距离尼斯机场 40 分钟车程，距离戛纳需要 20 分钟车程。镇域面积：44.44 平方公里。交通：从尼斯长途汽车站或戛纳车站旁的长途汽车站乘坐 500 路汽车即可到达这里，全程大约需要 1 小时。另外，也可以选择坐火车，从火车站到市中心可以乘坐免费巴士。

图 5-12　格拉斯小镇远眺

格拉斯小镇是法国香水的重要产地和原料供应地，80% 的香水都在这里制造。基于养花所延伸的香水产业，养花业的兴盛，使香水业迅速发展起来，产生了诸多香业巨头和全球知名品牌（见图 5-13）。这里每年花开时节，全世界的香水师都会从各地蜂拥而至，以发掘出新的香味。香水产业是当地的支柱产业，每年为格拉斯创造超过 6 亿欧元的财富。这里有花宫娜最古老的香水加工厂，还有香奈儿、莫利纳尔、嘉利玛等知名香水加工厂。被誉为"香水之都"、全球最香的小镇、法国香水的摇篮。

格拉斯小镇历经了多次的产业转型，并最终走上了以绿色农业为基础（鲜花）、新型工业为主导（香水）、现代服务业为支撑（旅游）的经济发展模式。成为特色小镇发展的一个经典的样板。

(a)   (b)

图 5-13　法国香水的摇篮

三、格拉斯小镇的发展历程

16 世纪，这里的皮革产业十分兴盛，格拉斯的熟皮手套匠人制造出了香精用于改善皮革难闻的气味。

1614 年，格拉斯开始种植各种香料花卉，随着王室大量使用香水，此业日渐兴隆。

1730 年，法国第一家香精香料生产公司诞生于此。从此，香水业逐渐在格拉斯落地生根。法国 80% 的香水都在这里制造（见图 5-14）。

如今，格拉斯小镇的香水产业促进了其旅游产业的发展，并最终演变成以香水制造和旅游产业为核心的区域产业经济结构。

图 5-14　香水制作花卉原料

四、格拉斯小镇的特色

一是香水制造体验。在格拉斯有许多香料店和香水博物馆。游客可以通过参观香水博物馆了解制造香水的过程，并在香水工厂可以体验亲手制作香水的乐趣（见图 5-15）。

图 5-15　香水博物馆

二是原产地购物。格拉斯是正宗的香水出产地，很多人专门前来调制购买专属自己的香水（见图 5-16）。

图 5-16　香水购物商店

三是花田观光。格拉斯四季皆能观赏到美丽的花田，圣诞过后黄绒花将格拉斯染成一片金黄，5、6月份玫瑰是田间的主角，8、9月份则是茉莉盛开（见图5-17）。

图5-17 种植花卉

四是休闲节庆。格拉斯小镇通过主题旅游设施建设和节庆活动策划，使得"世界香水之都"魅力无限。节日中城市里将充满各种精彩的节目，还有烟花和歌舞表演，晚上广场上有草裙舞和花车游行，人们彻夜狂欢直到凌晨才结束离去（见图5-18）。

图5-18 格拉斯小镇街景

五、格拉斯小镇的经验与启示

法国格拉斯小镇，其成功的关键要素在于：

第一，抓住了产业转型的时机，并使产业专门化及集群化，重点打造专门化的内生性主导产业，从而形成内源内生性区域经济造血体系，发挥产业集聚和规模化效应，促进了产业链纵深延展。

法国小镇格拉斯最初成名于皮革业，后来因环境污染发展了养花，再后来格拉斯便借了花的精髓成了世界的香水之都。从环境污染严重的基础皮革加工业，到有差异化价值的香味皮革生产，再到以花田加工业为主导的香水生产，最后拓展到香水旅游业，实现了产业延伸驱动。在小镇发展过程中出现了两次重要的转型：第一次是工匠们积极抓住市场机遇，从手工皮手套生产转向了香精、香水的生产，这首先实现了皮革产业的升级换代，提高了人们的生活质量；其次是放弃皮手套产业而进入附加值更高、更具需求的新兴产业——香精和香水产业，获取了更高的收益。第二次转型是随着本地原材料成本的提高，转向国际化采购原材料的模式，而本地则更多地转向旅游业等第三产业。这让格拉斯成为了一个融入全球产业链分工的小镇，通过在全球范围内低成本进口原材料资源，再利用强大的加工能力和品牌力量，以最大程度地创造高附加值产品，而自身的环境得以保护，并用以吸引全球的游客。游客的大量涌入，使小镇经营店铺的市民获得批发和零售的收益，从而真正起到了扩大就业、提高居民收入的作用。在这个转型的过程中，放弃了部分鲜花种植的收益，但是当这些土地用于观赏性花田和高尔夫球场等旅游设施的建设，得到了更加高效的利用。

格拉斯小镇两次转型的成功，也给我们的特色小镇发展带来不少启示。在劳动力和资源成本持续提高的当前中国，更加全面地融入世界全球化产业链是我们要认真思考的课题，在"Made in China"的基础上，我们还要思考如何加强技术、提升设计、营造品牌，提升自身影响力。

第二，依托当地资源优势，进行合理有效的开发。在原产地品牌形象打造上，引入知名产品制造企业进行合作，将区域品牌与产品品牌相结合，从而形成强有力的原产地形象；在环境资源的利用上，结合优美的城镇地貌景观进行设计，为旅游观光提供良好的视觉效果；在城镇功能的配套上，强化复合型功能的打造，完善基础设施建设，这不仅有利于吸引产业发展所需的人才，更有利于促进旅游的发展。

格拉斯小镇拥有全球顶级的香水生产地和度假胜地格拉斯小镇，是特色产业小镇的典范，以花田加工业为主导，拓展到香水旅游、花田高端度假，实现产业延伸驱动（见图5-19）。对于小镇开发的启示，要结合当地文化、旅游等特色和未来发展方向，依托当地资源优势，进行合理有效的开发，既不是不开发也不是过度开发，就如鲜花既能用于提炼香水，也能用于旅游观光，选择合理的资源利用方式至关重要。

图 5-19 格拉斯小镇种植图

看过法国的格拉斯香水小镇，再看看美国的格林尼治对冲基金小镇、门罗帕克风险投资基金小镇、硅谷高科技产业小镇，以及德国高斯海姆机床制造业小镇、英国 Sinfin 飞机发动机制造业小镇和西班牙阿尔特索服装制造业小镇等众多国外知名小镇，有一个道理是显而易见的，产业一定是小镇能否成功的最强基因，区位条件是产业培育的先发因素，运营能力是产业发展的后发因素。

5.5 日本的造村运动

在我国建设特色小镇的过程中，日本的乡镇建设经常被作为很好的参照物。中国的特色小镇往往是以实体经济或者旅游休闲为主体，以大城市溢出资源的补充形态出现，而日本乡镇建设侧重于人文资源，以此深厚文化底蕴为基础形成特色，有着日本独特的"田舍文化"。因此，日本的经验对于我国的特色小镇发展，有着重要的参考价值。

造村运动在日本乡镇建设历程上有着非常重要的意义，使日本村镇经济得到很大提升和巨大受益。

造村运动的产生，有着深刻历史背景。第二次世界大战后，日本致力于大都市的重建，农村青壮年人口大量集中于城市。1955 年到 1971 年间，工业和其他非农业就业人口总数高达 4340 多万人，占就业总人数的比重的 85%，同时期的农业劳动力则从 1600 万人减少到了 760 万人，农村人口过少使得日本农村面临瓦解。

造村运动倡导者、日本大分县前知事平松守彦提出了"磁场理论"：如果强磁场与弱磁场之间放一块铁板，自然会被强磁场吸引过去。信息化程度高，生活质量高的城市相对于乡镇就是强磁场，为了促进各地区的均衡发展，就要把农村建设成为不亚于城市的强磁场，才能把人口牢牢吸引在本地区，磁场的吸引力在于产业。所以发展具有地方特色的产业，成为了造村运动的开端。

造村运动以开发农产品市场为手段，在促进产品的生产和流通的环节，农协发挥了重要作用。在农产品的生产领域，从农协中央会到基层农协，都制定了农村事业发展计划，针对农业经营中的问题制定相应对策，指导农民实施。

居民们是造村运动的行动主体，政府不以行政命令干涉，不指定生产品种，不统一发放资金，而是在政策与技术方面给予支持。一切行动由各社区、村镇自己掌握，发挥了当地的自主性，并摆脱了依赖性。

"造村"不仅是"造物"，最重要的是精神性的"造人"。人才培育是造村运动的最终目标。为了培养人才，日本地方政府无偿开办了许多补习班并派遣讲师讲授课程。课程内容包罗万象，如农村技术讲习班、商业讲习班、海洋养殖讲习班、妇女讲习班等，只要农民有需要，都可免费参加学习。

1979 年，平松守彦提出了"一村一品"，此举最具知名度且对亚洲各国都产生巨大影响。

"一村一品"是指在一定区域范围内，以村为基本单位，按照国内外市场需求，充分发挥本地资源优势，通过大力推进规模化、标准化、品牌化和市场化建设，使一个村（或几个村）拥有一个（或几个）市场潜力大、区域特色明显、附加值高的主导产品和产业，以振兴农村"1.5 次产业"。"一村一品"并不限于农特产品，也包括旅游、文化资产等项目，例如文化遗产、地方庆典等。

这个"一村一品"，主要是开展对本地本村最具传统文化特色的工艺品的调查、研究并加以开发利用，着力进行村镇改造，保留并提升原文化面貌，使传统文化进入现代生活，形成强化本村自身的传统文化特色，保护和发扬地域文化。在这个过程中，造村运动并不主张"完全回归农村时代"，而是"从生长的地方寻求文化根源"，并不进行推倒重来和大量投资的工程建设，而是立足和利用当地自身资源和发展基础。因此，随着"一村一品"休闲农业的成熟发展，衍生出了"稻田画""苹果温泉"等知名的休闲农业产业。

日本青森县田舍馆村的"稻田画"。其实，我国近几年也陆续报道出"稻田画"的案例，甚至比田舍馆村"稻田画"的栽种规模更大，但始终不及它的影响力和知名度。在 20 世纪 90 年代早期，考古学家发现田舍馆村的水稻有 2000 年以上的历史，提出了观光旅游的建议。为了吸引更多的游客，当地的旅游局做了一个策划——利用他们丰富的水稻产量来吸引更多的游客。"稻田画"诞生以后，当地旅游局在这里每年举行稻田艺术节（图 5-20）。

图 5-20 稻田图

田舍馆村"稻田画"最大的特点就是内容丰富，漫画、人物、古今故事等都可以"画"在稻田里，栩栩如生，且每年的主题都不重样。每年 7 月的稻田艺术节，这也是稻田艺术最佳观赏时期，为此，村里特意建了"稻田车站"，游客可直接乘车抵达"稻田会场"，连在途经的火车上都可以观赏到"稻田画"全貌。同时，为了最佳的观赏效果，村里建了观光台，投资了吊车和直升机。

"稻田画"成名以后，村里雇了大量艺术家在城镇大厅后面的稻田画下巨幅的彩色人物角色或故事，并组织对当地农民进行培训，"稻田画"从简单慢慢到复杂、精致。

"稻田画"始终保持了大自然原貌。不同颜色品种的大米都是自然生长的，没有使用任何人工色素。比如，Tsugaru Roman这种水稻是绿色的，Yukiasobi水稻是白色的，Beniasobi水稻是红色的，别的古代水稻都作为紫色和黄色来使用。再说说青森县富士苹果，它也是世界闻名。传统的种植业里，苹果的功能就是吃，可如何能让吃苹果变得有趣又充满艺术呢？在青森下了飞机，当地观光局的职员会奉送上苹果，作为欢迎之物，连有名的温泉酒店都有苹果温泉。

在富士苹果种植园内，游客可挑选果树并买下它，在这一年之中，果农会在树上挂上游客的名字，还把名字用纸雕空了包在苹果外面，成熟之后，苹果就"印上"了游客的大名。待到收成之时，这一树的苹果都归游客所有。

这里的苹果产量居日本第一，美味号称世界第一。先不说其味道是否名副其实，但仅从知名度上，就可以窥知其"一村一品"打造休闲农业有多成功。

除了"一村一品"休闲农业，日本在打造特色小镇上有异曲同工之妙。以日光江户村为例，是以400年前的江户时代为原型，完整地还原了江户生活，穿着和服、木屐，画着精致妆容的女子迈着小碎步优雅地走在街上，儿时动漫里的忍者乱太郎、新兵卫在各个街道上巡游，半山腰上倾斜的屋子里住着每天都要练功的日本忍者等等，这些逼真的还原，使江户时代的文化再现，以致于在日本人心中，江户历史就在日光江户村里。

日本农村从初期较大的城乡差距，发展到中期的城乡一体化，再到如今的更高层次的追求农村生活魅力、谋求可持续发展的阶段，日本造村运动获得了巨大的成功。

在建设特色小镇上，我国与日本的目的基本一致。只不过日本更早进行规划和发展，有了它们成功经验的借鉴，我们在发展休闲农业和特色小镇上可以少走很多弯路，甚至可以在最短的时间内赶超日本。

5.6 韩国的慢城

当前，特色小镇建设已经被升级到国家层面；对农业企业而言，其中必然孕育着大量的战略机遇。在这方面，我们的邻邦韩国有着丰富的经验，特别是慢城建设上，韩国更是领先一步。

韩国在城市化过程中一直奉行"工业为主、大企业为主、大城市为主"的政策，依托工业化优先发展大城市，依托既有城市集中布局工业，使得人口和产业向少数大城市高度集聚。大城市的发展随之带来了一系列的问题，人们开始反思大城市化。

而慢城的出现正好呈现出了与城市生活不同的一面，休闲恬静，韩国民众逐步认可慢城发展理念，并享受慢城带来的生活方式。近几年，我国大力推进新型城镇化建设，鼓励探索开发建设特色小镇。因此，可以借鉴韩国慢城建设的经验。

何为慢城？指建立一种放慢生活节奏的城市形态，是为努力保持地方自然生态与传统文明、崇尚慢生活理念，是全民参与，重构都市生活的草根运动，也是政府更好的治理之道。同时，慢城还可通过生态经营带来经济回报，实现可持续发展。

慢生活的理念实际上，在全球都是人们的一种追求，特别是在信息化的今天，随着工业化和信息化时代的到来，生活节奏越来越快，人们反而更加向往，怀念过去慢生活的年代，慢城的理念由此而来。

尽管韩国的慢城颇具特色，但其并非是世界唯一的以慢为特色的小镇。意大利小镇布拉提出将现代化技术与传统生活方式的结合，形成新的慢城模式，使人们不仅可以享受现代化生活带来的诸多方便，更会把一种规律而且健康的幸福生活带给每一个人（图5-21）。

《国际慢城宪章》规定，申请加入的城市人口须在5万人以下，须在环境立法、市政公共基础设施、城市品质、本土产品、热情友好和知识教育等六大方面提交执行情况的自我评价报告，经慢城协会视察后，方可批准，被批准的会员需签署一系列的保证书，执行情况每隔四年被重新考核，主要做好以下几点：保护环境，维持和发展本地区特有环境和文化；合理发展利用土地，积极利用新技术来改善城市生活环境；生产和采用天然的食材，保护当地的美学与美食传统，保护当地的传统生产和手工艺等；发扬居民的热情好客，促进相互认同，通过公共教育来培养居民的审美意识和慢城意识，从而提高城市

图 5-21

生活质量。

截至 2017 年 3 月，全球 30 个国家共有 232 个慢城。韩国慢城本部成立于 2005 年，有青松郡、潭阳郡昌平面、河东郡岳阳面、堤川市、全州韩屋村、南扬州市、尚州市、新安郡曾岛、莞岛郡青山岛、宁越郡和礼山郡大兴面等11 个慢城。目前，中国以有 6 个慢城，分别是南京高淳桠溪镇、广东梅州雁洋镇、山东曲阜石门山镇、广西富川瑶族自治县（富川县）福利镇、浙江温州玉壶镇、安徽宣城旌阳镇。

韩国 11 个"慢城"虽然具备一个共同点，慢得像蜗牛。但都有各自的特色——各具特色，和而不同，大多是依托生态环境，通过推出富有文化内涵和生态价值的庆典活动、季节活动、文化体育活动与旅游产品，来带动传统文化产业、休闲产业、特色农业与传统食品加工业的发展和繁荣，走出了一条向绿色生态要回报的经营之路。

韩国慢城的建设发展有以下 4 个特点：

一是积极培育和发扬城市个性。城市个性不仅仅是对传统文化的保护和延续，更是动态发展，只有在延续传统文脉和地方感的基础上，才能创造性地使地域文化产生持久魅力。例如潭阳郡，三支川村就是以竹子为中心打造文化公园、文化节庆及相关产品推广。

二是营造人性化的公共活动空间。通过创造更多的绿色开敞空间，增加休憩和娱乐的设施，增加行人步道，为人们沟通交流、分享共知提供亲切的活动空间。例如，尚州打造翁器村制作翁器体验、国际乘马场骑马体验、黄牛村农村体验。

三是打造独具地方风貌的生态空间。充分利用地方的自然生态资源，结合本地文化传统，营造独具特色的景观，建造丰富的活动空间。

四是大力提倡慢餐。倡导对新鲜、本地生产绿色有机的季节性菜蔬、水果的消费；鼓励发展生态农业，保护当地传统的农贸市场，增加本地食材的供应；减少快餐消费，提倡传统饮食，打造悠闲舒适的生活理念。

我国与韩国同属于亚洲地区，在气候条件、区位地理、文化习俗等方面有许多相似性，因此，韩国慢城的发展与生态经营对我们开展特色小镇建设有一定的借鉴性。

5.7　他山之石的启示

小镇的存在离不开产业与企业

我们通常看到，"造城""造镇"的规划目的是平地拔起一座卫星城以缓解大城市经济和人口过度膨胀的压力，然而欧洲的小镇大多保持了原有风貌基本不变，有些还是依托某个工业企业而生存。很多欧洲制造业名企建立在远离市区的小城镇，当地财政税收和人口就业基本依仗这家企业，形成了独特的"企业小镇"。在德国，像高斯海姆这样与企业紧密依存的小城镇还有很多。例如，大众汽车总部所在地——小城沃尔夫斯堡（Wolfsburg）有 12.3 万人口，78% 的财政收入依靠大众集团；其最大生产基地之一，位于德国西北部的港市 Emden 有 5 万人口，因距离港口大国荷兰非常近而被选择为临海型组装厂。大众汽车的制造和出口业务使其成为了欧洲第三大汽车出口港。世界光学仪器先锋卡尔蔡司所在的 Oberkochen 小城，常住人口比蔡司公司在当地的雇员总数还少。

小镇稳定了企业，与之形成和谐的依存关系

欧洲企业为何如此偏爱小城镇？尤其像德国企业，这与德国人务实、严谨和低调的作风不无关系。驻扎在小城镇的企业，非常依赖小城镇的有限劳动力，企业的长足发展靠当地的员工支撑着，看似企业在选人用人方面相对比较被动，实际上对于企业而言，最大的好处是人员流动率很低，雇员很稳定。这里的小镇民众也很少谋求跳槽。对于当地政府和社区来说，企业通常是最大的纳税人，所以居民很关心企业的状况，政府也极其重视这位"纳税人"的需求。由于当地一半以上的居民都是企业的员工，作为回报，企业也积极承担社会责任，向当地基础设施建设、居民文化生活设施等提供赞助。同时，小城镇环境安静干扰少，可以有效避免企业和雇员精力分散，有利于专心创造高品质的产品。由此，小镇和企业、雇员和雇主之间形成了相互依存、相互认同、和谐稳定的关系，融为一体。

小镇发展需要政府的支持与引导

政府的创新理念和明确的政策支持对于推动特色小镇建设和发展起着关键的作用。在很多国家，政府还通过规划加强对特色小镇建设的指导。在德国，从20世纪60年代开始，在城市功能分区的整体规划中，将特色小镇有机地组合进城市圈，建设互补共生的区域城市圈。政府政策、资金和技术上的支持在特色小镇建设中起到了重要的导向作用，激发了基层民众和民间资本的积极性。在美国，第一个世界级葡萄酒产地位于纳帕谷，整个山谷除了酒庄和八个小村落外种满了葡萄。为避免同质化竞争，纳帕郡政府及旅游管理部门因地制宜对八个小镇提出了"葡萄酒本身、葡萄酒＋体育运动、葡萄酒＋商业艺术、葡萄酒＋休闲养生"四个产业发展定位，形成了既有整体性又有差异性的乡村休闲文旅小镇集群。在日韩，"造村运动""慢城建设"早期源于民间草根，后在政府的引导和支持下，出现了影响亚洲各国小镇建设的"一村一品"和"慢生活"现象。

小镇发展必然与生态环境高度融合

纵观国内外特色小镇，都有一个相似点，即国际最顶尖的产业小镇往往建在生态环境最顶尖的地方。那是什么原因导致了好的特色小镇对生态环境要求如此严苛？诸如，格林尼治对冲基金小镇、门罗帕克风险投资基金小镇，硅谷库比蒂诺、山景、帕罗奥图、森尼韦尔高科技产业小镇、德国高斯海姆机床小镇、英国飞机小镇、西班牙阿尔特索小镇，再到国内的梦想小镇、玉皇山基金小镇莫不如是。顶尖的产业需要顶尖的人才，顶尖的人才需要顶尖的生活、生产、生态环境。这是高端产业招商引资最朴素、最简单的道理。

小镇发展成为城乡均衡发展的重要活力点

从国外的经验来看，美、德等发达国家六成以上的居民都生活在 10 万人以下的小城镇。根据美国人口普查数据显示，2010 年美国总人口 3.09 亿人，63.0% 的人口居住在 5 万人以下的小城镇；根据 2016 年德国统计年鉴数据显示，截止到 2014 年底德国总人口 8119.75 万人，其中 80% 的人口居住在人口 10 万人以下的小城镇。

另外，国外小城镇已成为当地产业集约化发展的聚集地。如美国金融行业有格林尼治对冲基金小镇和门罗帕克风险投资基金小镇，而硅谷更是库比蒂诺、山景、帕罗奥图、森尼韦尔等高科技产业小城镇的集合；德国高斯海姆小镇的机床制造业、英国 Sinfin 小镇飞机发动机制造业和西班牙阿尔特索小镇的服装制造业均在国际上具有绝对竞争力。

作为人口及产业的核心载体，小城镇已成为发达国家城乡均衡发展的重要经济活力点。例如，美国高科技小镇集聚的硅谷人口不到美国的 1% 但 GDP 占比却高达 4% ~ 5%，纳帕谷综合性乡村休闲文旅小镇集群每年接待国内外游客 500 万人次，仅旅游经济收益就达 6 亿美元，提供 17000 多个工作机会，税收达到 2.21 亿美元；法国格拉斯小镇每年仅香水业就创造 6 亿欧元财富。

后　记

　　从开年的阳春三月到岁末的数九寒天，经过了长达大半年的艰苦努力，这本书终于编撰完成。时值，中国改革开放 40 年纪念的大日子，笔者有许多感慨。中国特色小镇的缘起、发展、壮大，正是我国改革开放的产物，是随着改革开放的深化而层层推进的。在这改革开放的 40 年里，斗转星移，沧海桑田。每个乡镇、每个经济区域都发生着翻天覆地的变化，在敢试、敢干、敢为人先的创新精神推动下，特色小镇呈现出百花齐放、各具风采的特质，推动着各地经济的迅猛发展，成为当地的排头兵，甚至成为全国特色小镇的引领者。请允许我们也把这本书当作改革开放 40 周年的一个献礼吧。

　　我们编著的这本书，就是通过对我国特色小镇的历史沿革、特色研究，通过鲜活的事件、宏观的视角、微观的剖析，带您领略特色小镇的时代变革和发展趋势，如果能让您对我国特色小镇有一得之见，有所感悟，就是我们的幸事了。

　　这部作品在编撰过程中，得到了许多人的大力支持和无私帮助，没有他们，不可能有这部浩繁著作的顺利完工。在这里，我们要感谢李文瑶、余清泉、李雪娇、沈丽丹等人的辛勤整理、撰写。

　　虽然这部作品倾注了我们很多心血，也做了很多的调查、材料收集、案头整理工作，但终究才疏学浅，对特色小镇还有许多研究不深，了解不透的地方，难免挂一漏万，还请多多见谅。如果采用您的拍摄照片没有署名，望予以告知。

　　谢谢大家！

编著者
2018 年 12 月

参考文献

【1】 周霞，廖颖宁.广东省专业镇转型升级重大问题研究 [M].广州：华南理工大学出版社，2015：74.

【2】 南方都市报.变迁三十年：珠三角城镇化 30 年编年史 [M].广州：南方日报出版社，2014.

【3】 墨非.一生一定要去的 100 个中国小镇 [M].北京：中国华侨出版社，2016.

【4】 张梦霞，佘镜怀.中国企业经营管理案例.第 3 辑 [M].北京：经济管理出版社，2011.

【5】 张琦，王昊等.城市经济学案例分析 [M].北京：中国大百科全书出版社，2011.

【6】 谢文武，吴青松，朱建安.杭州玉皇山南基金小镇发展报告 [R].杭州：浙江大学出版社，2016.

【7】 浙江在线.玉皇山南基金小镇的 4 年：小空间迸发大能量 http：//zjnews. zjol.com.cn/zjnews/hznews/201805/t20180518_7294849.shtml，2018-05-18.

【8】 中国特色小镇网.太极圣地赵堡镇——借助"太极"之力而建的特色小镇 http：//www.town.gov.cn/contents/90/532.html，2017-11-24.

【9】 新华网.河南省焦作市温县赵堡镇陈家沟村（太极拳的故乡）http：// hn.ifeng.com/lvyou/wenhuahenan/detail_2014_11/13/3147488_0.shtml，2014-11-13.

【10】 大河网.享誉世界的太极圣地——温县赵堡镇 http：//newpaper.dahe.cn/ hnrbncb/html/2017-11-16/content_199914.htm，2017-11-16.

【11】 前瞻网.特色小镇案例之古北水镇 http：//www.sohu.com/a/226230840_

114835，2018-03-23.

【12】 周红.说说古北水镇特色小镇融资案例.国际融资，2017（9）.http：//
www.cnki.com.cn/Article/CJFDTotal-GJRZ201709016.htm.

【13】 搜狐网.操盘手陈向宏深度揭秘如何成功运作乌镇、古北水镇两个超级
特色小镇的 http：//www.sohu.com/a/153707172_825181，2017-07-02.

【14】 新华网.建德寿昌56亿打造航空小镇 [EB/OL].http：//www.xinhuanet.
com/air/2015-7/06/c-127989230.htm，2015-7-06.

【15】 航空小镇 | 建德航空小镇.航空小镇规划.[EB/OL]. http：//www.
aviationtown.cn/html/touzi/xzgh/.

【16】 浙健产联，浙江省健康产业联合会.产业研究院 | 桐庐健康小镇概
述 https：//mp.weixin.qq.com/s?-biz=MzA5NTcxNTY1Nw%3D%3D
&idx=1&mid=2649697505&sn=ed4e1b88bc2df91e5c46d3013deecf78，
2018-05-30.

【17】 中国青年网.桐庐健康小镇：打造生命健康与旅游产业融合发展新高地
http：//news.youth.cn/jsxw/201705/t20170512_9738289.htm，2017-05-12.

【18】 FM95浙江经济广播.桐庐健康小镇：在长寿之乡惬意养生 http：//www.
sohu.com/a/206281545-164983，2017-11-24.

【19】 中华网旅游：一个期待还原历史真相的地方——安仁古镇 http：//
app.myzaker.com/news/article.php?pk=5995b61b1bc8e0b41a0000d2，
2017-08-17.

【20】 新华网：江苏宜兴紫砂美名天下扬 一壶独醉丁蜀镇 https：//culture.china.
com/heritage/folklore/11170665/20170208/30240032.html，2017-02-08.

【21】 浙江发改：特色小镇故事系列——路桥沃尔沃小镇 汽车神话的新奇迹
https：//mp.weixin.qq.com/s?-biz=MzU5NTEzODg0NQ%3D%3D&idx=1
&mid=2247484432&sn=4ff66ec09789cf297dae284fb101ffdc，2018-03-18.

【22】 中国企业报：小镇 | 东莞长安镇：创出智能手机特色小镇 sh.qihoo.com/
pc/924b42a8e7450fb7b?cota=1&refer_scene=so_1&sign=360_e39369d1，
2018-12-11.

【23】 看看云南：全国特色小镇之六 | 盛产天麻的地方——昭通彝良小草坝镇

www.sohu.com/a/191457695_99987531，2017-09-12.

【24】 中农富通：那么多特色小镇，为何贵州旧州镇脱颖而出？ www.sohu.com/a/132497479_335644，2017-04-07.

【25】 长城网：香河机器人小镇：一座机器人产业新城正在崛起 http：//hebei.ifeng.com/a/20180722/6744252_0.shtml，2018-07-22.

【26】 新浪看点：特色小镇案例：无锡鸿山物联网小镇 k.sina.com.cn/article_6440112271_17fdc508f001003le1.html，2018-02-21.

【27】 360百科.浔龙河生态小镇 https：//baike.so.com/doc/7033794-7256699.html.

【28】 大观察.柳中辉：浔龙河生态艺术小镇—城乡融合发展的特色小镇 http：//www.sohu.com/a/239321331_782362，2018-07-04.

【29】 胡益虎，吴晓芬，宋蕾玲.长沙县浔龙河生态艺术小镇打造新型城镇化的长沙样本.长沙晚报.http：//hn.rednet.cn/c/2015/11/03/3829340.htm.

【30】 搜狐网.世界十大立式加工中心生产企业 http://www.sohu.com/a/133641503_655328，2017-04-13.

【31】 水滴制造网.德国人得以向世界炫耀的资本——哈默机床 http：//blog.sina.com.cn/s/blog_1614105a60102wn0g.html，2016-06-16.

【32】 360百科.硅谷 https：//baike.so.com/doc/3333734-3510913.html.

【33】 联商网.从英国剑桥小镇商业考察中得出的三点启发 https：//baike.so.com/doc/3333734-3510913.html，2015-09-21.

【34】 百度百科.剑桥小镇 https：//baike.baidu.com/item/ 剑桥小镇 /12785530.

【35】 360个人图书馆.法国最香的地方—香水小镇格拉斯 http：//www.360doc.com/content/16/0517/17/31322227_559932091.shtml，2016-05-17.

【36】 新浪网.法国格拉斯小镇 http：//k.sina.com.cn/article_6002626920_165c8d168001002ycv.html，2017-12-29.

【37】 陈磊，曲文俏.解读日本的造村运动 [J].当代亚太，2000 (6)：29-31.

【38】 韩国慢城给我国特色小镇创建带来的启示 http://www.sohu.com/a/150339817_774224，2017-06-19.